INSCRIPTIONS LATINES
D'AQUITAINE
(ILA)
LECTOURE

Georges FABRE & Pierre SILLIÈRES

INSCRIPTIONS LATINES D'AQUITAINE (ILA)

LECTOURE

*Ouvrage publié avec le concours
du Centre National de la Recherche Scientifique,
du Ministère de la Culture,
du Conseil Général du Gers,
et de la ville de Lectoure*

Diffusion DE BOCCARD   11, rue de Médicis   F - 75006 PARIS
— Bordeaux 2000 —

100428340z

AUSONIUS
Maison de l'Archéologie
Université Michel de Montaigne - Bordeaux III
F - 33607 Pessac Cedex

Directeur des Publications : Alain Bresson
Secrétaire des Publications : Nathalie Tran
Graphisme de couverture : Nathalie Tran
© AUSONIUS 2000
ISSN : 1159-2540
ISBN : 2-910023-19-2

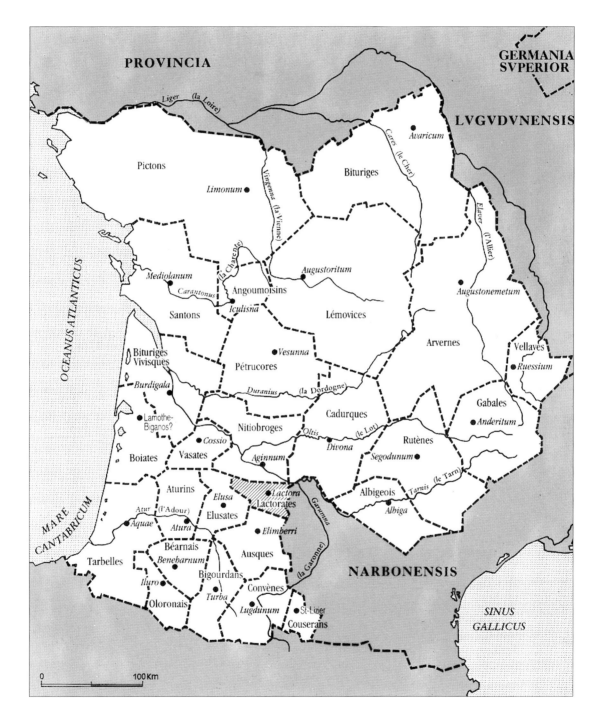

Localisation de la cité de Lectoure.

PRÉFACE

Dans une fameuse inscription d'Aquilée, gravée en l'honneur du chevalier C. Minucius Italus, en 105 ap. J.-C., (*CIL*, V, 875 = *ILS*, 1374), on lit que ce fonctionnaire fut, au cours de sa carrière procuratorienne, *procurat(or) prouinciarum Lugudunensis et Aquitanicae item Lactorae*. A propos de ce titre, H.-G. Pflaum remarque dans ses *Carrières procuratoriennes équestres* (I, p. 143) qu'il s'agit de la procuratèle de Lyonnaise et d'Aquitaine, poste procuratorien bien connu dont dépendait l'administration économique du petit territoire de Lectoure, mentionné ici, comme une unité administrative spéciale, pour la première fois. Grâce à cette inscription, on a une idée d'une certaine originalité de la petite cité de Lectoure à l'intérieur de l'administration de la Gaule Romaine, mais aussi de son importance.

Dans ces conditions, la communauté scientifique sera reconnaissante aux éditeurs de la série des *Inscriptions Latines d'Aquitaine* (*ILA*) de présenter, après la publication des volumes consacrés aux monuments épigraphiques des Nitiobroges, des Santons, des Vellaves et des Arvernes, un ouvrage qui rassemble les inscriptions trouvées à *Lactora*, c'est-à-dire dans la ville actuelle de Lectoure et sur le territoire des *Lactorates*. On sera surtout très reconnaissant aux auteurs du présent volume, Georges Fabre et Pierre Sillières – par ailleurs savants distingués par leur expérience dans les domaines de l'épigraphie, l'archéologie et l'histoire romaine non seulement de la Gaule, mais aussi d'autres domaines et notamment de la péninsule Ibérique –, pour le travail qu'ils ont investi dans ce livre. On observe la même attention dans le recueil et l'élaboration des textes que dans le traitement exhaustif de la topographie, de l'archéologie et de l'histoire du centre urbain et du territoire des *Lactorates*. Certes, on retrouve dans l'introduction générale des volumes de la collection *ILA* une partie des problèmes qui sont évoqués ici, mais on constatera que ceux-ci trouvent une ampleur et un développement particuliers dans le présent volume, notamment à propos de l'histoire de la collection épigraphique de Lectoure et de l'analyse de la typologie des monuments épigraphiques, dont surtout plusieurs autels. Le lecteur bénéficie ici non seulement d'une édition épigraphique, mais aussi d'une synthèse de nos connaissances sur l'histoire et l'archéologie des *Lactorates*.

On ne saurait cependant nier que la quantité des inscriptions rassemblées dans ce volume n'est guère importante : 40 inscriptions lapidaires trouvées à Lectoure (n° 1-40), complétées par une série de documents qui appartiennent à la catégorie de l'*instrumentum domesticum* (enregistrés sous les n° 41, 1-9) et une douzaine d'inscriptions trouvées dans les environs de la ville (n° 42-53). La plus grande part des documents se trouve déjà dans le volume XIII du *Corpus Inscriptionum Latinarum,* où ils étaient édités par Otto Hirschfeld (il faut cependant remarquer que les éditeurs ont pu quelquefois améliorer la lecture des textes qui posaient problème). Les nouveaux documents sont les inscriptions traitées dans la catégorie de l'*instrumentum domesticum* et quelques petits fragments (n° 42 et 48-52).

Néanmoins, parmi les inscriptions de *Lactora* se trouve un groupe de documents épigraphiques d'une importance extraordinaire. Il s'agit de la longue série des autels avec les inscriptions qui attestent les *taurobolia* du culte de *Mater Magna* à l'époque de Marc-Aurèle et de Gordien III (n° 3-24). Ces inscriptions – analysées déjà par plusieurs auteurs – appartiennent aux sources importantes de l'histoire des cultes à mystères dans l'Empire romain en général. Elles nous montrent d'une manière exemplaire que même un modeste recueil épigraphique peut offrir des sources indispensables pour l'étude des divers aspects de l'histoire du monde antique, au delà du cadre local ou régional.

Géza ALFÖLDY

REMERCIEMENTS

Au cours des trois années consacrées à cette recherche sur l'épigraphie lectouroise, nous avons eu la chance de bénéficier de collaborations multiples et le plaisir de nouer des relations à la fois fructueuses et agréables, tant au cours de la quête des documents que pendant leur étude. Aussi sommes-nous heureux de manisfester notre reconnaissance aux nombreuses personnes qui ont considérablement facilité la réalisation de cet ouvrage, sans oublier quelques aimables informateurs restés anonymes.

En premier lieu, nous exprimons notre gratitude à plusieurs amis dont l'aide scientifique a été particulièrement importante. Jean-Pierre Bost nous a fait profiter fréquemment de ses compétences d'historien et d'épigraphiste et a effectué une relecture méticuleuse de la première version de ce livre, nous évitant ainsi un certain nombre d'erreurs. Aureli Alvárez Pérez, notre collègue de l'Université Autonome de Barcelone, a réalisé les analyses pétrographiques qui constituent un des principaux apports de l'étude des supports. Catherine Petit-Aupert nous a libéralement offert d'utiliser ses travaux novateurs et encore inédits sur la cité des Lactorates ainsi que sa précieuse documentation photographique. Enfin François Michel s'est chargé du travail si important des *indices* épigraphiques.

Mais notre recherche documentaire a aussi été considérablement simplifiée par l'amabilité des Lectourois et autres Gascons. Serge Brunet et Georges Courtès nous ont fait profiter de leur parfaite connaissance des archives de Lectoure. Léo Barbé et Maurice Prim nous permirent d'utiliser de précieux manuscrits conservés dans leurs collections et Jean-Michel Lassure de puiser dans son dossier photographique des portraits de notables lactorates. L'examen des pierres a été facilité par les Conservateurs des musées de Lectoure et d'Auch et surtout par la gentillesse du personnel de l'accueil du musée de Lectoure. Nous exprimons également notre reconnaissance à Madame la Directrice du Département des manuscrits de la Zentralbibliotek de Zurich, pour la communication du ms. C. 303 et l'autorisation de reproduire les dessins concernant l'inscription *ILA, Lactorates*, 28. Enfin, de notre quête des textes dispersés, guidée par les informations de Jacques Lapart et de Catherine Petit-Aupert, nous n'oublierons pas d'heureux instants dans les campagnes lectouroises, notamment en compagnie des familles Henry à Saint-Clar et Labadie à Sempesserre.

Notre travail a aussi profité de collaborations techniques d'une rare compétence. La documentation photographique est l'oeuvre de Jean-Claude Hurteau de l'Institut de Recherche sur l'architecture antique (Bureau de Pau) : il est l'auteur de la quasi totalité des clichés. L'exécution des cartes qui illustrent l'introduction est due à Monique Morales de l'Université de Pau. Enfin Natalie Tran, secrétaire aux publications d'Ausonius, a assuré la conversion du corpus épigraphique aux normes PETRAE et réalisé une agréable mise en page du texte et de l'illustration.

Nous associons à ces remerciements Alain Bresson, qui a coordonné l'ensemble de la réalisation de l'ouvrage, et les deux directeurs d'Ausonius, l'ancien, Jean-Michel Roddaz, avec l'aide duquel ce travail a commencé, et le nouveau, Raymond Descat, qui a facilité l'aboutissement de la publication. Enfin, nous ne saurions oublier que celle-ci est due au concours du Centre National de la Recherche Scientifique, du Ministère de la Culture et de la Communication (Direction régionale des Affaires culturelles de Midi-Pyrénées), du Conseil Général du Gers et de la Ville de Lectoure qui, sur proposition de Jean-Michel Roddaz, Daniel Schaad, Michel Hue et Luc Pellicer, ont réservé le meilleur accueil à ce corpus des inscriptions latines des Lactorates.

INTRODUCTION

LACTORA ET LA CITÉ DES LACTORATES

LES LACTORATES AVANT LA CONQUÊTE ROMAINE

En raison de l'absence de référence à la *Lactora* préromaine chez les auteurs anciens, notamment chez César, et de la rareté des niveaux archéologiques attribuables aux premiers temps de l'occupation de l'oppidum de Lectoure, les Lactorates de l'Aquitaine indépendante restent très mal connus.

Les Lactorates, alliés de Rome au moment de la guerre des Gaules

Le peuple des Lactorates n'apparaît pas dans la liste des Aquitains vaincus en 56 [1], qui firent leur reddition à P. Crassus, au lendemain de la victoire remportée en pays tarusate par le lieutenant de César sur une coalition aquitano-cantabre. L'explication généralement avancée de cette absence est que, à la différence de la plupart des autres peuples aquitains, notamment des *Auscii*, des *Elusates*, des *Bigerri* ou des *Tarbelli*, les Lactorates n'avaient pas

---

[1] *BG,* III, 27.

participé à cette guerre contre les Romains. Ils seraient restés en dehors de cette lutte qui avait commencé par l'expédition du jeune général romain contre les Sotiates et la prise de leur oppidum, situé sur le site de la bourgade lot-et-garonnaise de Sos. La composition de la coalition anti-romaine montre pourtant que tous les autres peuples de l'Aquitaine centrale et méridionale s'étaient levés contre l'intervention romaine : une véritable union des Aquitains s'était constituée face à l'agresseur romain et à la menace qu'il représentait pour tous.

Pourquoi les Lactorates, les seuls parmi les peuples de la région, seraient-ils restés en dehors du soulèvement de résistance? L'opération de la Septième Légion en Aquitaine sud-garonnique aurait, pourtant, dû les inquiéter eux aussi, puisqu'elle avait lieu tout près de leur territoire qui devait confiner à celui des Sotiates, au nord-ouest. Faut-il alors invoquer une alliance des Lactorates avec les Romains? C'était, d'ailleurs, au même moment, le cas des Nitiobroges, leurs voisins du nord, dont le roi Ollivicon avait reçu le titre d' "Ami du Peuple romain", environ une vingtaine d'années plus tôt [2]. Cette explication a souvent été avancée [3] et elle paraît tout à fait vraisemblable.

Mais probablement pas depuis le IIe siècle av. J.-C.

Toutefois, il nous semble beaucoup moins acceptable que cette alliance entre Rome et Lectoure ait été très ancienne, qu'elle ait été nouée dès la fin du IIe siècle av. J.-C., comme on le dit généralement [4]. A notre avis, les deux textes, qui ont servi à étayer cette hypothèse, ne constituent que des arguments assez discutables : il s'agit du fragment de Diodore de Sicile mentionnant la ville gauloise de *Iontora* [5] et du passage de César relatant la mort du cavalier *Piso Aquitanus* [6].

Le texte de Diodore, qui nous a été conservé dans des *Excerpta* byzantins, cite un certain Contoniatos, roi de la ville gauloise de *Iontora*, qui était ami et allié des Romains : il avait été élevé à Rome à la fin du IIe siècle av. J.-C., entre 120 et 110 [7], puis avait obtenu la

---

[2] *BG*, VII, 31, 5.

[3] En particulier par C. JULLIAN, *Histoire de la Gaule*, (= JULLIAN, *Gaule*), III, Paris, 1909, p. 28-29, n. 5 ; J. CARCOPINO, *Des Gracques à Sulla. Histoire romaine*, II, 1, Paris, 1932, (= CARCOPINO, *Des Gracques à Sulla*), p. 288 et n. 54 ; M. LABROUSSE, *Toulouse antique des origines à l'établissement des Wisigoths*, Paris, 1968 (= LABROUSSE, *Toulouse*), p. 125 et n. 32, et encore récemment par J.-P. BOST, "P. Crassum... in Aquitaniam proficisci jubet : Les chemins de Crassus en 56 av. J.-C.", *Hommage à R. Étienne*, REA, 88, 1-4, 1986 (= BOST, *P. Crassum*), p. 28-29 et n. 60 : "Leur absence dans la liste des vaincus de 56 s'explique sans peine : ils étaient simplement dans le clan des vainqueurs".

[4] C'est notamment l'opinion de JULLIAN, *Gaule*, III, p. 28-29, n. 5, de CARCOPINO, *Des Gracques à Sulla,* p. 288 et n. 54, de LABROUSSE, *Toulouse*, p. 125 et n. 32, et elle est encore retenus dans *Les Racines d'Aquitaine*, Bordeaux, 1992, p. 21.

[5] Diodore, XXXIV-XXXV, 36.

[6] *BG*, IV, 12, 4.

[7] Cette chronologie est imposée par le récit du livre XXXIV de Diodore : voir F. R. WALTON, *Diodorus of Sicily*, éd. Loeb, Londres, 1967 (= WALTON, *Diodorus*), p. 134-136.

royauté dans sa cité de Gaule grâce à l'appui de Rome. Cette ville de *Iontora* étant inconnue en Gaule, on chercha à corriger le nom transmis par la source et G. Zippel songea à *Lactora*[8]. Cette solution, qui n'obtint pas l'unanimité, O. Hirschfeld la repoussant catégoriquement dans le *CIL,* XIII [9], comme Fr. F. Walton, l'éditeur de Diodore [10], fut cependant adoptée par C. Jullian et, à sa suite, par la plupart des historiens de la Gaule [11]. Quant au passage de la *Guerre des Gaules,* c'est l'éloge d'un Aquitain du nom de Piso, qui servait dans la cavalerie romaine et fut tué en 55, au cours d'un combat contre des Germains : César le qualifie d'homme très valeureux et de haute naissance et, surtout, précise que son grand-père avait accédé à la royauté dans sa cité et reçu du Sénat romain le titre d'ami [12].

Un rapprochement entre les deux textes a paru possible : ainsi le grand-père de l'Aquitain Piso a été identifié à Contoniatos, le Gaulois également ami du peuple romain à la fin du IIᵉ siècle av. J.-C. et, surtout, roi de la ville de *Iontora* assimilée à *Lactora.* Les chronologies semblaient d'ailleurs le permettre : en comptant une trentaine d'années par génération, l'aïeul de Piso pouvait, effectivement, avoir vécu à la fin du IIᵉ siècle. Ainsi *Lactora* devenait une très vieille alliée de Rome : ses relations d'amitié avec les Romains auraient débuté très tôt, au temps de Domitius et de la fondation de Narbonne [13].

C'est, pourtant, ce qui nous paraît assez peu vraisemblable. Il est, en effet, difficilement crédible que les Romains aient, si précocement, noué des contacts étroits avec un peuple situé bien au-delà de la Garonne. Certes, ils étaient présents à Toulouse par une garnison dès 118, mais ils n'y sont intervenus militairement qu'en 108 et surtout en 106 : il est donc bien difficile de concevoir qu'un jeune Lactorate ait été élevé à Rome avant cette date.

En fait, tout l'échafaudage est bien fragile. En premier lieu, l'identification *Iontora-Lactora* était bien aventurée, car nous sommes encore loin de connaître les noms de tous les oppidums de la Gaule du IIᵉ siècle av. J.-C. : il a pu parfaitement exister une *Iontora,* que nous situerions d'ailleurs dans la *Gallia Transalpina* orientale ou à ses marges, plutôt qu'en Aquitaine. Ensuite, rien n'incite vraiment à faire de l'Aquitain Piso un Lactorate. En ce milieu du Iᵉʳ siècle, la plupart des peuples aquitains avaient été au contact des Romains, surtout à partir de l'intervention de Pompée en 72 et de la possible fondation de *Lugdunum Convenarum,* et un certain nombre de notables indigènes ont dû recevoir le titre d'ami du peuple romain à cette époque. L'aïeul de ce Piso, tué en 55, pouvait donc régner sur

---

[8] G. ZIPPEL, Zu Diodoros (XXXIV, 36), *JKP,* 137, 1888, p. 613-616.

[9] *CIL,* XIII, p. 65. Par la suite, influencé sans doute par le choix de C. Jullian, il l'acceptera cependant dans *Kleine Schriften,* p. 219, n. 6.

[10] Il préfère identifier Contoniatos à Congonnetiacos, le fils du roi des Arvernes Bituit, qui avait été emmené à Rome en 121 après la défaite de son père, selon Tite Live, *Epitome,* 61 : WALTON, *Diodorus,* p. 135, n. 3. C'est aussi l'opinion de A. HOLDER, *Alt-celtischer Sprachschatz,* I, 1896, col. 1100 et 1108.

[11] JULLIAN, *Gaule,* III, p. 28-29, n. 5 ; CARCOPINO, *Des Gracques à Sulla,* p. 228 et n. 54 ; LABROUSSE, *Toulouse,* p. 135, n. 32.

[12] César, *BG,* IV, 12, édition et traduction L.-A. Constans : *In eo proelio ex equitibus nostris interficiuntur quattuor et septuaginta, in his vir fortissimus, Piso Aquitanus, amplissimo genere natus, cuius auus in civitate sua regnum obtinuerat amicus ab senatus nostro appellatus.*

[13] Comme l'ont pensé CARCOPINO, *Des Gracques à Sulla,* p. 286 et n. 54, P.-M. DUVAL, "A propos du milliaire de Cn. Domitius Ahenobarbus trouvé dans l'Aude en 1949", *Gallia,* 7, 1949, p. 227 et n. 65 (= DUVAL, *Milliaire*), et LABROUSSE, *Toulouse,* p. 125 et n. 32.

n'importe lequel des nombreux peuples d'Aquitaine, vraisemblablement vers 70 [14], et avoir obtenu, à ce moment-là, cette distinction de la part du sénat romain.

En résumé, s'il est très probable que Lectoure était dans le parti romain en 56, il paraît beaucoup moins sûr que cette alliance avec Rome ait été aussi ancienne qu'on l'a dit : plus vraisemblablement les Lactorates, comme leurs voisins les Nitiobroges, n'avaient noué des relations avec les Romains qu'une ou deux décennies avant la guerre des Gaules. L'antique amitié romano-lactorate est, à notre avis, une simple hypothèse qui ne peut être retenue sans restriction, comme on a trop tendance à le faire aujourd'hui [15].

L'oppidum de Lectoure (fig. 1)

Le site antique de Lectoure présente une topographie d'éperon barré très favorable à l'installation d'un établissement protohistorique. Limitée sur trois côtés par des versants abrupts – ceux des ruisseaux de Foissin et des Balines au nord et au sud et du Gers à l'ouest – cette colline étroite et allongée n'est rattachée au plateau de rive droite du Gers que par un pédoncule qui pouvait être facilement protégé : aussi a-t-il été coupé par un double fossé qui devait être renforcé d'un talus et, peut-être, d'un mur ou d'une palissade (n° 2 sur la fig. 1). Cette défense devait fermer le passage selon une direction nord-sud qui est peut-être conservée par le chemin rural du Couloumé et le chemin vicinal n° 3 dit de La Boire. Ainsi, l'oppidum avait bien les 1500 m d'ouest en est que lui attribue E. Camoreyt [16] et il incluait le plateau de Lamarque qui a livré les principaux témoignages d'une occupation de l'oppidum avant notre ère.

Toutefois, ces traces de l'occupation préromaine du site de Lectoure, qui est presque entièrement recouvert par l'agglomération moderne, sont ténues et de datation assez tardive. Aux quelques trouvailles, faites au hasard des travaux d'urbanisme, notamment celles de quelques puits à offrandes et de niveaux de cendres [17], s'ajoutent, surtout, les résultats des fouilles effectuées en 1965-1967 sur le plateau de Lamarque, qui consistent en une dizaine de

---

[14] Il n'est, en effet, pas nécessaire de remonter plus haut pour placer le règne du grand-père d'un homme, sans doute jeune, mort en 55 : cette période avait d'ailleurs été retenue par C. Jullian qui situait l'alliance "au temps de Pompée et de Calpurnius Piso", *Gaule*, III, p. 28 et n. 5 ; mais, ensuite, CARCOPINO, *Des Gracques à Sulla*, p. 228 et n. 54, DUVAL, Milliaire, p. 223, et LABROUSSE, *Toulouse*, p. 135, n. 32, remontèrent la chronologie au début du IIe siècle.

[15] M. LABROUSSE, "Les temps gaulois et gallo-romains", *Pays du Gers, cœur de la Gascogne*, Pau, 1988, p. 72 (= LABROUSSE, *Temps gaulois et gallo-romains*) ; J. LAPART et C. PETIT, *Carte archéologique de la Gaule. Le Gers. 32*, Paris, 1993 (=*CAG, Gers*), p. 196-197.

[16] E. CAMOREYT, *Carnets* (manuscrit inédit conservé aujourd'hui à Lectoure par L. Barbé et qui n'a pu être que très partiellement consulté), cités d'après M. LARRIEU, *La cité des Lactorates. Inventaire archéologique* (étude inédite dont le manuscrit est conservé au Service Régional de l'Archéologique de Midi-Pyrénées) (= LARRIEU, *Inventaire*), p. 11-12.

[17] Observées et mentionnées par E. CAMOREYT, *Carnets*, et surtout par M. LARRIEU, *Inventaire*, I, p. 12-14.

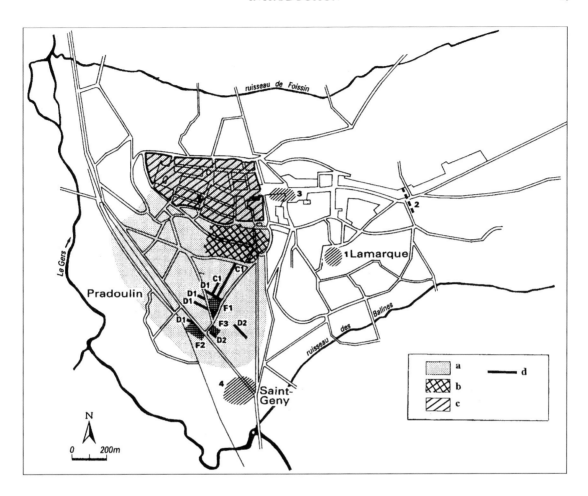

Fig. 1 : *Lactora*, de la Protohistoire au Bas-Empire :
localisation des principaux vestiges archéologiques.

a : extension maximum approximative de l'agglomération antique ; b : proposition de localisation du forum de *Lactora* ; c : oppidum de *Lactora*, réoccupation du Bas-Empire ; d : tracé du rempart médiéval.
F1 : Chantier de fouille de La Joga. F2 : Chantier de fouille de la Coopérative agricole et Chantier Vetter. F3 : Chantier Pigeonnat. C1 : *cardo* du cadastre à 28° est. D1 : *decumanus* du cadastre à 28° est. D2 : *decumanus* du cadastre à 42° est ; 1 : puits à offrandes et autres vestiges protohistoriques du plateau de Lamarque ; 2 : fossé observé par E. Camoreyt ; 3 : nécropole du Bastion ; 4 : nécropole de Saint-Gény.

puits à offrandes, un four et un fond de cabane [18]. La documentation archéologique issue de l'ensemble des découvertes est, toutefois, assez homogène, puisque la quasi-totalité des vestiges correspond au IIe et, surtout, au Ier siècle av. J.-C. Même s'il s'agit principalement de vaisselle grise et noire de La Tène III, difficilement datable avec certitude et précision, la présence de nombreuses céramiques campaniennes de type A (formes Lamboglia 28, 31, 36 et surtout 26) [19] et plus rarement de type B (formes Lamboglia 1 et 6), d'amphores, surtout de forme Dressel 1A, mais aussi 1B et Pascual 1, d'un fragment de présigillée et d'un de sigillée italique, ainsi que de rares monnaies (deux monnaies à la croix des Tectosages et un as au *Janus Bifrons* frappé à Rome entre 108 et 90 av. J.-C.) situe le remplissage des puits à offrandes dans le courant du Ier siècle av. J.-C. et jusqu'à l'époque augustéenne.

En conséquence, l'oppidum des Lactorates ne semble avoir connu d'occupation vraiment importante qu'à La Tène finale. Sans doute, l'absence de fouille en extension force à rester très prudent, mais cette hypothèse est confortée par la comparaison avec l'oppidum des Élusates, à Esberous-Higat au nord d'Éauze, où les prospections nombreuses et quelques sondages n'ont livré que de rares témoins antérieurs au Ier siècle av. J.-C. [20]. Aux époques du Ier et du IIe âge du Fer, ces peuples aquitains ne vivaient problablement pas sur leur oppidum, mais plutôt dans des établissements du plat pays ; ils ne devaient s'y rassembler qu'en quelques occasions. En fait, la situation ne paraît avoir changé qu'au début du Ier siècle av. J.-C., vraisemblablement en fonction du développement des relations des Aquitains avec les trafiquants romains de la *Provincia* : l'abondance des amphores vinaires de formes Dressel I sur tous ces *oppida* constitue la preuve de l'essor de leur fonction commerciale à ce moment-là. La colline de Lectoure était particulièrement bien située pour contrôler le trafic empruntant la vallée du Gers qui constituait assurément un des principaux axes commerciaux entre la vallée de la Garonne et l'Aquitaine centrale.

D'autres vestiges recueillis dans ces puits concernent les activités des Lactorates et la mise en valeur des terres qui environnaient l'oppidum au Ier siècle av. J.-C. L'abondance des ossements d'animaux, surtout de porc, mais aussi de bovidés, d'ovins et caprins atteste évidemment la pratique de l'élevage. Parmi ceux-ci, la présence de restes d'un verrat et d'un bélier, tous deux de forte taille, pourrait peut-être signifier un effort de sélection des bêtes de reproduction. La découverte de sarments de vigne taillés paraît aussi révéler une certaine viticulture dès cette époque. Enfin les scories de fer et de éléments de paniers tressés évoquent des activités de métallurgie et de vannerie.

---

[18] M. LARRIEU, "Les puits funéraires de Lectoure", *MSAMF*, 38, 1973, p. 9-67.

[19] M. LARRIEU, "La poterie campanienne dans le Gers", *Archéologie en Languedoc*, 1, 1978, p. 126.

[20] Mentionnés par D. SCHAAD et M. VIDAL, "Origines et développement urbain des cités de Saint-Bertrand-de-Comminges, d'Auch et d'Éauze", *Villes et agglomérations urbaines antiques du Sud-Ouest de la Gaule. histoire et archéologie (Bordeaux, 1990)*, Bordeaux, 1992, p. 216. Les prospections et les sondages réalisés sur le site d'Esbérous-Higat depuis 1996 par Ph. Gardes confirment cette chronologie : *Bilan scientifique Midi-Pyrénées*, 1997, p. 139-140 ; 1998, p. 121.

LACTORA À L'ÉPOQUE ROMAINE

Les Lactorates semblent connus de Pline (*NH*, IV, 108-109), même s'ils figurent dans sa liste sous la forme erronée de Latusates [21], dans laquelle on a parfois voulu voir une mention des Tarusates d'Aire-sur-Adour [22]. Par la suite, le nom de leur cité apparaîtra sur les itinéraires routiers antiques [23], dans la *Notitia Galliarum* [24] et sur plusieurs inscriptions découvertes à Lectoure [25].

LE CHEF-LIEU DE CITÉ

Lactora est née sur l'éperon barré de Lectoure, où l'habitat semble s'être confiné jusqu'à l'époque d'Auguste. Comme il vient d'être proposé, une grande partie du mobilier archéologique recueilli dans la ville actuelle et sur le plateau de Lamarque peut être datée jusqu'à ce moment-là. Ensuite, vraisemblablement pendant les dernières décennies du Ier siècle av. J.-C., une ville nouvelle s'est construite sur la pente sud-ouest de la colline et une partie sans doute importante de la population s'y est installée. Bien plus tard, les Lactorates ont fortifié leur oppidum, en l'enfermant dans un assez vaste rempart : une partie d'entre eux vécut alors à l'abri de cette enceinte, mais il est sûr que d'autres ont continué à habiter et à travailler dans la ville basse.

Lectoure pendant le Haut-Empire

Même si la ville basse est moins mal connue que l'oppidum, les recherches archéologiques qui y ont été menées furent très localisées et, surtout, elles n'ont jamais mis au jour un édifice complet. Les fouilles de sauvetage, effectuées depuis un siècle par E. Camoreyt, M. Larrieu, D. Duler et B. Cauuet, en bordure de la route départementale 36, à l'occasion de la construction d'entrepôts industriels ou commerciaux, et un peu plus à l'ouest lors de l'aménagement du stade, n'ont, en fait, exhumé que quelques portions de bâtiments du quartier sud-ouest de l'agglomération antique, en particulier des parties d'habitations, trois ou quatre tronçons de rues, une zone du secteur artisanal, avec ateliers de poterie et de tabletterie, enfin une vaste nécropole plutôt tardive. Elles ont, toutefois, permis de fixer la

[21] Lire à ce propos P.-M. DUVAL, "Les peuples aquitains dans la liste de Pline", *Revue de Philologie*, 29, 1955, p. 220 et 222.

[22] Opinion de J.-F. BLADÉ, "Géographie historique de l'Aquitaine autonome", *Annales de la Faculté des Lettres de Bordeaux*, 15, 1893, p. 104, adoptée par J.-P. BOST, *La Grande Lande. Histoire naturelle et géographie historique (Sabres, 1981)*, Paris, 1985, p. 140.

[23] La *Table de Peutinger*, 2, 2 ; l'*Itinéraire d'Antonin*, 462, 5 (*Lactura*) ; l'*Anonyme de Ravenne*, 4, 41 (*Lacura*).

[24] *Notitia Galliarum*, 14, 4 : *Civitas Lactoratium*.

[25] Voir *infra*, ILA, *Lactorates*, 3, 7 et 16.

chronologie de l'occupation de la nouvelle ville. Quant aux prospections aériennes effectuées par C. Petit, elles ont révélé les traces de nombreux autres bâtiments antiques et, surtout, considérablement amélioré notre connaissance du réseau viaire et de la trame urbaine [26].

L'extension approximative de la nouvelle ville

Trouvailles occasionnelles, prospections aériennes et reconnaissances au sol donnent une idée de l'extension de l'agglomération à partir d'Auguste, c'est-à-dire après l'installation des populations sur les versants méridional et occidental de la colline. En fait, du nord-est au sud-ouest, c'est toute la pente qui paraît avoir été occupée, probablement depuis le pied de l'abrupt sommital jusqu'à la plaine du Gers, à l'exclusion seulement du lit majeur inondable, qui était, d'ailleurs, vraisemblablement plus étroit qu'aujourd'hui [27]. Du nord-ouest au sud-est, l'extension paraît équivalente, puisque des vestiges ont été observés en prospection aérienne sur environ 700 m [28]. Aussi la ville nouvelle a pu se développer sur une quarantaine d'hectares, au moins.

Les rues et l'orientation du cadastre urbain

Les fouilles ont mis au jour plusieurs tronçons de rues appartenant à des axes viaires différents (C1 et D1, D2, sur la fig. 1), qui correspondent surtout à des *decumani*. L'une, exhumée à La Joga par E. Camoreyt, avait une largeur totale de 7,50 m approximativement, comprenant la chaussée de 4,50 m et deux bas-côtés de 1,50 m environ ; elle était constituée d'un hérisson de base en gros galets posés de chant et d'une surface de circulation en plus petits galets disposés avec soin [29]. Une autre rue, parallèle à la précédente a été découverte par M. Larrieu en 1964-1966 au chantier de la Coopérative agricole : elle avait une largeur supérieure à 5 m et était bordée, au moins sur le côté sud, par un bas-côté et un caniveau [30] ; mais elle ne comportait qu'une strate de galets bordée par deux alignements latéraux de grosses pierres. Ces voies ont exactement les mêmes orientations que les nombreux murs de bâtiments fouillés à La Joga, aux Chantiers Vetter et Pigeonnat et de la Coopérative, qui, pour la plupart, datent du Ier siècle ap. J.-C. Il semble donc que le plan général d'urbanisme du Haut-Empire était parfaitement orthogonal et avait pour axe un *cardo maximus* de direction nord-est/sud-ouest, orienté à environ 28° est.

Les observations effectuées en prospection aérienne par C. Petit confirment ces données de fouilles [31]. En effet, deux traces de rues présentent une direction nord-ouest/sud-est,

[26] C. PETIT, *Le milieu rural dans l'Aquitaine méridionale entre Garonne et Pyrénées pendant l'Antiquité et le Haut Moyen Age*, thèse, Bordeaux, 1997 (= PETIT, *Milieu rural*), p. 31-33 et fig. 8 à 21.

[27] Le niveau du Gers devant être, dans l'Antiquité, nettement plus bas qu'aujourd'hui, les eaux, lors des crues, ne s'étendaient probablement pas aussi largement que de nos jours. En quinze siècles, le niveau d'écoulement des rivières gersoises s'est généralement exhaussé de plus d'un mètre.

[28] PETIT, *Milieu rural*, fig. 8.

[29] E. CAMOREYT, "Note explicative d'un plan de fouilles opérées à l'emplacement de l'ancienne Lactora", *BACTH*, Paris, 1900, p. 10-13 (= CAMOREYT, *Note*), et LARRIEU, *Inventaire*, p. 104.

[30] LARRIEU, *Inventaire*, p. 115 et fig. 70.

[31] PETIT, *Milieu rural*, p. 31-33 et fig. 8.

exactement parallèle à celle des deux chaussées découvertes en fouilles, et une troisième est perpendiculaire à celles-ci (C1 et D1 sur la fig. 1). Toutes appartiennent donc au même cadastre urbain orienté à 28° est. Au total, cinq rues ou traces de rues attestent cette trame urbaine ; elles confirment donc l'extension de celle-ci sur toute la partie centrale du site.

Mais une autre information, fournie aussi par la prospection aérienne, complique quelque peu ce schéma : une trace, apparue au sud-est des précédentes, présente une direction assez clairement divergente (D2). Elle n'est d'ailleurs pas unique, puisqu'une chaussée, qui avait été exhumée dans le Chantier Pigeonnat sur une trentaine de mètres, lui semble parallèle : celle-ci correspond à la petite rue, large seulement de 2,40m, qui a été mise au jour en 1974 par M. Larrieu (D2) et datée sûrement du Bas-Empire [32]. Cette seconde trame, vraisemblablement tardive, est nettement plus inclinée vers l'est, d'une quinzaine de degrés environ.

Enfin, rappelons l'observation faite par M. Larrieu lors de la pose de cables souterrains, le long de la route départementale D 36 : un peu au nord de l'entrée de la gare apparut une surface de grandes dalles qu'elle identifia comme "une chaussée d'époque indéterminée" [33]. Il pourrait s'agir du *decumanus maximus* de la ville, se dirigeant vers le Pont de Pile.

Un quartier du bas de la ville : des *domus* et des ateliers

Les fouilles réalisées à Pradoulin n'ont exhumé aucune maison dans sa totalité, ni celles de La Joga ni celles de la Coopérative agricole, qui ont pourtant intéressé d'assez vastes superficies, de l'ordre d'un demi-hectare chacune. En fait, c'est seulement à La Joga que l'on reconnaît vraiment deux portions de *domus*, situées de part et d'autre de la grande rue mentionnée ci-dessus, et qui devaient se développer vers l'est [34] (F1 sur la fig. 1). Mais plusieurs observations, faites lors du creusement de tranchées, révélèrent la présence d'autres maisons dans ce quartier, en particulier celles d'une chaufferie et d'un hypocauste près de la Coopérative [35] qui peuvent appartenir à l'équipement de chauffage de salles ou de thermes d'une *domus*.

En revanche, l'apport des fouilles de M. Larrieu a été important en ce qui concerne l'artisanat. Un atelier de poterie à peu près complet, avec ses fours et ses constructions annexes, a été découvert à la Cooopérative agricole (F2 sur la fig. 1), c'est-à-dire au sud de la deuxième grande rue décumane et à l'est de la ruelle : là, ont été presque entièrement fouillés une cour, occupée par cinq fours et un dépotoir, et les bâtiments qui l'entouraient, servant à la fabrication des céramiques et au logement des potiers [36]. De l'autre côté de la ruelle se trouvait un atelier de tabletterie comportant également une cour et plusieurs salles de travail.

---

[32] M. LARRIEU, *Rapport de fouille 1974*, conservé au Service Régional de l'Archéologie de Midi-Pyrénées, p. 2 et fig. 1 et 2.

[33] LARRIEU, *Inventaire*, p. 90.

[34] CAMOREYT, *Note*, indique aussi la présence d'une mosaïque dans les bâtiments du nord.

[35] LARRIEU, *Inventaire*, p. 93-94.

[36] *Ibid.*, p. 115-128 et fig. 70, et M. LABROUSSE, "Information archéologique", *Gallia*, 24-2, 1966, p. 433-434 et fig. 24, 26-2, 1968, p. 542.

Les prospections aériennes de C. Petit complètent ces informations. De nombreuses portions d'édifices appartenant presque exclusivement à la trame urbaine orientée à 28°, c'est-à-dire probablement à la ville du Haut-Empire, ont aussi été repérées. Leurs traces sont surtout apparues dans la moitié nord-ouest de l'agglomération antique [37].

L'évolution de la ville basse pendant le Haut-Empire

Les fouilles ont également permis de préciser la stratigraphie et la chronologie de cette zone occidentale de la ville. Toutes les séquences établies par M. Larrieu laissent clairement apparaître deux grandes périodes d'occupation, isolées par un épais niveau de destruction, d'abandon et de remblaiement.

La première période, qui correspond au Haut-Empire, comporte en général deux phases d'occupation, séparées par un léger remblaiement. Les strates de la première époque reposent sur le terrain naturel et datent du Ier siècle : elles ont livré de nombreuses sigillées gallo-romaines de Montans, parmi lesquelles se trouvent des marques et des formes tibériennes. Au-dessus, un niveau de réaménagement a souvent été observé, en particulier dans les salles de l'atelier de tabletterie, où il est représenté par des sols en terre battue posés sur un remblai d'argile [38] : c'est dans ce sol et son support qu'ont été enfouis trois trésors, probablement peu après 281 ap. J.-C [39].

Cette seconde phase d'occupation du site, datable vraisemblablement d'une partie du IIe et du IIIe siècle, est scellée par un niveau de charbons et de cendres marquant l'abandon et la destruction de cet habitat [40]. Les stratigraphies établies dans les fouilles de Pradoulin comportent toujours cet épais niveau d'arasement qui pourrait être daté en plusieurs endroits du dernier quart du IIIe siècle. Il représente un abandon qui paraît contemporain de l'enfouissement des trois dépôts monétaires dans le sol de l'atelier de tabletterie, à la fin du règne de Probus.

Quelques observations d'E. Camoreyt laissent supposer une évolution assez semblable des *domus* qu'il a partiellement exhumées au chantier de La Joga. En effet, il y a fréquemment noté la superposition de structures, généralement des murs ou des sols qui, assez souvent, étaient séparés par une strate de nivellement [41].

---

[37] PETIT, *Milieu rural*, p. 34-35 et fig. 8 à 21.

[38] LARRIEU, *Inventaire*, p. 120-124.

[39] M. LABROUSSE, "Information archéologique", *Gallia*, 24, 1966, p. 434, et 26, 1968, p. 542, et pour le trésor I, J. LABROUSSE, "Trésors monétaires du IIIe siècle trouvés à Lectoure. Trésor I", *Cahiers archéologiques de Midi-Pyrénées*, 1, 1983, p. 49-160.

[40] LARRIEU, *Inventaire,* p. 121-122.

[41] CAMOREYT, *Note* et *Carnets*, d'après Larrieu, *Inventaire*, p. 98-100. Mais on n'est pas assuré que les structures supérieures appartiennent au Haut-Empire : il ne peut être exclu qu'elles correspondent à des édifices du IVe siècle.

De grandes inconnues : l'abandon de la ville haute, la situation du forum et des nécropoles

Ces résultats ne sont pas négligeables, mais ils laissent sans réponse plusieurs questions essentielles. On s'interroge surtout sur l'organisation de l'ensemble de la ville au Haut-Empire, en particulier à propos de l'occupation du sommet de l'oppidum et de la localisation des bâtiments publics [42] ainsi que des nécropoles.

La question de l'occupation de l'oppidum ne peut être actuellement résolue. L'hypothèse d'un abandon de la ville haute sous le Haut-Empire n'est fondée que sur quelques observations d'E. Camoreyt et de M. Larrieu : la grande tranchée ouverte vers 1900 à travers toute la ville actuelle, le long de sa rue principale, n'a livré que de la vaisselle noire et, semble-t-il, aucun tesson de céramique sigillée et aucune monnaie du Haut-Empire [43]. Les autres excavations, réalisées au hasard de travaux de construction et de plantation, auraient donné les mêmes résultats [44]. Aussi, pour le moment, acceptons-nous l'idée d'un certain abandon du plateau sommital ; mais on ne sait s'il a été partiel ou total. Une fouille moderne, dans le centre de l'agglomération actuelle, est indispensable pour faire progresser ce débat capital.

La localisation du forum de *Lactora* en dépend aussi, car ce problème manque tout autant de données archéologiques. Sans doute le "Bâtiment en U", mis partiellement au jour par E. Camoreyt dans la ville basse, était-il un édifice public [45], mais l'inachèvement de sa fouille et l'indigence de la documentation à propos de celle-ci n'autorisent guère une proposition d'identification [46]. De toute façon, il n'appartenait pas au centre civique et religieux de la ville antique qui ne pouvait être aussi excentré.

Des propositions de localisation de ce centre monumental ont, certes, déjà été faites, principalement pour deux de ses édifices majeurs, les temples de Cybèle et de Jupiter, qui sont parfaitement attestés par l'épigraphie. On a toujours voulu les placer sur l'oppidum, dans

---

[42] En fait, aucun édifice n'a été entièrement exhumé, même pas une maison. Cette situation particulièrement déplorable s'explique par les conditions de fouilles effectuées en sauvetage, sans, évidemment, la moindre programmation de recherche.

[43] E. CAMOREYT, *La ville des Sotiates, étude de géographie historique*, Auch, 1897 (= CAMOREYT, *Ville des Sotiates*), p. 139 : seules ont été mentionnées des trouvailles de monnaies républicaines ou augustéennes, une monnaie des Sotiates, un denier d'argent d'époque républicaine, un as de Nîmes, un denier d'Auguste, un as d'*Emporiae* avec contre-marque DD.

[44] CAMOYRET, *Carnets*, d'après Larrieu, *Inventaire*, p. 40-82.

[45] E. CAMOREYT, *L'emplacement de l'oppidum des Sotiates*, *RG*, 24, 1884 (= CAMOREYT, *Oppidum des Sotiates*), p. 452, et *Carnets*, p. 36 ; LARRIEU, *Inventaire*, p. 91.

[46] P. AUPERT, "Le stade : évolutions et avatars d'une forme architecturale", *Le stade romain et ses spectacles*, Lattes, 1994, n° 33 et p. 101 et 103, a cependant pensé à une sorte d'hippodrome. Pour notre part, nous préférons avancer l'hypothèse d'une piste de gymnase associée à un *campus* : sa situation à l'extrémité de la ville conviendrait assez bien (à ce propos, voir notamment H. DEVIJER et F. VAN WONTHERGHEM, "Il *campus* nell'impianto urbanistico delle città romane : testimonianze epigrafiche e resti archeologici", *Acta Arch. Lovaniensa*, 20, 1981, p. 33-68, et A. BOUET, "Complexes sportifs et centres monumentaux en Occident romain : les exemples d'Orange et de Vienne", *Revue Archéologique*, 1998, p. 33-105.

le quartier de la cathédrale et de la fontaine de Diane [47], en raison de la découverte dans cette zone des inscriptions tauroboliques et des deux dédicaces à Jupiter [48]. Cette hypothèse serait séduisante, si elle ne se heurtait à l'apparente absence de traces d'occupation de l'oppidum sous le Haut-Empire. Aussi est-il difficile de la retenir, au moins dans l'état actuel de nos connaissances archéologiques.

En fait, à propos du forum de Lectoure, nous ne disposons que d'informations négatives ou incontrôlées. D'une part, il est certain qu'il n'a été rencontré dans aucune des zones fouillées et il paraît probable qu'il n'occupe aucun des champs compris dans le triangle formé des routes N 21, D 36 et D7 : s'il s'y trouvait, il aurait pu être aperçu lors des prospections aériennes et, surtout, il aurait probablement livré aux agriculteurs travaillant ces parcelles quelques éléments spécifiques, sculptures, blocs architectoniques ou épigraphiques. En conséquence, et tant qu'il apparaîtra impossible de le placer dans la zone de la cathédrale, il vaudrait sans doute mieux le situer entre ces deux zones, c'est-à-dire au-dessus de la route D7, dans le quartier des jardins en terrasses, où l'accumulation principalement anthropique de remblais a été beaucoup plus importante qu'au bas de la colline et peut mieux masquer les vestiges antiques. Aussi, proposons-nous, à titre d'hypothèse provisoire, de le chercher dans la partie supérieure de la pente, aux altitudes 130-140 m, peut-être à proximité du carrefour des routes N 21 et D7, notamment dans la zone des terrasses proches de l'ancienne manufacture de tannerie et à l'ouest de celle-ci (fig. 1).

Cette localisation expliquerait aussi assez bien la concentration des plus importantes trouvailles épigraphiques au sud-est de la ville actuelle. La plupart des inscriptions tauroboliques ont, en effet, été trouvées en remploi dans le choeur de l'église du XIIIe siècle qui a précédé celui de la cathédrale actuelle [49], quelques autres dans le cloître qui s'adossait à celle-ci sur son flanc sud, c'est-à-dire sous l'actuelle mairie, et les dédicaces à Jupiter dans la partie sud-est du rempart, près de la fontaine de Diane (fig. 2). Toutes proviennent donc de cette même zone de la ville actuelle, et leur densité était la plus forte dans l'espace restreint compris entre la cathédrale et la fontaine de Diane. Nulle part ailleurs n'a été mentionnée de découverte de ce genre d'inscriptions, qui proviennent assurément du centre civique et religieux de la cité. En retenant notre proposition pour la situation de celui-ci, les deux temples de Cybèle et de Jupiter, qui devaient occuper la partie la plus haute du forum, c'est-à-dire son côté nord, en se dressant sur une terrasse dominant sa place ainsi que toute la ville étendue en contre-bas [50], se seraient effectivement trouvés à assez faible distance de la zone de réutilisation des inscriptions.

---

[47] A. CHAUDRUC DE CRAZANNES, "Notes sur les antiquités de la ville de Lectoure", *MSAMF*, 3, 1836-1837, p. 109-117, et F. LOT, *Recherche sur la population et la superficie des cités remontant à la période romaine*, Paris, 1953 (= LOT, *Population*), p. 130.

[48] Cette question de la découverte des autels tauroboliques est examinée plus loin, p. 58-62.

[49] Cette question est approfondie plus loin, p. 59-60.

[50] Comme dans la plupart des villes construites sur une pente dont les exemples sont nombreux, parmi lesquels il suffira de citer les cas les mieux connus comme Brescia, Dougga, Munigua ou Belo. C'était aussi la position préconisée par Vitruve, *De architectura*, I, 7, 1, pour les principaux temples d'une cité, en particulier pour celui de Jupiter : "Les temples des dieux tutélaires, de même que ceux de Jupiter, Junon et Minerve, seront placés à l'endroit le plus élevé, afin que, de là, on découvre la plus grande partie des édifices de la ville".

Il est presque aussi difficile de localiser les nécropoles du Haut-Empire, puisque nous ne sommes à peu près certains du trajet que d'une seule route, celle de Toulouse qui devait entrer dans la ville par le nord-est [51]. Surtout, parce qu'il n'existe aucune référence sûre à une découverte de mausolée. Pourtant de tels édifices existaient, puisque leurs matériaux et des éléments de leur décor se retouvent fréquemment dans le rempart. Vraisemblablement, la plupart de ces monuments funéraires auront été détruits lors de la construction de celui-ci.

Il est néanmoins probable que l'une des nécropoles se situait sur l'esplanade du Bastion que devait traverser la route de Toulouse avant d'entrer dans la ville. Les statues [52] et les épitaphes [53] retrouvées dans le tronçon oriental de la muraille, proche de cet endroit, pourraient en provenir [54]. Peut-être était-elle assez vaste et occupait-elle tout l'espace du Faubourg : un fragment de plaque (*ILA, Lactorates*, n° 36), conservant une lettre, était en remploi dans un mur de grange, rue Campardiné, où des vases ont aussi été recueillis, en particulier un bol à paroi fine entier qui pourrait appartenir au mobilier d'une sépulture du Ier siècle [55]. Enfin, il est également à peu près certain qu'une nécropole a existé à Saint-Gény dès le Haut-Empire, même si on hésite à considérer comme un mausolée le monument à deux colonnes de marbre décrit par E. Camoreyt [56]. La localisation d'un certain nombre de tombes à incinération à l'endroit du stade est, en effet, fondée sur une information orale témoignant de la destruction, lors de la construction de l'ensemble sportif en 1947, d'une série d'urnes remplies de cendres et qui se trouvaient au-dessous du niveau des sarcophages [57].

Lectoure au Bas-Empire

Sur la ville du Bas-Empire existent davantage de données sûres, mais les interrogations ne manquent pas non plus. Les trois principales certitudes concernent l'occupation de tout le site au IVe siècle, la localisation des nécropoles, avec une chronologie précise pour celle de Saint-Gény, enfin la construction d'un rempart. Mais on ne dispose pas encore d'informations réellement précises sur l'habitat de l'oppidum.

---

[51] Sur le tracé des voies dans la cité de Lectoure, voir PETIT, *Milieu rural*, p. 31-32 et *infra*, p. 49.

[52] LARRIEU, *Inventaire*, p. 45-47, et *infra*, p. 33.

[53] Notamment *ILA, Lactorates*, n° 27.

[54] Signalons cependant que, jusqu'ici, seules des sépultures du Bas-Empire ont été signalées à cet endroit : tombes en bâtière, sarcophages et sépultures antropomorphes maçonnées furent découvertes lors de l'ouverture de tranchées de canalisations en 1878 et en 1901 : CAMOYRET, *Carnets*, d'après Larrieu, *Inventaire*, p. 40-42. Mais, en fait, on n'y a jamais effectué de véritable fouille.

[55] LARRIEU, *Inventaire*, p. 37 et n. 31.

[56] La description d'un monument à deux colonnes de marbre, par CAMOREYT, *Oppidum des Sotiates*, RG, 24, 1884, p. 454, et LARRIEU, *Inventaire*, p. 135-136, est malheureusement trop imprécise pour assurer qu'il s'agissait bien d'un mausolée, même si sa situation à Saint-Gény incite à le croire.

[57] Observations faites lors des travaux du stade en 1947 et rapportées par un témoin oculaire à M. LARRIEU, *Inventaire*, n. 137, p. 133. Curieusement ce niveau antérieur aux sarcophages n'est pas mentionné dans les "Informations archéologiques", *Gallia*, 5-2, 1947, p. 476-477. Camoreyt signalait également des sépultures à incinération à Saint-Gény : "Urnes en poterie remplies de cendres", *Oppidum des Sotiates*, RG, 24, 1884, p. 454.

L'occupation de l'ensemble du site

Si les Lactorates paraissent avoir délaissé le sommet de leur oppidum au Haut-Empire, il semble certain que nombre d'entre eux s'y sont réinstallés au Bas-Empire, même si les traces de cette occupation sont encore bien ténues. Toujours faute de véritables fouilles, aucun niveau archéologique de cette époque n'y a été clairement reconnu. En fait, la seule preuve assez solide de cette présence sur l'oppidum est fournie par les trouvailles numismatiques qui, selon E. Camoreyt, y ont été très fréquentes et correspondent uniquement à des monnaies de la fin du IIIe siècle et du IVe, principalement de Maximien, de Constantin et de Magnence [58]. En se fondant sur cette documentation, il semble permis de supposer que la réoccupation s'est effectuée à l'époque de la Tétrarchie.

Toutefois, la pente sud-ouest et la plaine ne furent pas désertées. Des destructions furent effectivement reconnues dans la plupart des fouilles de la ville basse et datées de la fin du IIIe siècle [59], mais l'abandon fut seulement momentané. Un remblai, qui scelle les niveaux du Haut-Empire, a été épandu pour servir de fondement à une nouvelle occupation : au-dessus ont été posés les sols d'argile ou de dalles du dernier habitat. Celui-ci a été bien identifié dans les zones fouillées de la Coopérative agricole et des Chantiers Vetter et Pigeonnat. Les constructions mises au jour étaient principalement des bâtiments artisanaux, notamment des ateliers de céramique : des potiers travaillaient donc à nouveau dans cette ville basse pendant la seconde moitié du IVe siècle et au Ve siècle [60]. La petite rue déjà mentionnée [61], dont l'orientation est différente de celle de rues du Haut-Empire, y fut aussi tracée et empierrée à ce moment-là, vraisemblablement sous Constantin [62].

Le rempart gallo-romain de l'oppidum (fig. 2)

Les rares vestiges et la structure

Quoi qu'il ait été prétendu, il ne subsiste pas grand-chose de l'enceinte romaine de Lectoure. La description la plus souvent citée, et malheureusement souvent reprise sans vérification [63], est celle d'A. Blanchet qui soutient que "plusieurs parties de l'enceinte antique sont encore debout avec des chaînes de briques et hautes de plusieurs mètres" [64]. Or il n'en est rien et il n'en était rien non plus à la fin du XIXe siècle lorsque ce spécialiste des murailles

---

[58] CAMOREYT, *Ville des Sotiates,* p. 139-140.

[59] Voir *supra*, p. 24.

[60] LARRIEU, *Inventaire*, p.123 et 126-127 et M. LABROUSSE, "Informations archéologiques", *Gallia*, 32-2, 1974, p. 479.

[61] Ci-dessus, p. 23 et note 32.

[62] Voir ci-dessus, p. 23 et note 32.

[63] Même par nous-même à l'occasion de la rédaction de la notice sur *Lactora*, dans *Villes du Sud-Ouest*, p. 102.

[64] A. BLANCHET, *Les enceintes romaines de la Gaule : essai sur l'origine d'un grand nombre de villes françaises*, Brionne, 1879, p. 194.

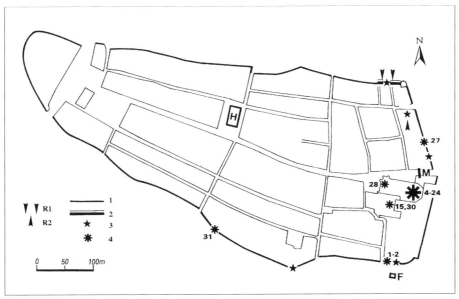

Fig. 2 : L'oppidum de *Lactora* dans son extension au Bas-Empire.

F : Fontélie ou Fontaine de Diane. H : halle dans laquelle les autels tauroboliques furent encastrées en 1591 (voir fig. 9). M : mur très épais observé par E. Camoreyt dans la Rue Nationale. R1 : vestiges du rempart antique. R2 : partie du rempart antique percée en 1976. 1 : tracé de l'enceinte médiévale. 2 : partie visible de la courtine antique, sous le rempart médiéval (= R). 3 : localisation des sculptures antiques remployées dans le rempart du Bas-Empire. 4 : localisation des trouvailles d'inscriptions antiques (les numéros indiqués sont ceux d'*ILA, Lactorates*).

de la Gaule écrivait, puisque les notes d'E. Camoreyt, l'archéologue lectourois qui vivait exactement à la même époque, ne confirment nullement cette description. En premier lieu, nulle part n'apparaît le moindre chaînage de briques et jamais Camoreyt n'en a mentionné. Ensuite, si on considère les assez nombreux changements d'appareils du rempart actuel, il apparaît facilement que ceux-ci ne sont presque jamais antiques. Ainsi, la muraille médiévale de la ville qui ceinture tout l'oppidum, caractérisée par son moyen appareil de blocs à tête carrée, ou presque, spécifique des murailles gasconnes du XIIIe et du début du XIVe siècle [65], est interrompue sur son côté sud par plusieurs courts tronçons en appareil plus grand et nettement plus régulier, mais ceux-ci ne peuvent, en aucune façon, être d'époque gallo-romaine car ils sont postérieurs au mur médiéval sur lequel ils reposent en plusieurs endroits, le plus nettement près de l'extrémité ouest du boulevard Jean Jaurès. Ils doivent correspondre à des réfections d'époque moderne, du XVIe siècle peut-être.

[65] J. GARDELLES, *Les châteaux du Moyen Age dans la France du Sud-Ouest*, Genève, 1972 ; J. MESQUI, *Châteaux et enceintes de la France méridionale*, Paris, 1991-1992, et B. BOQUIER, *Les enceintes urbaines et villageoises du Moyen Age dans la Gascogne gersoise*, DEA, Toulouse, 1998.

En réalité, le rempart gallo-romain n'est visible qu'à l'extrémité orientale de la courtine nord, sur trois courts tronçons (9, 4 et 2 m) où une assise apparaît clairement au-dessus du niveau du sol actuel et sert de soubassement au mur médiéval (fig. 4) : elle est faite presque exclusivement de grands éléments d'architecture romaine en remploi. Ces vestiges se trouvent près de la Tour du Bourreau, plus exactement de part et d'autre de l'extrémité de la rue de la Vieille Tour (R1 sur fig. 2) : il paraît évident que le rempart du XIIIe siècle a été construit sur cette assise de la fortification romaine.

Cette structure était, d'ailleurs, un peu mieux visible en ce même point à la fin du XIXe siècle et une meilleure observation y a été faite par E. Camoreyt : au bas de la rue de La Tour, il a relevé une "coupe du mur gallo-romain avec ses fondations de pierre sèche". A cet endroit le rempart a une largeur de 2,50 m et sa "base est composée de grosses pierres, colonnes de pierre, et de marbre, etc... provenant d'édifices antiques". L'archéologue lectourois a effectué le relevé des deux assises de grands blocs à la base de l'enceinte médiévale, parmi lesquels on reconnaît un chaperon de couronnement de mur [66] (fig. 3). Il put encore observer en quelques autres endroits le soubassement antique, dont des éléments sculptés ou inscrits furent retirés, en particulier près de la fontaine de Diane et le long de la courtine sud [67].

Enfin, un autre tronçon de cette fondation formée de remplois semble avoir été mis au jour plus récemment, en 1976, lors de travaux au n° 1 de la rue Corhaut (R2 sur la fig. 2). Son percement a livré de nombreux fragments de "sculptures et des éléments d'architecture gallo-romaine". L'épaisseur de ce mur est malheureusement mal connue, M. Labrousse indiquant seulement qu'il avait "plus de 1,50 m" [68]. Il se trouve dans le jardin mais tout près de la maison, c'est-à-dire nettement en retrait de la muraille médiévale, à une distance de 8 m à l'ouest de celle-ci [69].

Ainsi, seule la partie inférieure du rempart gallo-romain semble avoir été aperçue. Cette fondation avait probablement 2,50 d'épaisseur selon les observations d'E. Camoreyt, qui paraissent les plus précises, surtout celle du bas de la rue de la Vieille-Tour avec la coupe jointe, qui est plus sûre que l'information sur le tronçon du n° 1 de la rue Corhaut. Quant à l'élévation de l'enceinte antique, il est impossible d'en dire quoi que ce soit, car elle ne subsiste nulle part et n'a jamais été décrite par E. Camoreyt.

---

[66] CAMOREYT, *Carnets*, p. 35, avec croquis : voir fig. 3.

[67] Localisations précisées au paragraphe ci-dessous, p. 33, avec la liste de ces trouvailles.

[68] M. LABROUSSE, "Information archéologique", *Gallia*, 36, 1978, p. 413. L'imprécisions des informations données sur le mur lui-même s'expliquent par le fait qu'il n'a pas été vu par M. Larrieu, la correspondante locale du Directeur de Antiquités de Midi-Pyrénées : celle-ci n'avait, elle-même, examiné et photographié que les fragments de sculptures, quelque temps après l'achèvement du chantier, lorsque le mur n'était déjà plus visible. C'est ce que nous a déclaré Madame Lascombes, la propriétaire de la maison, qui, si elle ne sait guère décrire le mur lui-même, en particulier son épaisseur, se souvient très bien de la difficulté que rencontra le maçon pour le percer.

[69] Situation exacte qui nous a été indiquée par Madame Lascombes.

Lectoure

1 Niveau du chemin de ronde extérieur
2 Niveau du terrain coté de la ville

Coupe du mur Gallo romain avec ses fondations en pierre sèche au bas de la rue de la Tour largeur du mur à la base 2,50 cent au dessus de la base 2 mètres à l'orient le mur avait trois mètres de large au dessus de cette base, composée de grosses pierres et marbres provenant d'édifices antiques on y distingue entre autres choses un peu le couronnement de 60 cent. de large

+ 2 mètres

sur 1 mèt 50 environ de long ces blocs sont encore là présentaient plus longs ...

Coupe d'un mur gallo romain avec ses fondations en pierre sèche au bas de la rue de la Tour largeur 2,m 50 cent.

Fig. 3 : Le rempart antique au bas de la rue de la Tour : relevé d'E. Camoreyt (*Carnets*).

Fig. 4 : Vestiges du rempart du Bas-Empire à l'extrêmité orientale de la courtine nord, près de la Tour du Bourreau. On reconnaît les grands blocs en remploi, l'un portant en son centre un trou de louve (photographie du haut) ; le contraste est très net entre les restes du rempart antique et le mur médiéval (surtout sur la photographie du bas).

Les blocs sculptés et inscrits

Les mentions de découvertes de pierres antiques dans le rempart ont été assez fréquentes : il s'agit principalement de sculptures, mais aussi de quelques inscriptions. Même s'il n'est pas possible d'établir la localisation très précise de toutes les trouvailles, pour un certain nombre d'entre elles il n'y a pas de doute qu'elles ont été faites à la base de la muraille médiévale. Elles proviennent des courtines nord-est, est et sud-est de l'enceinte.

Les indications les plus nombreuses concernent des sculptures qui paraissent appartenir à des mausolées et autres tombeaux. A l'extrémité orientale de la courtine nord, entre l'Impasse Croix-Rouge et la Tour du Bourreau, sont apparues en 1874 une statue sans bras ni tête et une colonne [70]. Dans la courtine est, au n° 1 de la rue Courhaut, ont été découverts en 1976 de nombreux fragments sculptés, plusieurs appartenant à des statues, en particulier une tête féminine en marbre, d'autres à des éléments d'architecture provenant probablement de tombeaux monumentaux, comme des morceaux de colonnes, de pilastres et d'une frise avec guirlandes et bucranes [71]. Un peu plus au sud, dans la maison Masson, avaient été trouvés au XIXᵉ siècle un Janus Bifrons et une tête d'homme [72]. Enfin, ont été retirés de la courtine sud une effigie de Jupiter [73], trouvée près de la Fontélie, et un tronc sans tête ni jambe, près de la rue Butte de Baulac [74].

Les pierres inscrites sont plus rares. On n'est certain de leur provenance de la muraille que pour les deux autels de Jupiter (*ILA, Lactorates*, n° 1 et 2), découverts en 1877 et 1881 "dans le mur romain" près de la Fontélie [75], et pour le fragment de l'épitaphe de Claudius Philetus (n° 31) qui fut mis au jour en 1901 "à la base de l'ancien rempart gallo-romain entre l'ancienne rue des Carmes (aujourd'hui rue du 14 Juillet) et la rue des Vieilles-Écoles" avec d'autres grands blocs d'architecture provenant de constructions funéraires [76]. Toutefois, il en fut problablement de même pour plusieurs autres inscriptions, notamment pour l'autel fragmentaire du *nummularius* (n° 27), qui semble venir de la partie septentrionale de la courtine est, un peu au sud de la rue Corhaut [77].

Mais c'est à propos des autels tauroboliques que cette question de la localisation des trouvailles des documents épigraphiques a été le plus souvent soulevée. Généralement, cette interrogation est liée au problème de la situation du temple de Cybèle [78], bien que, à notre avis, cette corrélation ne puisse être envisagée puisque ces pierres ont connu plusieurs réutilisations successives entre l'Antiquité et le XIXᵉ siècle [79].

---

[70] *Ibid.*, p. 47. Conservés au musée de Lectoure, Inventaire n° 46 et 72.

[71] M. LABROUSSE, "Informations archéologiques", *Gallia*, 36-2, 1978, p. 413-414 et fig. 25.

[72] CAMOREYT, *Carnets*, d'après LARRIEU, *Inventaire*, p. 45.

[73] Trouvée en 1872 : *ibid.*, p. 76.

[74] *Ibid.*, p. 79.

[75] CAMOREYT, *Carnets*, d'après LARRIEU, *Inventaire*, p. 76.

[76] CAMOREYT, *Carnets*, d'après LARRIEU, *Inventaire*, p. 79 et E. ESPÉRANDIEU, *RE*, 4, 1901, n° 1393.

[77] A. CHAUDRUC DE CRAZANNES, "Dissertation sur le taurobole et sur les inscriptions tauroboliques de Lectoure", *MSAF*, 13, 1837 (= CHAUDRUC DE CRAZANNES, *Taurobole*), p. 176.

[78] A. DUCOURNEAU, *La Guyenne historique et monumentale*, Bordeaux, II, 1842-1844, p. 318-321 ; LOT, *Population*, p. 130. Plus récemment, G. COURTÈS, "La cathédrale St-Gervais et St-Protais", *Sites et monuments du Lectourois*, Auch, 1974 (= COURTÈS, *Cathédrale*), p. 43.

[79] On tente de retracer l'histoire de ces pierres entre l'Antiquité et le XIXᵉ siècle, *infra*, p. 58-69.

Le tracé

Comme on vient de l'indiquer, la plupart des découvertes de pierres antiques, sculptures ou inscriptions, dont la localisation a pu être convenablement établie, ont été faites dans le rempart actuel et presque toujours à sa base. Ces trouvailles ont été portées sur la fig. 2 et leur répartition semble indiquer que l'enceinte médiévale a repris le tracé antique au sud, à l'est et au nord-est de l'oppidum. Plus précisément, il semble que le rempart antique se trouve exactement au-dessous du mur médiéval au sud et au nord-est de l'enceinte, et légèrement en retrait vers l'ouest par rapport à celui-ci sur le côté est, d'environ une dizaine de mètre.

Quant à l'absence de blocs antiques dans toute la moitié occidentale de la muraille médiévale où, d'ailleurs, celle-ci repose directement sur le rocher, elle pourrait signifier que cette zone, limitée par de forts à-pics, n'avait pas reçu de fortification à l'époque gallo-romaine : le rempart antique n'aurait existé que dans la partie orientale du site qui ne possède aucune défense naturelle de ce côté. Mais il n'est pas impossible non plus que la muraille antique ait totalement disparu dans cette zone avant le XIIIᵉ siècle : un décapage de la roche, pour rechercher une possible tranchée de fondation, permettrait peut-être de le vérifier.

Le problème de la datation

Notre propos n'est certes pas l'étude de cette muraille, même si elle renfermait, et renferme probablement encore, de nombreuses inscriptions. Mais les réflexions que le rassemblement de la documentation actuellement disponible a suggérées, nous incitent à revenir sur les datations qui lui ont été attribuées.

D'après les observations faites en trois ou quatre endroits par E. Camoreyt et M. Larrieu, les seules vraiment crédibles et dont l'une est vérifiable encore aujourd'hui, le caractère spécifique de cette enceinte est la présence d'une grande quantité de blocs de grand appareil en remploi dans son soubassement, éléments provenant des nécropoles et des monuments du centre urbain du Haut-Empire. Ce qui a pu faire penser que ces *spolia* étaient "très occasionnels" [80] est que les percées à travers l'enceinte de Lectoure ont été fort rares à l'époque moderne : cette petite ville n'a connu aucune entreprise urbanistique de l'ampleur de celles de Bordeaux, de Périgueux, de Poitiers ou de Saintes qui détruisirent de longs tronçons des remparts antiques et entraînèrent la découverte des extraordinaires séries épigraphiques et sculptées que l'on connaît. Néanmoins, les rares fois où la base de la muraille de Lectoure a été coupée, elle a toujours livré des remplois. N'oublions pas, en outre, que de grands arasements ont certainement eu lieu à la fin du XIIIᵉ siècle lors de la réfection totale de l'enceinte. C'est sans doute à cette époque que les plus importantes trouvailles de blocs antiques ont eu lieu, comme on le proposera à propos des autels tauroboliques [81], mais aucun document ne nous en garde le souvenir.

Aussi, à notre avis, est-il difficile d'inclure la muraille de Lectoure dans la série des "enceintes à remplois occasionnels". Elle semble avoir davantage sa place dans celle des

---

[80] L. MAURIN, "Remparts et cités dans les trois provinces du Sud-Ouest de la Gaule au Bas-Empire (dernier quart du IIIᵉ siècle-début du Vᵉ siècle)", *Villes du Sud-Ouest* (= MAURIN, *Remparts*), p. 376.
[81] Voir ci-dessous, p. 62-67.

"enceintes au soubassement construit en remplois" [82]. Sans doute n'avait-elle pas la grande épaisseur des autres fortifications aquitaines de ce groupe, puisque sa fondation n'a que 2,50 m, mais ce cas n'est pas une exception : d'autres murs de villes à soubassement fait de remplois ont aussi des dimensions inférieures à 3 m, par exemple celui du bord de la Garonne à Toulouse, qui est également élevé sur une fondation formée de *spolia* et ne mesure pourtant que 2, 40 m d'épaisseur [83].

Cependant, il serait prématuré de vouloir tirer une conclusion chronologique de cette structure de la fondation du rempart de Lectoure, même si elle s'apparente davantage à celle de la première génération des enceintes d'Aquitaine, celle de l'époque de la Tétrarchie. D'autres arguments devront assurément être avancés. Pour le moment, à défaut de bonne stratigraphie contre sa paroi [84], mentionnons l'indice que constitue la date de réoccupation de l'oppidum qui eut lieu vraisemblablement à l'époque de la Tétrarchie. Mais même cette dernière indication n'est pas d'un grand poids, car les Lactorates ont pu aussi bien remonter sur l'oppidum après l'avoir fortifié que, au contraire, s'installer au sommet de la colline pour profiter de ses défenses naturelles et sans la fortifier immédiatement. Selon les cas, non seulement le paysage urbain de *Lactora* au IVe siècle, mais aussi la situation de ses habitants à cette époque, c'est-à-dire leur état politique, économique, social et même leur mentalité, étaient fort différents. Il faudra donc tenter de résoudre cette question primordiale par la fouille [85].

Les nécropoles

Trois cimetières du Bas-Empire sont convenablement localisés. Des sépultures de cette époque ont d'abord été rencontrées sur l'oppidum, à l'est et au sud du rempart. Les unes, reconnue sous la promenade du Bastion [86] et rue de la Crabère [87], bordaient la voie de Toulouse. D'autre tombes sous *tegulae* sont également apparues tout près du rempart méridional [88]. Mais seul celui de Saint-Gény, qui fut peut-être le plus vaste, a été largement

---

[82] MAURIN, *Remparts*, p. 369-376.

[83] L'étude de ce tronçon a été récemment reprise pour le nouvel ouvrage sur Toulouse antique, par G. Baccrabère et A. Badie et un relevé, très précis, a été réalisé par A. Badie. Voir dès à présent G. BACCRABÈRE et A. BADIE, "L'enceinte du Bas-Empire de Toulouse", *Aquitania*, 14, 1996, p. 125-129, en attendant la publication plus complète des recherches dans *Toulouse antique*, sous presse. Reconnaissons cependant que cette partie du rempart romain de Toulouse n'a pas encore été tout à fait convenablement datée : d'après LABROUSSE, *Toulouse*, p. 281, une datation par archéomagnétisme a été effectuée et a fourni les dates de 190 et 275, la seconde étant retenue ; mais la possibilité de remploi de briques plus anciennes pourrait infirmer cette chronologie (information récente en cours de vérification).

[84] Comme il vient d'en être effectué une contre le rempart de Saint-Bertrand-de-Comminges qui règle définitivement le débat pour cette muraille, datée du début du Ve siècle (S. ESMONDE CLEARY, M. JONES et J. WOOD, "Saint-Bertrand-de-Comminges. Ville haute", *Bilan scientifique Midi-Pyrénées*, 1996, p. 90-91).

[85] A Lectoure plusieurs endroits conviendraient pour une fouille stratigraphique contre le rempart, soit près de la Tour du Bourreau, soit au-dessus de la Fontélie.

[86] CAMOREYT, *Carnets*, d'après Larrieu, *Inventaire*, p. 40-42.

[87] *Ibid.*, p. 80.

[88] *Ibid.*

fouillé : il servit du IVe au VIIIe siècle et a livré, notamment, une belle série de sarcophages de l'École d'Aquitaine [89].

LE TERRITOIRE DE LA CITÉ

Des limites très incertaines (fig. 5)

On connaît les voisins des Lactorates dont les capitales sont bien localisées. A l'est se trouvaient les Volques Tectosages et la cité de *Tolosa* qui formait l'extrémité occidentale de la province de Gaule Narbonnaise. Tout le sud appartenait aux Ausques, tandis que l'ouest dépendait entièrement des Élusates, qui avaient été agrandis du pays des Sotiates probablement au Ier siècle ap. J.-C. Enfin au nord se trouvaient les Nitiobroges et au nord-est les Cadurques. Cette carte est sans doute bien vague, mais c'est la seule que l'on puisse proposer sans hésitation.

Ensuite, dès que l'on cherche à préciser quelque peu les limites entre ces cités, on entre immédiatement dans le domaine des conjectures. Les méthodes employées dans ce genre d'études de géographie historique sont bien connues, car de nombreux savants s'essaient à cet exercice difficile depuis plus d'un siècle et ils ont été de plus en plus nombreux au cours des dernières décennies avec la vogue des études monographiques sur les peuples et les cités de la Gaule romaine et la reprise des publications épigraphiques dans ce même cadre de la cité. Aussi les procédés de recherche des frontières des *civitates* se sont-ils multipliés, en particulier avec le développement de l'archéologie du paysage et des parcellaires antiques [90].

Dans le cas de Lectoure, la question est particulièrement ardue. En premier lieu, la documentation antique est quasi inexistante. L'unique information, celle qui concerne le tracé de la frontière entre Gaulois et Aquitains, unanimement placée sur le cours de la Garonne par César, Strabon et Pomponius Mela [91], prête même à discussion. Les Lactorates

---

[89] Plus de 800 tombes y ont été fouillées au cours des différentes campagnes. On se reportera surtout à l'excellent compte rendu de la fouille la plus soignée, celle de B. CAUUET, *Site de Saint-Gény (Lectoure, Gers). Fouille de sauvetage du parking. Rapport 1982*, conservé au Service Régional de l'Archéologie de Midi-Pyrénées.

[90] Il est impossible de faire la liste de la multitude des indices qui ont été retenus pour la détermination des limites des cités. Indiquons seulement que la plupart se trouvent dans quelques travaux de référence, du très classique *Toulouse* de M. LABROUSSE, p. 321-322, à de plus novateurs comme ceux de G. BARRUOL, *Les peuples préromains du sud-est de la Gaule*, Paris, 1969, p. 115-116, de M. GAYRAUD, *Narbonne antique, des origines à la fin du IIIe siècle*, Paris, 1981 (= GAYRAUD, *Narbonne*), p. 327-328 et n. 59, et de M. CLAVEL, *Béziers et son territoire dans l'Antiquité*, Paris, 1970, p. 229-230, et surtout dans les publications récentes des *Inscriptions Latines de Narbonnaise* (=*ILN*) et des *Inscriptions Latines d'Aquitaine* (=*ILA*) puisque celles-ci sont effectuées dans le cadre de chaque cité : le meilleur exemple de ces recherches est sans doute donné par J. GASCOU, *Aix-en-Provence. ILN III*, Paris, 1995, p. 38-50.

[91] Par César, *BG*, I, 1 ; Strabon, IV, 1, 1 et 2, 1 ; Pomponius Mela, III, 2.

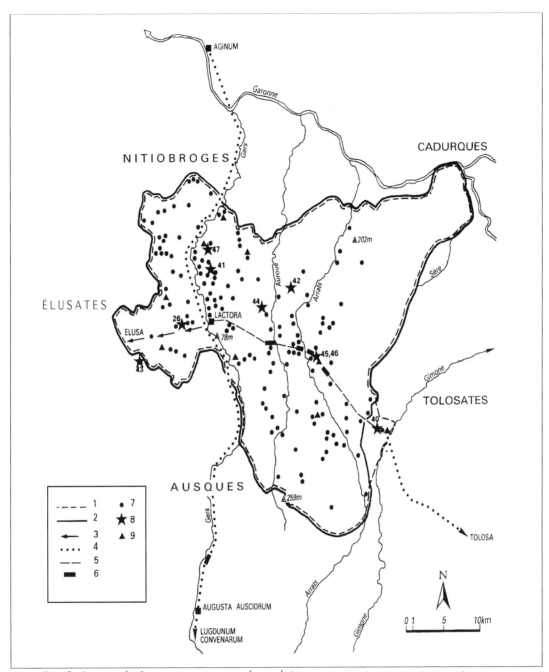

Fig. 5 : La cité de *Lactora* : extension hypothétique et principaux vestiges antiques.

1 : limite proposée pour le territoire de *Lactora*. 2 : limite du diocèse de Lectoure à la fin du Moyen Age. 3, 4, 5 et 6 : itinéraires routiers à l'époque romaine (3 : tracé hypothétique ; 4 : tracé vraisemblable ; 5 : tracé probable). 6 : vestiges de chaussée, observés principalement en prospection aérienne. 7 : principaux établissements ruraux. 8 : inscriptions trouvées hors du chef-lieu de cité. 9 : principaux mausolées.

atteignaient-ils donc la rive gauche du fleuve? On ne le croit plus [92], bien que cette éventualité ne puisse être totalement exclue. En général, on considère plutôt que le territoire des Nitiobroges s'arrêtait bien à la Garonne dans un premier temps, et que des Aquitains occupaient alors toutes les contrées au sud du fleuve [93], ces Aquitains étant, pense-t-on, quelques-uns des petits peuples de la liste de Pline qui n'ont pu être localisés sûrement [94] ; ensuite, sous Auguste, ceux-ci auraient été englobés dans la cité des Nitiobroges [95], qui aurait alors été considérablement agrandie.

Cette indigence des sources antiques force à recourir à d'autres approches. L'étude des voies antiques a souvent été mise à profit pour rechercher les limites de cité, même lorsque les itinéraires ne comportent aucune station frontalière au nom significatif, *Fines* par exemple, et n'ont conservé aucun milliaire portant une indication sur le *caput* ou le *terminus viae*. Dans ce cas, qui est le moins favorable, c'est sur l'aspect des chaussées que l'on se fonde, en particulier sur l'observation d'un changement net et important de leur structure [96], car ce genre de transformation a été assez souvent constaté au franchissement d'une frontière entre deux provinces ou même deux cités [97]. Or, ce même indice paraît exister sur la voie *Tolosa-Lactora* : alors que sa chaussée ne semble avoir laissé aucune trace sur toute la moitié orientale de son trajet, les vestiges de celle-ci deviennent fréquent et assez bien conservés dans tout son parcours occidental [98] (fig. 5) ; en fait, ils apparaissent seulement à partir de la vallée de la Gimone, sous forme de traces souvent antérieures au parcellaire [99] et dessinent alors un itinéraire indifférent au réseau de bourgades médiévales de Saint-Clar, Tournecoupe et L'Isle-Bouzon et qui paraît très probablement antique. Aussi proposons-nous d'expliquer ce changement de structure de voie de la même façon que pour les routes hispaniques, c'est-à-dire en situant à la vallée de la Gimone le passage de la Narbonnaise à l'Aquitaine, qui

---

[92] C'était notamment l'opinion d' E. DESJARDINS, *Géographie de la Gaule romaine*, Paris, 1878 (= DESJARDINS, *Géographie*), II, p. 367, et carte de la pl. IV.

[93] Notamment J. ANGÉLY, "Les limites du royaume de Nitiobriges", *Revue de l'Agenais*, 71, 1944, p. 1-23 (= ANGÉLY, *Nitiobriges*). Entre les Sotiates et les Nitiobroges il y aurait eu également un petit peuple aquitain, vraisemblablement les *Oscidates Campestres*, selon J. CLÉMENS, Les "Oscidates Campestres", *Revue de l'Agenais*, 106, 1980, p. 91-96 (= CLÉMENS, *Oscidates Campestres*).

[94] Pline, *NH*, IV, 108, cite 28 peuples Aquitains et César, *BG*, III, 27, en nomme 10. Lire à ce propos P.-M. DUVAL, "Les peuples aquitains d'après la liste de Pline", *RPh*, 1955, p. 213-227, et B. FAGES, *Le Lot-et-Garonne, Carte archéologique de la Gaule. Le Lot-et-Garonne, 47*, Paris, 1995 (= *CAG, Lot-et-Garonne*), p. 47-48 et fig. 6, p. 45.

[95] En dernier lieu B. FAGES et L. MAURIN, *Inscriptions Latines d'Aquitaine, Nitiobroges*, Bordeaux, 1991 (=*ILA, Nitiobroges*), p. 14.

[96] Méthode éprouvée par P. SILLIÈRES, "Centuriation et voie romaine au sud de Mérida. Contribution à la délimitation de la Bétique et de la Lusitanie", *MCV*, 18, 1982, p. 437-448, pour préciser la limite entre les provinces de Lusitanie et de Bétique.

[97] Voir l'exemple du Camino de la Plata, grande voie romaine hispanique, aux frontières de la Lusitanie, et celui de la voie *Ebora-Pax Iulia*, dans P. SILLIÈRES, "Voies romaines et limites de provinces et de cités en Lusitanie", *Les villes de Lusitanie romaine (Bordeaux, 1988)*, Bordeaux, 1990, p. 73-88.

[98] Comme on le montrera plus en détail *infra*, p. 49.

[99] Ils ont été observés en de nombreux endroits en prospection aérienne par PETIT, *Milieu rural*, fig. 30 et 30-C1 à 30-C6.

correspondait aussi à la limite entre les territoires de *Tolosa* et de *Lactora*. Il ne s'agit toutefois que d'un point de cette frontière orientale, jalon que nous plaçons entre Solomiac et Gimat, exactement à 1 km en aval du village de Maubec.

Voilà tout ce qui peut être demandé à la documentation ancienne pour la délimitation de la cité des Lactorates. C'est bien peu, et le recours aux frontières des évêchés médiévaux apparaît donc inévitable. Cette méthode régressive, qui a eu longtemps un grand succès et dont l'emploi a été justifié par la théorie de la survivance des limites de cités antiques dans celles des diocèses [100], est beaucoup moins en faveur aujourd'hui, car il a été parfois observé que des changements dans la géographie ecclésiastique ont eu lieu pendant la longue période du Haut Moyen Age [101].

Dans le cas de Lectoure, son utilisation est particulièrement périlleuse, en raison de notre méconnaissance presque totale de l'état de plusieurs évêchés de l'Aquitaine méridionale entre le VIIe et le XIe siècle. Les circonscriptions ecclésiastiques de l'ancienne Novempopulanie subirent très probablement les contre-coups d'une l'histoire extrêment troublée, surtout à partir de la conquête vasconne au VIIe siècle. Ainsi le diocèse d'Éauze a disparu au VIIIe siècle et on ne sait pas exactement ce que devinrent tous ses territoires : sans doute, a-t-on généralement considéré qu'ils ont entièrement été absorbés dans le diocèse d'Auch, en tirant argument de l'appartenance à celui-ci de contrées très éloignées vers le nord comme celle de l'archiprêtré de Sos, mais il ne peut être catégoriquement exclu que certaines paroisses du nord-est aient grossi ceux de Lectoure et d'Agen. J. Lapart et J.-P. Bost sont de cet avis pour les paroisses situées entre l'Auzoue et la Baïse, en faisant notamment appel à l'hagionymie et à la toponymie. Se fondant sur la forte diffusion du culte de saint Luperc, le martyr d'Éauze, dans le Condomois, ils ont proposé d'étendre l'ancien diocèse d'Éauze au moins jusqu'à la Baïse et peut-être jusqu'à l'Auvignon [102].

Ensuite, on ne sait rien des évêques de Lectoure pendant trois siècles, de 673 à 988, et plusieurs inconnues sont particulièrement graves. D'abord, on est mal renseigné sur les circonstances de la formation du grand évêché des Gascons au Xe siècle, ainsi que sur l'extension précise de ses composantes à l'époque de Gombaud, comte et évêque d'Agen en 977. Surtout, restent assez confuses les modalités de sa dissolution, lorsque les diocèses qu'il avait regroupés ont été restaurés. Aussi est-il possible qu'en 1317, lorsque la carte

---

[100] "Le principe de la corrélation des divisions écclésiastiques avec les circonscriptions civiles" a été surtout énoncé et soutenu par A. LONGNON, *Géographie de la Gaule au IVe siècle*, Paris, 1878, p. III-IV.

[101] Par exemple à propos d'*Aquae Sextiae* : un assez grand nombre de divergences a été relevé entre le diocèse d'Aix-en-Provence et le territoire de la cité gallo-romaine par J. GASCOU, "Les limites de la cité antique d'Aquae Sextiae", *École Antique de Nîmes. Les inscriptions latines de Gaule narbonnaise, (Nîmes, 1987)*, Nîmes, 1989, p. 37-51.

[102] J. LAPART, *Les cités d'Auch et d'Éauze de la conquête romaine à l'indépendance vasconne (56 avant J.-C.-VIIe siècle après J.-C.). Étude archéologique et toponymique*, thèse, Toulouse, 1985 (= LAPART, *Auch et Éauze*), p. 11-15 ; *id.*, "Des Aquitains aux Gascons", *Éauze, terre d'histoire*, Éauze, 1991, p. 51-53 ; BOST, *P. Crassum*, p. 29, n. 60. Position identique de G. LOUBÈS, "Le Moyen Age", *Éauze, terre d'histoire*, Éauze, 1991, p. 132-135.

ecclésiastique de cette région a connu sa dernière grande modification avec la création de l'évêché de Condom aux dépens de celui d'Agen, l'avancée de celui-ci vers le sud n'ait pas été très ancienne : c'est l'hypothèse de J. Clémens [103], qui a été retenue par B. Fages [104], selon laquelle les archiprêtrés méridionaux du Filobon (Condom) et du Fimarcon (La Romieu) auraient fait partie du diocèse de Lectoure jusqu'au début du XIe siècle.

Après ce long avertissement qui souligne les incertitudes sinon les dangers de l'utilisation de cette méthode régressive en Gascogne, on comprend qu'elle ne soit employée ici que comme un pis-aller. Indiquons, en outre, que le degré d'incertitude est encore augmenté dans le cas de Lectoure par le fait que la carte de ce diocèse [105] est fondée sur une documentation tardive, toujours postérieure à la création de l'évêché de Condom et presque exclusivement de la fin du XIVe siècle [106].

En partant du nord-est, le diocèse de Lectoure confrontait les nouveaux évêchés de Lombez et de Montauban créés par Jean XXII. Cette frontière orientale était donc celle de l'immense évêché primitif de Toulouse et on considère qu'elle n'a pas été modifiée lors du démembrement que celui-ci a subi en 1317. Approximativement, à partir de la Garonne elle remontait d'abord toute la vallée de la Sère, puis prenait par l'interfluve en se rapprochant de la Gimone, pour atteindre ensuite l'Arrats et tourner vers l'ouest juste avant Mauvezin. Sur sa limite sud, notre diocèse confine avec le grand diocèse d'Auch, agrandi au VIIIe-IXe siècle de celui d'Éauze, mais pour lequel on n'a connaissance d'aucun changement territorial dans cette partie nord-est. La frontière passait au sud de Mansempuy, de Maravat, de Taybosc, de Pis, de Céran, puis franchissait le Gers en aval de Fleurance, descendait un peu le long de sa rive gauche puis obliquait vers l'ouest en incluant Terraube mais laissant Le Mas-d'Auvignon et Roquepine au diocèse d'Auch. Enfin, à l'ouest et au nord, Lectoure confrontait le nouveau diocèse de Condom, constitué par démembrement de celui d'Agen en 1317. La limite suivait d'abord la vallée du Grand Auvignon puis gagnait celle du Petit Auvignon en laissant La Romieu, chef-lieu de l'archiprêtré de Fimarcon, à Condom, ainsi que Ligardes. Ensuite, immédiatement après Roquebrune, elle tournait vers l'est pour gagner en oblique la Garonne au nord de Saint-Nicolas et au sud d'Auvillar, en incluant Pergain mais laissant Taillac à Condom et en franchissant le Gers entre Las Martres et Astaffort.

---

[103] J. CLÉMENS, "Lomagne, Condomois et Agenais d'après la Vie de saint Antoine de Lialores", *BSAG*, 82, 1981, p. 258 (= CLÉMENS, *Saint Antoine de Lialores*).

[104] Dans *CAG, Lot-et-Garonne*, p. 47, en se fondant sur l'existence de la vicomté de Lomagne dont la capitale était Lectoure et qui s'étendait jusqu'à Condom en 1011.

[105] Il existe une carte précise du XVIIe siècle reproduite par J. PANDELLÉ, "Histoire des évêques de l'ancien diocèse de Lectoure", *BSAG*, 65, 1964, p. 405, et intitulée *Diocèse de Lectoure au XVIIe siècle divisé en archiprêtrés*.

[106] *Atlas des diocèses de France* sous la direction de J. DE FONT-RÉAULX, *Les diocèses d'Auch et de Lectoure depuis le XIVe siècle, d'après les pouillés de la province d'Auch et les pouillés du diocèse d'Auch édités par MM. Bourgeat et Pandellé et la carte de Bourgeois de la Rozière en 1784*, Paris, 1970, échelle 1/200 000 ; édition des pouillés, par J. DE FONT-RÉAULX et Ch.-E. PERRIN, *Recueil des historiens de France. Pouillés*. t. X (Provinces d'Auch, Narbonne et Toulouse), Paris, 1972, p. 35-37 et 367-373.

Observons, en premier lieu, que la limite orientale du diocèse satisfait à l'hypothèse, formulée plus haut et fondée sur les vestiges de la voie *Lactora-Tolosa*, selon laquelle la frontière avec la cité de Toulouse coïncidait un moment avec la vallée de la Gimone. Sans doute note-t-on une légère divergence, puisque les paroisses d'Avensac et de Marignac, qui se trouvent sur la rive gauche de la Gimone, dépendaient du grand diocèse de Toulouse, mais la rivière n'est qu'à 3 ou 4 km de la frontière ecclésiastique. Aussi considérons-nous ce jalon de la limite orientale comme à peu près sûr.

En revanche, il est fort étonnant que la frontière méridionale du diocèse passe si près de la ville de Lectoure, puisque Fleurance dépendait de celui d'Auch. Toutefois, aucun document ne permet de dire que ce tracé était nouveau ou récent au XIVᵉ siècle et que le diocèse d'Auch s'était étendu vers le nord aux dépens de celui de Lectoure, au cours du Moyen Age.

Enfin, les frontières ouest et nord qui sépare le diocèse de Lectoure de celui de Condom, c'est-à-dire de la partie méridionale de l'ancien diocèse d'Agen, posent plusieurs problèmes pour lesquels des solutions assez divergentes ont été proposées. En premier lieu, à propos de la limite nord : en adoptant ce tracé pour la cité antique, on accorde aux Nitiobroges une vaste contrée au sud de la Garonne [107]. Cette question, déjà évoquée à propos de la frontière entre Celtes et Aquitains, mérite maintenant un examen plus approfondi. Sans doute l'hypothèse qui est le plus souvent retenue, celle de l'agrandissement du territoire nitiobroge au sud de la Garonne sous Auguste, s'accorde-t-elle avec le tracé de la limite ecclésiastique [108]. Mais on peut se demander si elle n'a pas été imaginée pour satisfaire aux deux données contradictoires qui paraissaient également sûres et qu'il fallait donc à tout prix faire concorder, d'une part la frontière de l'Aquitaine placée à la Garonne par les auteurs anciens [109], de l'autre la limite beaucoup plus méridionale de l'ancien diocèse d'Agen? Il existe cependant une autre explication qui, à notre avis conviendrait peut-être mieux, celle d'une erreur, ou simplement d'une imprécision de ces sources antiques. On sait, en effet, que les géographes et chorographes anciens, probablement à la suite de Posidonios, utilisèrent souvent le cours des grands fleuves pour délimiter schématiquement les ensembles régionaux du monde antique, par exemple les territoires et les peuples de la Gaule [110], mais souvent sans trop se soucier des imprécisions de détail. Un cas d'erreur dans ces délimitations a été relevé à propos du territoire d'*Emerita Augusta* (Mérida) en Lusitanie qui, contrairement aux indications de Pline et de Pomponius Mela, n'était pas borné au sud par le Guadiana, mais se développait assez loin au delà de ce fleuve [111]. De la même façon, le territoire des Nitiobroges pouvait s'étendre sur les deux rives de la Garonne dès l'installation de ces Celtes en Gaule méridionale [112], peut-être même assez largement au-delà du fleuve,

---

[107] Notamment dans *ILA*, *Nitiobroges*, p. 14.

[108] Cette solution a été proposée par J.-F. ANGÉLY, Les limites de la "cité des Agenais", *Revue de l'Agenais*, 94, 1968, p. 85-98 (= ANGÉLY, *Agenais*).

[109] *Supra*, note 91.

[110] Strabon, IV, 1 ; Pomponius Mela, III, 2.

[111] Pline, *NH*, III, 1, 6 et IV, 22, 1115 ; Pomponius Mela, II, 87.

[112] Comme on l'a longtemps pensé, notamment DESJARDINS, *Géographie*, II, p. 644, et encore ANGÉLY, *Nitiobriges*, p. 13-17, et *Agenais*, p. 86-97.

comme celui des Bituriges Vivisques. Certes, à propos de ceux-ci Strabon précise que "ces Bituriges-là sont la seule population allogène installée sur le territoire des Aquitains" [113], mais c'est peut-être simplement parce qu'il connaissait la position géographique de leur capitale *Burdigala* [114], sur la rive gauche du fleuve, c'est-à-dire en Aquitaine. En revanche la capitale des Nitiobroges, aussi bien l'oppidum protohistorique de l'Ermitage que la ville romaine d'Agen, était sur la rive droite et le géographe grec pouvait aussi le savoir [115]. Un autre cas est celui des Volques Tectosages, dont la capitale était également rive droite de la Garonne, mais auxquels tous les historiens accordent, malgré Strabon, un large territoire rive gauche du fleuve, au moins jusqu'à la forêt de Bouconne [116]. Ajoutons, enfin, qu'une limite territoriale sur un fleuve est toujours un peu invraisemblable dans l'Antiquité, un cours d'eau étant davantage un lien, une voie, en fait l'axe d'un territoire, plutôt qu'une frontière. En conséquence, pour la limite entre les Lactorates et les Nitiobroges, nous adoptons celle du diocèse médiéval, mais en considérant qu'elle peut avoir été ainsi fixée largement au sud de la Garonne dès l'installation des Celtes [117].

Faut-il faire le même choix pour la frontière occidentale? Autrement dit, la cité des Nitiobroges s'étendait-elle aussi loin vers le sud et le sud-ouest que l'évêché de Condom, c'est-à-dire que l'ancien évêché d'Agen? En général on ne le pense pas, le Condomois étant attribué aux Lactorates par B. Fages [118] et partagé entre Élusates et Lactorates par J. Lapart, J.-P. Bost et G. Loubès [119]. Pourtant dans un cas comme dans l'autre, les arguments avancés restent, à notre avis, insuffisants. D'une part, il ne peut être exclu que le culte de saint Luperc se soit propagé légèrement hors de la cité et du diocèse d'*Elusa* [120]. De l'autre, l'appartenance en 1011 de Condom à la vicomté de Lomagne dont la capitale était Lectoure, n'implique pas

---

[113] Strabon, IV, 2, 1.

[114] En IV, 2, 1, il la décrit avec précision "au bord d'une lagune formée par les bouches de la Garonne" (trad. Lasserre, p. 146).

[115] C'est cette raison qui a été avancée pour l'erreur de Pline et Mela à propos de Mérida qui était également située au nord du fleuve.

[116] LABROUSSE, *Toulouse*, p. 90-92 et 329.

[117] Nous serions aussi enclins à préférer la même hypothèse pour la situation des Nitiobroges par rapport aux Sotiates au moment de la campagne de Crassus, c'est-à-dire à ne pas donner à ceux-ci la rive gauche de la Garonne, mais à y installer déjà ceux-là. Cette présence des Nitiobroges sur la rive gauche dès cette époque permet, en outre, de prendre à la lettre le texte de César, *BG*, 20, selon lequel *in Sotiatium fines* (Crassus) *exercitum introduxit*, alors qu'avec la frontière à la Garonne cela paraissait impossible à J.-P. BOST, *P. Crassum*, p. 29-31. Selon notre hypothèse le général romain aurait effectivement rassemblé ses forces en territoire nitiobroge, mais sur la rive gauche de la Garonne et tout près de la frontière des Sotiates, peut-être dans les environs de Barbaste, où la Baïse était encore facilement navigable et permettait l'acheminement du matériel et du ravitaillement nécessaires pour la campagne. Quant aux *Oscidates Campestres* de Pline, s'ils se trouvaient dans cette région comme l'a proposé J. Clémens, il leur reste de l'espace un peu plus à l'ouest, dans le région de Houeilles et de la partie supérieure de la vallée du Ciron (CLÉMENS, *Oscidates Campestres*).

[118] LAPART, *Auch et Éauze,* p. 11-15, et *CAG, Gers,* p. 33.

[119] Voir ci-dessus, note 102.

[120] Remarquons d'ailleurs que la grande majorité des Saint-Luperc du Condomois se trouvent à faible distance de l'Auzoue, et presque tous à l'ouest de l'Osse.

nécessairement que cette agglomération et sa contrée aient fait également partie du diocèse de Lectoure [121]. Au contraire, R. Mussot-Goulard dissocie les deux circonscriptions, la politique et la religieuse, en montrant que la vicomté s'étendait sur trois portions d'évêchés, ceux de Lectoure, d'Auch et d'Agen [122]. D'ailleurs, à l'est non plus le diocèse de Lectoure ne coïncidait pas avec la Lomagne, puisque Saint-Clar et ses alentours dépendaient du comté de Fezensac [123]. Ajoutons enfin que La Romieu, qui se trouve nettement à l'est de Condom et à peine à 2 km de la limite occidentale du diocèse de Lectoure, appartenait à l'évêché d'Agen déjà en 1113 [124].

En fait, dans l'état actuel de méconnaissance extrême de l'histoire de cette région entre le VIIIᵉ et le XIᵉ siècle, il paraît impossible de trancher et il nous semble plus sage, dans l'attente d'autres arguments moins contestables, d'en rester à la solution traditionnelle de la frontière du diocèse. Une limite conventionnelle est, sans doute, un pis-aller, mais, à notre avis, préférable à un tracé nouveau trop hypothétique [125].

Cependant, dans cette entreprise commune qu'est la publication de l'ensemble des inscriptions de l'Aquitaine, notre opinion, même serait-elle la mieux fondée, n'est pas la seule à prendre en compte : le volume consacré aux inscriptions des Nitiobroges a en effet déjà paru et le cadre géographique attribué à la cité d'Agen exclut le Condomois [126]. Heureusement, les documents épigraphiques de cette région sont pour le moment très rares, puisque seulement deux fragments d'inscriptions y ont été recueillis ; en outre, comme ils proviennent de Larressingle [127] et de Fourcès [128], c'est-à-dire du territoire compris entre l'Auzoue et la Baïse, il ne sera pas difficile de les rattacher au corpus d'*Elusa*. Aussi, encore pour cette partie occidentale de la cité, pouvons-nous en rester à la limite conventionnelle de la frontière du diocèse.

---

[121] Que le *pagus Leumanniae* soit exactement l'équivalent de l'*episcopatus Lactorae* paraît une certitude à J. CLÉMENS, *Saint Antoine de Lialores*, p. 258-259. Pour B. FAGES et L. MAURIN, *ILA, Nitiobroges*, p. 16, c'est même tellement évident qu'ils emploient le premier terme à la place du second lorsqu'ils placent "Condom dans l'évêché de Lectoure" alors que la charte de fondation de l'abbaye de Condom qu'ils semblent citer porte *Condomus in pago Leumanniae*. Pour notre part, nous n'en sommes pas aussi sûrs.

[122] R. MUSSOT-GOULARD, *Les princes de Gascogne*, Marsolan, 1982, p. 141-143 : "Le territoire où s'étendait l'autorité de la famille de Lomagne était une circonscription qui ne fut identique à aucun *pagus*, à aucun évêché".

[123] *Ibid.*

[124] *Cartulaire de l'abbaye de Saint-Victor de Marseille*, n° 848, 1113.

[125] Rappelons à ce propos la conclusion méthodologique de J. Gascou : "... en bonne méthode, il nous semble que l'on doit admettre une coïncidence entre les limites du diocèse et de la *civitas* dans la mesure où aucun document antique ne permet de supposer le divorce entre les unes et les autres" : GASCOU 1989, p. 43.

[126] *ILA, Nitiobroges*, p. 16-17.

[127] *CIL*, XIII, 562.

[128] Morceau de plaque de marbre, conservé chez Monsieur Lalane à la ferme de Jouet à Fourcès ; découvert sur le site voisin de La Gleise, où se trouvait une importante *villa*, il porte la fin d'une épitaphe : ---/ [---] ANNO III / +IT T T +.

Enfin, à propos de la question des divisions internes du territoire de la cité, notre position est également dictée par la prudence. La lecture de *vicani* à l'avant-dernière ligne de l'inscription de L. Rocius Lepidus (*ILA, Lactorates*, n° 28), qui attesterait l'existence de la circonscription subalterne du *vicus* chez les Lactorates, nous paraît en effet bien trop hypothétique pour pouvoir être retenue, bien qu'elle ait été acceptée, avec prudence, par Hirschfeld [129]. Par ailleurs, les prospections archéologiques effectuées sur l'ensemble du Lectourois n'ont pas permis de reconnaître avec certitude un site qui pourrait correspondre à une agglomération secondaire de type *vicus*.

La carte ainsi établie du territoire de *Lactora* est donc très largement hypothétique puisque, finalement, nous la fondons presque entièrement sur celle de la circonscription ecclésiastique du XIVe siècle, à la seule exception du point de passage de la voie de *Tolosa* sur la frontière orientale. Dans ces limites, la cité avait une superficie modeste, puisqu'elle ne comptait qu'un millier de kilomètres carrés environ. Elle était nettement plus exiguë que ses voisines, toutes beaucoup plus vastes : l'immense cité des Tolosates bien sûr, qui dépassait les 11 000 km², mais aussi celle des Ausques qui était la plus importante de l'Aquitaine méridionale [130] et comptait environ 3000 km², également celle des Élusates qui, agrandie du pays des Sotiates, disposait d'un peu plus de 2000 km², et surtout celle des Nitiobroges qui s'étendait peut-être sur 6000 km².

Un excellent terroir et un dense réseau d'établissements agricoles (fig. 5 et 6)

Malgré sa modeste extension, ce territoire des Lactorates était assez divers. A cheval sur trois vallées gasconnes, celles de l'Arrats, de l'Auroue et du Gers, il présente un relief en bandes parallèles fait d'une succession de couloirs au profil dissymétrique et d'interfluves, ceux-ci étant plutôt tabulaires au centre et davantage compartimentés en collines et vallons au sud et au nord. Mais ce sont surtout les différences pédologiques qui font la variété de ses paysages : aux bons terroirs du sud, du centre et du nord-ouest, dont les sols argilo-calcaires plus ou moins épais et pierreux des terreforts et des peyrusquets sont presque entièrement cultivés, s'opposent les terres plus ingrates du nord-est, dont les sols acides des boulbènes, sur les terrasses de la Garonne, et des cailloutis, en Lomagne, sont largement laissés aux herbages et aux forêts. Mais ces terroirs médiocres ne représentant qu'une faible proportion de la superficie totale de la cité, de l'ordre d'un quart environ, le territoire des Lactorates devait être considéré dans l'Antiquité comme un bon pays, tout à fait comparable à celui des Ausques dont on vantait le sol excellent [131]. Il disposait en effet des mêmes terrains argilo-calcaires et du même climat gascon, très favorables à la culture des céréales et de la vigne [132].

---

[129] *CIL*, XIII, 534.

[130] Strabon, IV, 2, 2 ; Pomponius Mela, III, 2 ; Ammien Marcellin, XV, 11, 14.

[131] Strabon, IV, 2, 1.

[132] Les premières preuves d'une importante production viticole dans le Lectourois viennent d'être apportées par la fouille de la *villa* de Lestagnac à Saint-Mézard, où un équipement complet de vinification, avec pressoir, fouloir et cuves, a été mis au jour en 1999 (fig. 6). Voir C. PETIT-AUPERT et P. SILLIÈRES, *Rapport de fouilles*, 1999, déposé au SRA de Midi-Pyrénées.

La densité des établissements ruraux atteste la richesse de ces campagnes. La carte de répartition des sites archéologiques, établie par C. Petit à l'issue de ses recherches sur le milieu rural de la cité de Lectoure [133], rend compte de l'importance de l'occupation des contrées du sud, du centre et du nord-ouest du territoire, comme de la faiblesse de celle-ci dans le nord-est [134]. Dans le bon Lectourois, par exemple autour de Saint-Clar et de l'Isle-Bouzon, les *villae* se répartissaient assez régulièrement dans la campagne à la fin du Ier siècle ap. J.-C., séparées les unes des autres par des distances de l'ordre du kilomètre et paraissent avoir disposé d'un *fundus* d'environ 150 ha en moyenne [135].

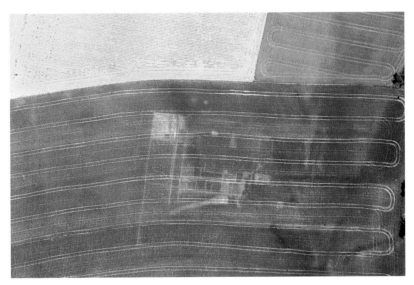

Fig. 6 : La *villa* viticole de Lestagnac (Saint-Mézard).

Sur cette photographie aérienne se distinguent deux corps de bâtiments perpendiculaires : celui du sud, subdivisé en de nombreuses pièces, correspond à la *pars urbana* de la *villa*, celui du nord, plus étroit et plus long (80 m sur 15 m) est le chai dont la fouille est en cours. L'importante installation de vinification (pressoir, fouloir, cuves), entièrement revêtue d'un sol en *opus signinum*, et qui apparaît donc en clair sur la photographie aérienne, occupe toute l'extrêmité nord-ouest du chai et s'étend sur 225 m² environ. (Photographie aérienne C. Petit-Aupert).

[133] PETIT, *Milieu rural*, carte III, hors texte.

[134] Sur un total de plus de 400 sites archéologiques de l'Antiquité et du Haut Moyen Age reconnus sur l'ensemble du territoire, seulement une vingtaine se trouvent dans ce quart nord-est. On peut toutefois regretter qu'aucune prospection systématique, comparables à celles qui furent réalisées autour de Saint-Clar et de L'Isle-Bouzon, n'ait jamais été effectuée sur une des communes du nord-est.

[135] PETIT, *Milieu rural*, p. 108-109 et fig. 35.

La description souvent assez précise des plans d'un nombre élevé d'édifices ruraux, découverts en prospection aérienne, révèle aussi la diversité de ces établissements [136]. Nombreuses étaient les *villae* dont la partie résidentielle paraît occuper une assez grande surface, parfois plus d'un hectare, et qui disposaient d'importants bâtiments d'exploitation (fig. 6). Mais les fermes beaucoup plus modestes ne manquaient pas non plus, quelques-unes n'étant constituées que d'un seul édifice ou de plusieurs tout petits. Quelques bâtiments annexes, hangars ou granges disséminés dans les champs complétaient probablement ce paysage rural déjà très humanisé et sans doute largement ouvert. Enfin, une nécropole se trouvait généralement à faible distance du séjour des vivants : pour plus d'une vingtaine établissements ruraux, le cimetière correspondant a pu être identifié [137].

La richesse foncière des notables

Parmi nos documents épigraphiques, un certain nombre ont été découverts dans la campagne lectouroise. Ce sont tous des épitaphes qui proviennent des nécropoles voisines des *villae* et conservent le souvenir de quelques propriétaires fonciers.

Un exemple particulièrement intéressant est celui de l'épitaphe dédiée par Secundus à son père qui fut découverte à Frans, non loin de Saint-Clar (*ILA, Lactorates*, n° 47) : là s'élevaient une grande et riche *villa* [138] et, à 500 m de celle-ci, le mausolée qui probablement en dépendait. Ce monument funéraire, qui avait été édifié au bord de la voie *Lactora-Tolosa*, était décoré d'un fronton et de colonnes engagées ; il a aussi livré plusieurs fragments de statues masculines et féminines, quelques-uns appartenant à un personnage vêtu de la toge qui avait à ses pieds la *capsa*, le coffre à rouleaux, attribut de l'orateur et du magistrat [139]. Il est donc très vraisemblable que cette *villa*, dont on ne connaît que l'ensemble thermal mais qui s'étendait sur environ 1 ha, appartenait à une famille de notables dont quelques membres ont accédé à des charges municipales à *Lactora*. L'assise du pouvoir de ce notable, comme probablement de la plupart de ceux de la cité, était donc principalement constituée de terres.

L'autel découvert sur la nécropole rurale de Corné, commune de Castet-Arrouy, à 11 km au nord-est de Lectoure, fait également connaître deux femmes de cette classe de propriétaires terriens (*ILA, Lactorates*, n° 44) : Ulpia Secundilla et sa fille Sarmestelia Nepotilla, dont les *cognomina* révèlent l'origine aristocratique, surtout celui de la fille, appartenaient assurément à une famille de notables qui possédait une *villa* située à proximité de la nécropole.

---

[136] *Ibid.* : voir en particulier les typologies des *villae* et des fermes, fig. 41, les exemples de *villae*, fig. 42 à 83, et de fermes, fig. 84-91.

[137] *Ibid.*, p. 214-215.

[138] *CAG, Gers,* p. 298-299.

[139] M. LABROUSSE, "Informations archéologiques", *Gallia*, 12, 1954, p. 224, et surtout Y. LE MOAL, "Les fouilles du tombeau gallo-romain d'Empourruche, commune de Saint-Clar (Gers)", *BSAG*, 59, 1958, p. 537-549 (= LE MOAL, *Empourruche*).

Fig. 7 : Membres de familles de notables représentés dans des mausolées de *villa*.

7-1 : tête de jeune garçon en marbre, trouvée à Pareillac, commune de Sempesserre (*CAG, Gers*, p. 251)

7-2 : tête d'homme en marbre provenant de Naudin, commune de Marsolan (*CAG, Gers*, p. 228)

7-3 : tête d'homme en grès, trouvée à Emperrus, commune de Saint-Léonard (*CAG, Gers*, p. 301)

7-4 : tête de femme en marbre de Saint-Béat, provenant de Laoueillé, commune de Terraube (*CAG, Gers*, p. 232).

La villa de Pareillac, commune de Sempesserre, à 8,5 km au nord de Lectoure, dont des structures ont été observées en prospection aérienne [140], a aussi livré deux fragments d'épitaphes, malheureusement très incomplets (*ILA, Lactorates*, n° 51 et 52) et une tête d'enfant en marbre (fig. 7-1) qui représente probablement un jeune membre de la famille du propriétaire [141].

Enfin d'importants vestiges, attestant la présence d'une *villa* et d'un mausolée, ont encore été recueillis vers 1855 au Gleyzia d'Avensac qui se trouve sur la rive gauche de la Gimone, aux confins orientaux de la cité : principalement un fragment d'épitaphe (*ILA, Lactorates*, n° 42), de nombreux éléments de décor architectonique et surtout quatre statues, représentant une femme, deux enfants et "un personnage consulaire" [142], expression qui désigne sans doute un homme portant la toge, c'est-à-dire encore un notable de la cité, membre de l'*ordo* municipal.

Ces documents épigraphiques proviennent de mausolées ruraux qui paraissent avoir été particulièrement nombreux dans le Lectourois. Même si ces monuments funéraires ont tous disparu – C. Petit mentionne seulement quelques éléments décoratifs issus de quatre d'entre eux [143] –, leur fréquence dans ces campagnes ne fait aucun doute : elle est, en particulier, attestée par les trouvailles de têtes de statues en calcaire ou en marbre, une dizaine au total, et de quelques statues plus ou moins détériorées de *togati* [144]. Ces sculptures sont, en effet, des effigies de défunts et elles étaient placées dans ces tombeaux monumentaux érigés dans les cimetières ruraux : on en connaît dans toute la zone que nous avons retenue pour la cité des Lactorates [145]. Sans doute n'a-t-on pas la certitude, comme dans le cas du mausolée d'Empourruche et de la *villa* de Frans, que tous ces tombeaux aient été dressés à proximité de *villae* importantes appartenant à des familles de notables de la cité. C'est cependant probable pour la plupart. Aussi, en complément des rares textes épigraphiques qui font connaître les noms de quelques propriétaires de *villae*, ces têtes de calcaire ou de marbre révèlent les traits de plusieurs autres membres de l'élite municipale de *Lactora* (fig. 7-2, 7-3 et 7-4).

---

[140] PETIT, *Milieu rural*, p. 511-512 et fig. 61.

[141] J. LAPART, "Découvertes archéologiques récentes en Lomagne", *41ᵉ Congrès des Sociétés savantes Languedoc-Pyrénées-Gascogne (Montauban, 1986)*, Montauban, 1987, p. 62-63, fig 4 (tête d'enfant) et 5 (inscription).

[142] *CAG, Gers*, p. 242 ; Chronique, *Revue d'Aquitaine*, 1, 1857, p. 199.

[143] Empourruche, Las Tucolles, Cornillon et Palestre : voir PETIT, *Milieu rural*, p. 211-213.

[144] C. PETIT, *Milieu rural*, p. 211-212, recense six de ces statues acéphales de personnages en toge, qui étaient destinées à recevoir une tête sculptée séparément.

[145] *Ibid*.

Lectoure, porte de l'Aquitaine méridionale (fig. 5)

Outre la position privilégiée, qui a déjà été soulignée [146], de l'oppidum de Lectoure pour le contrôle de la vallée du Gers, la situation de la cité aux confins de la Celtique et de la Narbonnaise faisait aussi de *Lactora* un important lieu de passage, à la croisée de plusieurs grands axes de pénétration en Aquitaine méridionale. La ville occupait, en effet, une position de carrefour sur deux des plus importants itinéraires routiers du sud-ouest de la Gaule : l'un venait de l'est, de *Tolosa* et de la Narbonnaise, l'autre du nord, d'*Aginnum* et de la Celtique ; ensuite, au-delà de Lectoure, ils se dirigeaient vers le cœur du pays aquitain, l'un en direction du sud, vers *Elimberris* et plus loin *Lugdunum* au pied des Pyrénées, l'autre en direction de l'ouest, vers *Elusa* et *Atura* [147]. Pour faciliter leurs relations avec les principaux foyers d'activité du sud-ouest de la Gaule, les Lactorates ont sans doute convenablement entretenu ce réseau de communications terrestres [148].

Mais ils avaient aussi très probablement aménagé la voie fluviale du Gers. Certes, cette rivière n'est qu'un bien médiocre cours d'eau, surtout en été, mais son débit était probablement suffisant pour un trafic saisonnier assuré par de petites embarcations [149]. Grâce à ce modeste cours d'eau, *Lactora* était en relation pendant quelques mois de l'année avec la Garonne et son vaste réseau d'importantes voies fluviales. Par cet itinéraire arrivèrent sans doute la plupart des amphores d'Italie et d'Espagne, recueillies en grand nombre en Lectourois, ainsi que la majorité des sigillées d'Italie et de Montans. De cette façon s'exportaient aussi les produits des bons terroirs de la cité, surtout ses blés, vers des agglomérations de régions moins favorisées pour cette culture, en particulier celles des rives de la Garonne moyenne, Agen, Le Mas-d'Agenais, Eysses, Aiguillon, et peut-être jusqu'à Bordeaux.

LES INSTITUTIONS POLITIQUES ET ADMINISTRATIVES

Après la campagne de P. Crassus en 56 av. J.-C. et la reddition de la plupart de ses peuples, l'Aquitaine fut rattachée au reste de la Gaule Chevelue pour constituer une unique province. Ensuite Auguste partagea ce trop vaste territoire en trois provinces et créa une nouvelle Aquitaine au sein de laquelle il joignit aux Aquitains les Gaulois installés entre la

---

[146] *Supra*, p. 18-20.

[147] A celles qui sont mentionnées par les itinéraires antiques (*Tolosa-Lactora* : *Table de Peutinger*, 1, A-2 ; *Lactora-Aginnum* : *It. Ant.*, 462 ; *Lactora-Elimberris-Lugdunum* : *It. Ant.*, 462-463) et attestées par des vestiges au sol (PETIT, *Milieu rural*, p. 81-100 et fig. 28 à 33), doit être ajoutée celle d'*Elusa*, encore mal reconnue, mais assurément importante.

[148] C'est particulièrement net pour la voie de *Tolosa*, qui avait été bien empierrée sur tout son trajet à l'intérieur du territoire de la cité, à partir du passage de la Gimone (PETIT, *Milieu rural*, p. 90-94).

[149] Fortunat, *de Egircio flumine*, *Carmina*, XXI. Sur cette probable utilisation saisonnière : P. SILLIÈRES, "Voies de communication et réseau urbain en Aquitaine romaine", *Villes du Sud-Ouest*, p. 433.

Garonne et la Loire. Les limites de cette Aquitaine augustéenne furent fixées pour trois siècles aux Pyrénées et à la Loire, jusqu'à sa subdivision par Dioclétien en trois circonscriptions, la plus méridionale étant la Novempopulanie, résurgence de l'Aquitaine originelle.

Une cité de droit latin

Les quelques informations assez précoces sur les villes de l'Aquitaine du sud de la Garonne sont peu précises : ainsi Strabon mentionne-t-il seulement que le *jus Latii* a été accordé à "*certains peuples* d'Aquitaine, *notamment* aux *Auscii* et aux *Convenae*" [150], promotions octroyées assurément par Auguste. Les Lactorates ne sont donc pas cités, mais il n'est pas impossible qu'ils soient un des autres peuples qui ont profité de la même mesure. On ne peut toutefois l'affirmer, d'autant moins que la cité ne porta jamais d'épithète significative comme, par exemple, sa voisine Auch qualifiée d'*Augusta* par Ptolémée [151].

Le plus vraisemblable est, sans doute, que *Lactora* soit restée une cité pérégrine et stipendiaire environ un demi-siècle encore et qu'elle n'ait obtenu une promotion juridique que vers le milieu du Ier siècle ap. J.-C., ou un peu après, en recevant le droit latin [152]. On regrettera que les deux seuls documents qui font référence à la communauté politique de la cité de Lectoure avant le IIIe siècle, tous deux datant sans doute de 176, n'apportent pas de précision sur son statut : l'un, l'inscription célébrant le taurobole en l'honneur de la famille impériale (*ILA, Lactorates*, n° 7), mentionne seulement la *R(es) P(ublica) Lactorat(ium)* [153], l'autre, l'hommage à Marc-Aurèle (n° 25), ne cite que les *Lactorates* . Enfin, il est encore plus probable que *Lactora* ne parvint jamais au rang supérieur de colonie de citoyens romains : c'est ce qu'indique la forte proportion de pérégrins sur les inscriptions de la fin IIe du siècle et du tout début du IIIe, confirmant que l'ensemble de sa population libre n'a pas obtenu la citoyenneté romaine avant l'édit de Caracalla [154].

---

[150] Strabon, IV, 2, 2.

[151] Ptolémée, II, 7, 11 : *Auscii cum oppido Augusta.*

[152] A. CHASTAGNOL, "A propos du droit latin provincial", *Iura*, 38, 1987, p. 2-24, montre que c'est sous Claude que le droit latin fut accordé à de nombreuses cités pérégrines de plusieurs provinces de l'Occident, mais il considère que les concessions ont été poursuivies par les successeurs de cet empereur, Néron, Galba et Vespasien, ce dernier l'accordant à l'ensemble des Espagnes.

[153] La désignation par *Res Publica* est totalement indépendante du statut juridique de la cité : à ce propos, lire J. GASCOU, "L'emploi du terme *respublica* dans l'épigraphie latine d'Afrique", *MEFRA*, 91-1, 1979, p. 383-398.

[154] S'il est vrai que les participantes connues au grand taurobole de 176 appartiennent à des familles de l'élite de la société lactorate jouissant de la citoyenneté romaine (*ILA, Lactorates*, n° 4, 5, 6), on constate sur les autels de la fin du IIe siècle et du début du IIIe siècle que les fidèles de la religion de Cybèle sont majoritairement des pérégrines (n° 9, 10, 11, 12 ; cf. 13 et 14). Ces témoignages épigraphiques fournissent donc, malgré leur spécificité, un aperçu conforme à la réalité du *populus* de *Lactora* avant la Constitution antonine. Voir à ce propos, *infra*, Les fidèles, p. 93-94, et Les leçons de l'onomastique, p. 102-105.

Partout, l'accession au statut de cité de droit latin s'est accompagnée, ou a été précédée, de l'adoption d'une administration municipale de forme romaine, dotée des collèges habituels de magistrats et d'un conseil de décurions [155]. Il en fut assurément de même à Lectoure, mais à l'exception de la mention de l'*ordo Lactoratium* sur l'autel taurobolique de 241 pour "le salut de Gordien ... et le maintien de la cité des Lactorates" (n° 16), aucun de nos documents épigraphiques ne signale ces organes politiques. De même, hormis M. Erotius Festus et M. Carinius Carus, probablement les *duoviri* de l'année 241 qui eurent la charge du taurobole officiel du 8 décembre (n° 16), et sans doute L. Rocius Lepidus, nommé sur une inscription malheureusement bien incomplète (n° 28), les personnages qui occupèrent ces charges municipales demeurent inconnus. Pourtant, à Lectoure comme partout ailleurs, des statues érigées sur des piédestaux pour honorer les plus généreux des notables municipaux peuplaient assurément le forum : ces pierres, conservant leur souvenir et rappelant souvent leurs dons en faveur de la communauté, ont disparu ou, peut-être, gisent-elles encore dans les fondations du rempart.

Le siège d'une administation impériale : la procuratèle de Lectoure

Une épitaphe trouvée bien loin de l'Aquitaine, à Aquilée, paraît indiquer que Lectoure fut le centre d'un territoire administré par un procurateur impérial vers la fin du Ier siècle ap. J.-C. [156]. C. Minicius Italus, qui termina sa brillante carrière comme préfet d'Égypte en 103, fut en effet à la fin du règne de Domitien *procurator prouinciarum Lugdunensis et Aquitanicae item Lactorae*, importante procuratèle ducénaire exercée sur les deux provinces de Lyonnaise et d'Aquitaine, mais aussi à Lectoure. Aussi a-t-on considéré que la ville aurait été le chef-lieu d'une circonscription spéciale [157].

Pour tenter d'expliquer cette anomalie on a, bien sûr, invoqué le particularisme des Aquitains du sud de la Garonne ; la solidité de leur communauté ethnique était probablement exaltée lors des réunions du *concilium* : la remise en cause récente de son siège à Saint Bertrand [158] ne permet pas de rejeter l'existence d'une telle assemblée, car d'autres lieux de

---

[155] L'organisation politique des municipes de droit latin est parfaitement décrite sur les tables de loi retrouvées en Bétique, à *Malaca*, à *Salpensa* et, plus récemment, à *Irni*.

[156] *CIL*, V, 875 = *ILS*, 137 = PFLAUM, *Procurateurs*, n° 29.

[157] Par exemple, comme Strabon, IV, 2, 1, signalait que les Bituriges Vivisques, quoique installés sur le territoire des Aquitains, "ne leur paient pas d'impôt", l'existence d'une circonscription fiscale propre aux Aquitains a paru probable à plusieurs historiens (DESJARDINS, *Géographie*, p. 369 ; R. ÉTIENNE, *Histoire d'Aquitaine*, Toulouse, 1971, p. 75 ; M. LABROUSSE, *Temps gaulois et gallo-romains*, p. 73). Ensuite, en raison de la mention d'un *dilectator per Aquitanicae XI populos* (*CIL*, XIII, 1808), on a pensé à des dispositions différentes pour le recrutement militaire, l'une réservée aux onze peuples celtes du nord de la Garonne, l'autre aux "vrais" Aquitains.

[158] Soutenue surtout par L. MAURIN, "Les Basaboiates", *Les Cahiers du Bazadais*, 20-21, 1971, p. 6-9, ses fondements épigraphiques ont été considérablement réduits par R. Sablayrolles dans le premier volume des fouilles récentes de Saint-Bertrand-de-Comminges : A. BADIE, R. SABLAYROLLES et J.-L. SCHENCK, *Saint-Bertrand-de-Comminges. I. Le temple du forum et le monument à enceinte circulaire*, Bordeaux, 1994, p. 173-179.

session pourraient avantageusement être substitués [159]. Surtout, cette cohésion de l'Aquitaine méridionale tout au long du Haut-Empire est attestée de façon éclatante par l'inscription d'Hasparren rappelant la volonté des Neuf Peuples de se séparer des Gaulois [160], puis par la création de la nouvelle province de Novempopulanie avec Dioclétien. Il aurait existé une circonscription fiscale particulière aux "vrais Aquitains" du sud de la Garonne dont le siège aurait été fixé à Lectoure.

Toutefois, on ne peut manquer d'observer que parmi les procurateurs connus des provinces de Lyonnaise et d'Aquitaine, seul Italus mentionne l'exercice d'une responsabilité particulière à Lectoure : c'est, vraisemblablement, que le cumul de ces charges fut exceptionnel et ne se reproduisit peut-être jamais. Cette circonscription aurait-elle été éphémère? La présence à Lectoure du procurateur affranchi Aelius Leo (*ILA, Lactorates*, n° 29) va, semble-t-il, à l'encontre de cette idée : bien que l'on ne sache pas pourquoi ce *procurator Augustorum*, affranchi d'Antonin le Pieux, connu seulement par son épitaphe, se trouvait à Lectoure au moment de son décès, il est vraisemblable qu'il était en poste dans la ville vers le milieu ou dans le troisième quart du IIe siècle.

Il reste que les attributions du procurateur financier de Lyonnaise et d'Aquitaine et celles d'un procurateur affranchi étaient extrêmement différentes. On connaît en effet, grâce à quelques exemples [161], les activités de ces serviteurs du prince : ils avaient fréquemment la charge de biens du patrimoine impérial situés dans un même district, domaines ruraux, mines et carrières, qui assez souvent résultaient de legs ou de confiscations.

Quelles pouvaient être les attributions de ces deux personnages? Il n'est pas impossible qu'Italus ait reçu la mission d'organiser la gestion de biens situés dans la région de Lectoure lors de leur entrée dans le *patrimonium*. Une procuratèle spéciale aurait été créée pour l'administration de ces biens, procuratèle dont Italus aurait assuré la mise en place. Par la suite charge aurait été confiée à un procurateur affranchi qui était sans doute placé sous l'autorité du procurateur de Lyonnaise et d'Aquitaine. Ces biens du district de Lectoure étaient vraisemblablement des domaines ruraux, puisqu'il n'existe ni mines ni carrières dans cette région.

Si nous préférons cette hypothèse d'une procuratèle liée à l'administration de biens impériaux situés dans le Lectourois, ce n'est pas en raison de la découverte à Garbeau, c'est-à-dire dans la campagne lectouroise, de l'inscription gravée en l'honneur de l'impératrice Faustine, puisque nous considérons que ce document provient de Lectoure. C'est simplement parce qu'elle permet de prendre en compte les deux données que représentent, d'une part la

---

[159] Le siège à Auch serait assez séduisant : la ville avait, comme *Lugdunum* des Convènes, reçu un statut privilégié de la part d'Auguste et, en outre, elle occupait en Aquitaine méridionale une position beaucoup plus centrale que celle-ci. La proposition de Lectoure elle-même n'est pas impossible, mais, à notre avis, moins vraisemblable.

[160] *CIL*, XIII, 412 ; cette célèbre inscription rappelle la légation auprès d'un empereur, Aurélien ou Probus, de Verus, un magistrat de Dax, qui a "obtenu pour les Neuf Peuples qu'ils se séparent des Gaulois" ; au sujet de ce texte, voir surtout J.-B. BOST et G. FABRE, "Aux origines de la province de Novempopulanie : nouvel examen de l'inscription d'Hasparren", *Aquitania*, 6, 1988, p. 167-178, avec un résumé des discussions antérieures.

[161] Voir notamment G. BOULVERT, *Esclaves et affranchis impériaux sous le Haut-Empire romain, rôle politique et administratif*, Naples, 1970, p. 262-318 et 374-437.

mention exceptionnelle de Lectoure dans un important cursus équestre et, d'autre part, la présence dans cette ville d'un serviteur impérial exerçant des responsabilités subordonnées à celles du procurateur en poste à Lyon.

Cette procuratèle eut une assez longue durée : mise en place à l'extrême fin du Ier siècle, elle existait sûrement après 138 et même, selon toute vraisemblance, après 161.

LE DOSSIER ÉPIGRAPHIQUE
LECTOUROIS

L'intérêt des inscriptions lectouroises, s'il est marqué aussi par le nombre assez important de faux, notamment ceux que les textes tauroboliques ont inspirés [162], tient avant tout à la prépondérance des documents qui peuvent être datés d'une année et même d'un jour précis, ce qui est sans exemple dans toute l'Aquitaine méridionale et même dans l'ensemble des Gaules, si l'on ne tient pas compte des milliaires. De ce fait, il semble légitime d'évoquer plus nettement qu'ailleurs des phénomènes de "production en série", autour de l'année 176, puis en 239/241, époque à propos de laquelle on a souvent évoqué, et avec excès, une "crise" de la pratique épigraphique. C'est dire que certaines des conclusions que nous proposerons peuvent avoir un intérêt pour la datation d'inscriptions découvertes dans d'autres cités de cette zone [163]. Ajoutons que si les textes sur pierre attribuables au Ier siècle de notre ère sont à l'évidence exceptionnels, nous disposons de quelques graffiti, tracés sur des céramiques sigillées assez bien datées, qui permettent de combler en partie cette lacune (inscriptions regroupées sous le n° 41).

---

[162] ESPÉRANDIEU, *Lectoure*, p. 89-93 ; *CIL*, XIII, 47* à 59*.

[163] Le musée de Lectoure conserve trois documents inscrits appartenant aux cités voisines d'Auch (*CIL*, XIII, 462 et 485) et d'Éauze (*CIL*, XIII, 551).

LA TRADITION MANUSCRITE

L'historique de l'exceptionnel *corpus* épigraphique lectourois, peu enrichi au cours des 80 dernières années, n'a pas à être refait, après l'exposé magistral proposé par É. Espérandieu et celui qu'O. Hirschfeld a donné au *CIL*, XIII [164]. Tout au plus, pouvons-nous renvoyer, à propos de Guillaume Du Choul, à la note donnée par J.-L. Ferrary, dans son ouvrage *Onufrio Panvinio et les antiquités romaines* [165]. Par ailleurs, on prêtera peu d'attention à la polémique de bas-étage qui a occupé plusieurs feuillets de la *Revue Épigraphique* à propos du prétendu vol d'une prétendue étude manuscrite que J. Sacaze aurait consacrée à l'épigraphie lectouroise [166].

Toutefois, en complément des développements d'Espérandieu et de Hirschfeld, il paraît utile de souligner l'intérêt plus particulier de quelques manuscrits. Indiquons tout d'abord que, malgré nos recherches, nous n'avons pu mettre la main sur le manuscrit anonyme, daté de la fin du XVIIIe siècle, acquis par la bibliothèque municipale de Lectoure à la fin du XIXe siècle et consulté par É. Espérandieu [167] : sa disparition est extrêmement regrettable, en raison, principalement, des nombreux dessins d'inscriptions qu'il comportait.

En revanche, nous avons localisé et consulté le manuscrit auquel Hirschfeld avait donné l'appellation de *Codex Lactoras* et qui, à son époque, appartenait à la Bibliothèque municipale de Zürich. Il est à l'heure actuelle conservé dans la Zentralbibliothek de cette ville sous la cote C 303 (Gal XIX 102) ; fort de 83 pages (24 cm sur 17,5) et comprenant de nombreux dessins au crayon ou à la plume, il porte le titre de *Recueil de quelques inscriptions romaines extraites de Grutterus & Scaliger comparées aux mêmes inscriptions qui se trouvent à Lectoure*. Son auteur, anonyme, intéressé par les textes antiques ou plus récents, fournit des indications précieuses sur l'aspect physique des monuments qu'il évoque : c'est ainsi que nous avons pleinement utilisé son œuvre dans le cas d'un monument honorifique, aujourd'hui perdu (*ILA, Lactorates*, 28).

D'autre part, bien qu'il ait été peu apprécié par C. Jullian [168], le Manuscrit de Bordeaux [169] mérite aussi une mention, car il n'est pas si médiocre que l'historien de la Gaule l'indique. Ce cahier in 4° de 38 folios, a été rédigé vers la fin du XVIIIe siècle et est intitulé *Mémoire instructif de la ville et citté de Lectoure, de ses immunités, libertés, privilèges, usages, coutumes et franchises* [170] : après une première partie qui n'est qu'une histoire de Lectoure, il comporte en effet 24 dessins, certes maladroits, mais assez précis, des principales inscriptions de Lectoure (*ILA, Lactorates*, n° 4, 6, 7, 8, 9, 10, 11, 12, 13, 14, 15, 16, 17, 18, 19, 20, 21, 22, 23, 24, 25, 30 et 32) qui apportent quelques utiles informations, en particulier sur quelques

---

[164] ESPÉRANDIEU, *Lectoure*, p. 131-140 ; *CIL*, XIII, 1, p. 65-66.

[165] P. 103 et note (longue) 238.

[166] *Revue Épigraphique du Midi de la France,* 60, 1891, p. 5 et 61, 1891, p. 81.

[167] ESPÉRANDIEU, *Lectoure*, p. 19, n. 1.

[168] C. JULLIAN, *Bulletin Épigraphique*, 6, p. 151.

[169] *CIL*, XIII, 1, p. 65, n° X.

[170] Bibliothèque de Bordeaux, cote MS 1696/18.

décors latéraux aujourd'hui disparus (fig. 8) et à propos de la mention des *sodales* à la fin de l'inscription n° 30. Mais ce manuscrit, comme Du Choul, Grüter et d'autres, attribue à Lectoure l'inscription italienne concernant l'impératrice Sabinia Tranquillina [171].

Fig. 8 : *Mémoire instructif de la ville et citté de Lectoure* (Manuscrit de Bordeaux), fol. 18 qui représente l'autel *ILA, Lactorates*, n° 6 : observer le bélier, qui ornait la face latérale de l'autel, mais a été martelé sous la Révolution.

---

[171] La source est vraisemblablement Du Choul, *Discours de la religion des anciens romains*, Lyon, 1556 (2e éd. Lyon, 1581) (= Du Choul, *Discours*, p. 87), car le texte du Manuscrit de Bordeaux est légèrement différent de celui de Gruter.

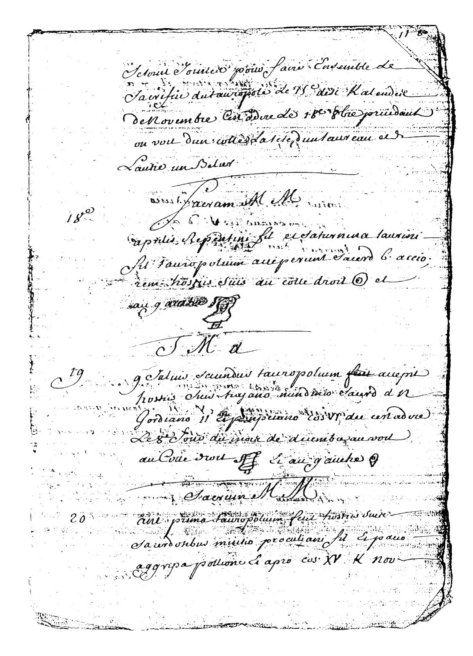

Fig. 9 : *Mémoire historique de la ville de Lectoure* (nouveau manuscrit de Lectoure), fol. 15 : observer les dessins très maladroits représentant la patère et le vase à libations qui ornaient les faces latérales des autels d'Aprilis et de Iulius Secundus (*ILA, Lactorates*, n° 17 et 17 = n° 18 et 19 sur le manuscrit) : un des deux motifs a été martelé sous la Révolution sur chacune des pierres.

Par ailleurs, nous avons eu connaissance d'un manuscrit inédit qui était conservé encore assez récemment aux archives de Lectoure, mais est aujourd'hui introuvable. Par chance, il existe une photocopie de ce document et elle nous a été aimablement communiquée [172] (fig. 9). Ce *Mémoire historique de la ville de Lectoure* [173] est un cahier de 16 feuillets non numérotés (24,5 cm sur 17), dont les 8 premiers sont principalement consacrés à l'évocation du passé romain de la ville. L'auteur, qui a utilisé Gruter, Scaliger et *l'Histoire de Béarn* de P. de Marca, est certainement un érudit du XVIIIᵉ siècle, parfois pédant (ainsi lorsqu'il propose de mettre le nom de la ville en rapport avec "l'abondance et l'excellence du lait que produisaient ses nombreux troupeaux"), mais certainement soucieux de donner un tour pédagogique à son travail. Il ne se contente pas d'utiliser ses savantes lectures : il connaît physiquement la ville, il a vu les inscriptions qu'il cite et, s'il ne fournit pas de dessin (il mentionne néanmoins presque toujours les décors latéraux), s'il n'est pas soucieux de respecter la disposition réelle des textes, il les cite avec beaucoup de précision et, surtout, il donne, à propos de la localisation des monuments dans l'Hôtel de Ville ou dans les piliers de la Halle, des indications parfaitement exactes. Ce sont, au total, 22 inscriptions qui sont signalées, essentiellement celles qui concernent le culte de Cybèle (*ILA, Lactorates*, n° 4, 6, 7, 8, 9, 10, 11, 12, 13, 14, 15, 16, 17, 18, 19, 20, 21, 22, 23, 24) auxquelles il convient d'ajouter les textes 25 et 32. Toutefois, il commet la même erreur que l'auteur du manuscrit précédent au sujet de l'inscription de Sabinia Tranquillina [174].

Enfin, n'omettons pas de signaler l'intérêt des *Carnets* d'E. Camoreyt. Ces trois petits carnets (13 cm sur 8), sans titre [175], qui sont aujourdui conservés dans la collection de L. Barbé, comportent des notes manuscrites et, surtout, de nombreux croquis réalisés à la plume par l'excellent dessinateur qu'était E. Camoreyt. Nous avons eu connaissance de quelques précisions qu'ils apportent à propos de l'épigraphie de Lectoure [176], et tiré d'autres informations [177] de l'*Inventaire* de M. Larrieu qui a très largement utilisé cette documentation.

L'HISTOIRE DES PIERRES

Le corpus épigraphique de Lectoure se singularise également par les circonstances de sa constitution : la plupart des inscriptions, notamment la quasi-totalité des autels tauroboliques, ont été mises au jour ensemble et au même endroit. Cette particularité a donné lieu à un

---

[172] Nous exprimons ici toute notre reconnaissance à Mr. Maurice Prim qui possède cette copie et aussi à notre collègue Serge Brunet qui nous a signalé l'existence de ce document fort intéressant.

[173] Qui sera cité sous le titre abrégé de *Mémoire de Lectoure*.

[174] Même observation que pour le Manuscrit de Bordeaux, note 171.

[175] Aussi sont-ils désignés depuis M. Larrieu simplement par *Carnets*.

[176] M. Léo Barbé nous a aimablement communiqué les dessins des inscriptions *ILA, Lactorates*, n° 36 et 47 et celui de l'ancienne halle de Lectoure (fig. 10) : qu'il trouve ici l'expression de notre sincère reconnaissance.

[177] En particulier à propos du rempart : voir ci-dessus, p. 29-30 et fig. 3, p. 31.

certain nombre de controverses, tant à propos de l'endroit de la trouvaille que de l'explication de la situation des autels en ce point de l'oppidum [178]. Ensuite, les inscriptions ont connu rapidement une réelle célébrité, aussi bien à Lectoure que parmi le public européen cultivé, et on peut suivre leur histoire jusqu'à nos jours, cas assez rare qui, à notre avis, ne manque pas d'intérêt.

La découverte

A propos de la trouvaille des inscriptions tauroboliques, les informations ne paraissent jamais totalement assurées et certaines opinions sont même assez contradictoires. Certes, l'accord semble fait sur le lieu de la découverte – le chœur de la cathédrale – et sur la date de celle-ci – vers 1540. A ce sujet, la tradition la plus communément acceptée est celle qui a été rapportée par la *Gallia Christiana* : dans le paragraphe relatif à l'évêque Jean de Barton (1513-1544), il est précisé que celui-ci restaura le chœur de la cathédrale de Lectoure et que les inscriptions furent découvertes au cours de ces travaux "dans les décombres de la vieille église" [179].

Mais les positions sont partagées à propos de l'interprétation de ces extraordinaires trouvailles. Pour les uns, notamment E. Camoreyt, E. Espérandieu et P. Bonnard, les autels se trouvaient sous le chœur de la cathédrale parce qu'ils avaient été remployés dans le rempart du Bas-Empire et que celui-ci passait sous l'édifice médiéval [180]. E. Camoreyt précisait que les inscriptions provenaient des fondations du rempart du IVe siècle et qu'elles "furent trouvées au XVIe siècle sur une longueur de 15 mèt(res) seulement, et sur une seule face du mur principal, qui a une longueur totale de 300 m" [181]. Dans son étude sur la cathédrale de Lectoure, P. Bonnard suppose que le chevet de l'église du XIIIe siècle avait été construit contre la muraille antique [182]. En revanche, F. Lot et M. Larrieu ont pensé que les pierres étaient restées en place depuis le Haut-Empire et que les travaux du XVIe siècle avaient atteint le niveau antique dans lequel elles se trouvaient dès l'origine : les inscriptions

---

[178] Question déjà évoquée ci-dessus, p. 33.

[179] *Gallia Christiana*, I, 1870, Lectoure, col. 1085 : "antiquo ecclesiae choro diligenter incubuit ...tunc autem *in veteris ecclesiae ruderibus* reperta sunt antiqua marmora et inscriptiones". La restauration du chœur de la cathédrale fut sans doute effectuée dans les dernières années de la vie du prélat puisque les reconstructions avaient commencé par la nef et que celle du chœur n'était pas terminée à sa mort, en 1544.

[180] ESPÉRANDIEU, *Lectoure*, p. 131, n. 1, rapporte l'opinion de Camoreyt selon lequel "la plupart des inscriptions de Lectoure furent découvertes vers 1540, dans la partie orientale du mur romain de la ville, en creusant les fondations du nouveau chœur de la cathédrale".

[181] CAMOREYT, *Oppidum des Sotiates*, p. 431-432, n. 2 : l'auteur ne fournit aucune référence pour authentifier une information qui était vieille de trois siècles et demi lorsqu'il écrivait.

[182] P. BONNARD, "L'ancienne cathédrale de Lectoure", *Congrès archéologique de France, Gascogne*, Paris, 1970, (= BONNARD, *Cathédrale*), p. 207, note 4.

tauroboliques auraient donc été découvertes sous le choeur de la cathédrale parce que celui-ci occupait l'emplacement du temple de Cybèle [183].

Signalons aussi la localisation différente des trouvailles qui a été rapportée par Chaudruc de Crazannes : celui-ci se fait l'écho d'une seconde tradition, connue également par Masson (qui ne la retient pas [184]), selon laquelle ces inscriptions auraient été "trouvées en frise près de la fontaine ou du petit temple de Diane, dont une partie est encore debout" [185], c'est-à-dire également en place, mais dans un temple qui se trouvait à l'endroit de la Fontélie.

La documentation disponible

Pour tenter d'éclaicir ce problème, il nous a paru indispensable de revenir à la documentation qui est vraisemblablement la plus sûre, celle qui nous a été transmise par des contemporains des découvertes et dont nos prédécesseurs ne semblent pas avoir suffisamment tenu compte : elle est constituée de quatre textes du XVIe siècle, de trois passages d'ouvrages et d'une indication tirée d'une source manuscrite.

L'information la plus ancienne est apportée par Du Choul à propos du taurobole pour le salut de Gordien (*ILA, Lactorates*, n° 16) : dans son ouvrage intitulé *Discours de la religion des anciens Romains* et paru en 1556, il localise cette inscription à Lectoure "en un *petit temple ruiné de Saint-Thomas ... en une colonne qui soustient l'autel*" [186], renseignement qu'il tenait d'un certain Petrus Gilius "homme de savoir et singulier amateur de l'antiquité". Ainsi, non seulement Du Choul situe l'inscription dans l'église en ruine de Saint-Thomas, mais encore il précise qu'elle servait de support à son autel.

Autre document fondamental, bien que légèrement postérieur, le passage du *Livre Blanc* des archives municipales de Lectoure, relatif à l'inventaire des biens meubles la Maison Commune de Lectoure pour l'année 1580-1581 [187]. Dans la longue liste de tous les objets qui se trouvaient dans l'Hôtel de Ville à cette date, sont mentionnés les autels tauroboliques : "...quinze pithaphes (sic) de pierre de marme anticques, *trouvés au fondement quant lon bastissoiet le cur de leglise sainct Gerbais* ... une table de pierre de marbre blancque en quatre pieces que soulloict estre de *l'autel au temple et ruynne de Sainct Thomas* avec une enseigne dantiquité au milieu...". Ainsi la première phrase de ce texte confirme que les autels tauroboliques ont bien été trouvés dans le choeur de la cathédrale saint Gervais comme l'indique la *Gallia Christiana*. Quant à la deuxième, elle assure aussi que Petrus Gilius, le

---

[183] LOT, *Population,* p. 130 ; M. LARRIEU, "Les origines de Lectoure", *Histoire de Lectoure*, Auch, 1972, p. 23.

[184] M. MASSON, *Statistique de l'arrondissement de Lectoure*, Auch, 1836 (= MASSON, *Statistique*), p. 33.

[185] CHAUDRUC DE CRAZANNES, *Taurobole*, p. 174.

[186] DU CHOUL, *Discours*, p. 87.

[187] Ces inventaires étaient établis lors de l'entrée en charge des consuls et ils sont consignés dans le *Livre Blanc* portant la cote DD 2 des archives municipales de Lectoure : l'inventaire 1580-1581, se trouve au folio 237, r° et v°. Ce document a été cité par M. LARRIEU, *Le musée de Lectoure*, Paris, 1980, p. 7.

correspondant de Du Choul, ne se trompait pas en situant une inscription taurobolique dans l'église en ruine de Saint-Thomas.

Ensuite, dans l'ordre d'intérêt des informations, vient le témoignage entièrement crédible de J.-A. de Thou, grand magistrat d'Henri III et d'Henri IV qui fut reçu avec tous les honneurs à Lectoure en 1582. Il visita la ville pendant toute une journée et a vu un certain nombre d'autels tauroboliques : "Les Romains, dit-il dans ses *Mémoires* [188], y avaient institué des sacrifices de taureaux en l'honneur de la Mère des Dieux ; ce qui se remarquait par *plusieurs inscriptions qu'on voyait encore gravées sur des pierres d'un Temple que la barbarie de nos dernières guerres avait ruiné, et dont on prétendait se servir pour en rebâtir un autre*". Ce "temple" est vraisemblablement la cathédrale qui avait considérablement souffert lors la prise de Lectoure par les troupes de Louis XI en 1473 et, surtout, pendant l'occupation de la ville par les protestants.

Enfin, l'historien gascon Belleforest, qui devait bien connaître Lectoure, apporte aussi une information intéressante sur les autels dans le paragraphe consacré à la ville dans sa *Cosmographie universelle* [189] : "Quant au nom ancien de cette ville, on le voit en certaines pierres *qui sont sur un perron montant à la Geole de l'officialité dicte Saint Thomas, où les lettres gravées nomment cette ville Tauropolium*" : si ce passage met en évidence l'ignorance de Belleforest en épigraphie, il atteste néanmoins que les inscriptions tauroboliques avaient été extraites de leur emplacement avant 1575, date de la publication de la *Cosmographie*, et se trouvaient déposées sur le perron de l'officialité, c'est-à-dire juste à côté de la cathédrale, sans doute en attente d'un réemploi, comme le notait de Thou.

Saint-Thomas et la cathédrale Saint-Gervais

Ces témoignages du XVIe siècle ne simplifient pas le problème. Au contraire, outre les trouvailles du chœur de la cathédrale, ils font apparaître une localisation supplémentaire pour la découverte d'inscriptions tauroboliques, celle du "temple de Saint-Thomas". Cette information, donnée à la fois par Du Choul et par l'inventaire de 1581 du *Livre Blanc*, paraît d'autant plus recevable que cette église a bien existé à Lectoure : par exemple, Belleforest mentionne "l'officialité dicte de Saint Thomas".

Il semble donc à peu près certain que des autels tauroboliques se trouvaient dans les deux églises, la plupart dans la cathédrale et au moins un dans l'église Saint-Thomas [190]. Pour localiser ce second édifice, rappelons que le quartier Saint-Thomas correspondait au Moyen Age à la partie est de Lectoure. Plusieurs documents indiquent aussi que la tour Saint-Thomas et l'officialité de Saint-Thomas étaient toutes deux situées tout près de la porte est de la ville

---

[188] J.-A. DE THOU, *Mémoires*, 1553-1601, trad. française de l'original latin, Amsterdam, 1711, p. 71-72.

[189] F. DE BELLEFOREST, *La cosmographie universelle de tout le monde*, 1575 (=BELLEFOREST, *Cosmographie*), I, p. 375-376.

[190] Comme le pensait M. LARRIEU, "Vestiges gallo-romains et musée lapidaire", *Sites et monuments du Lectourois*, Auch, 1974, p. 16.

dite Porte du Boulevard [191]. Il est donc assuré que cette église était très proche de l'emplacement de la cathédrale : elle se trouvait vraisemblablement entre le chevet de celle-ci et le rempart [192].

Auparavant : un ou deux réemplois successifs

Deux autres inscriptions tauroboliques ont aussi été localisées avec précision : elles étaient encastrées dans le rempart médiéval. A propos de l'autel aujourd'hui disparu de Pompeia Philumene (*ILA, Lactorates*, n° 3) [193], Du Choul sait qu'il était pris dans le mur d'un "des bolevers" c'est-à-dire d'un des deux bastions protégeant la porte orientale de la ville [194], d'un "propugnaculum" comme dit Gruter [195]. Ce n'est sans doute pas la même inscription que vit Belleforest "sur la porte du Boulevard qui va aux Jacobins près de l'Église Saint Gervais" à côté de deux têtes de pierre, car il est probable que ce bien médiocre épigraphiste parlait d'un autel datée de l'année 241 par le consulat de Pompeianus, puisqu'il ajoutait qu'il s'agissait d'"une inscription qui montre que cela fut fait par Pompée étant seul consul à Rome" [196].

Mais où se conservèrent tous ces monuments épigraphiques entre l'Antiquité et le XVIe siècle? En premier lieu, rappelons que l'hypothèse de leur découverte dans les vestiges du temple de Cybèle, édifice qui aurait été situé sous l'emplacement du chœur de la cathédrale, ne nous paraît pas recevable en raison de l'absence de vestiges du Haut-Empire sur l'oppidum [197]. Indiquons aussi que la Fontélie, qui a peut-être livré quelques inscriptions comme le prétendait A. Chaudruc de Crazannes [198], est une construction médiévale, datée du XIIIe siècle [199] : si des inscriptions antiques ont été trouvées dans les murs de la célèbre fontaine, il ne peut s'agir que de réemplois de cette époque.

---

[191] Un document des archives municipales de Lectoure (BB5, fol. 24) mentionne l'officialité et la Tour de Saint-Thomas qui "se trouve contre la porte de la ville". La plupart des sources archivistiques utilisées ici nous ont été signalées par notre collègue et ami Serge Brunet auquel nous exprimons toute notre gratitude.

[192] Voir aussi P. FÉRAL, "Lectoure au XVIe siècle", *Histoire de Lectoure*, Auch, 1972, p. 93-94.

[193] CHAUDRUC DE CRAZANNES, *Taurobole*, p. 151, précise que la pierre a disparu lors de la destruction du rempart.

[194] DU CHOUL, *Discours*, p. 86 : le terme *bolver*, employé également par Monluc dans sa relation de la prise de Lectoure, désignait les deux bastions qui étaient situés à l'avant de la muraille et constituaient une défense avancée de la porte est de la ville.

[195] *Inscriptiones antiquae*, première édition en 1602, 29, 11.

[196] BELLEFOREST, *Cosmographie,* p. 375-376.

[197] Voir ci-dessus, p. 25-28.

[198] CHAUDRUC DE CRAZANNES, *Taurobole*, p. 174.

[199] Bien que Chaudruc de Crazannes parle de "la fontaine ou du petit temple de Diane" et semble la considérer comme antique, la construction, qui abrite la source de la Fontélie ou Hountélie, est bien datée du XIIIe siècle : P. MESPLÉ, "Les remparts de Lectoure. La Hountélie", *Sites et monuments du Lectourois*, Auch, 1974, p. 36-38 (= MESPLÉ, *Rempart, Hountélie*), et C. ENLART, *Manuel d'archéologie française. Architecture civile*, 1929, p. 303 ; on y reconnaît de nombreux réemplois antiques, principalement dans son sol.

Soulignons ensuite la fréquence des réutilisations effectuées à Lectoure sans nul doute au cours du Moyen Age. Il y a les cas, mentionnés ci-dessus, des deux autels tauroboliques encastrés dans le rempart médiéval [200]. On connaît aussi celui de l'inscription de Roscius (*ILA, Lactorates*, n° 28), qui était prise dans un mur occidental de la cathédrale Saint-Gervais et avait reçu un nouveau texte au Moyen Age indiquant la date de 1254. Ou encore celui de l'épitaphe de Luminatius qui présente, sur sa face postérieure, un Christ sculpté de style roman précoce (n° 30) et qui a donc vraisemblablement appartenu à la cathédrale romane ou à son cloître.

En conséquence, nous en sommes venus à penser que la plupart des autels tauroboliques ont dû connaître une réutilisation dès le Moyen Age. Un autre argument important en faveur de cette hypothèse est l'information transmise par Du Choul à propos de l'inscription pour le salut de Gordien : elle était gravée *"en une colonne qui soustient l'autel"* de l'église Saint-Thomas, ce qui paraît signifier qu'elle était en réemploi dans l'autel de cette église. Il pouvait en être de même pour les autres inscriptions tauroboliques.

Considérons enfin l'affirmation de Camoreyt, selon laquelle les pierres ont été trouvées dans le rempart du Bas-Empire qui passait sous le choeur de la cathédrale [201]. Malgré la précision de sa formulation, nous ne pensons pas qu'elle soit fondée sur un renseignement provenant d'un témoin des découvertes car elle n'est accompagnée d'aucune référence [202]. Il s'agit plutôt d'une hypothèse de Camoreyt lui-même, élaborée à partir d'observations de vestiges antiques de l'oppidum : d'une part, l'archéologue lectourois savait que le rempart antique comportait de nombreux réemplois antiques – il en avait lui-même découvert un certain nombre – et, d'autre part, il avait aperçu dans la Rue Nationale une portion d'un large mur, qu'il identifiait comme le rempart et qui, d'après sa direction, pouvait passer sous l'extrémité du choeur de la cathédrale (M sur la fig. 2). Camoreyt devait donc avoir associé ces deux faits pour en conclure que les restaurateurs du XVIᵉ siècle avaient atteint ce mur antique sur la longueur de 15 m, qui correspond à la largeur de l'extrémité du chevet, et qu'ils en avaient extrait les autels tauroboliques. Cette solution n'est assurément pas invraisemblable, même s'il peut paraître assez étonnant que tant d'inscriptions aient été découvertes sur une aussi courte distance [203].

Aussi nous semble-t-il plus probable que, comme celle gravée pour le salut de Gordien qui était prise dans l'autel de l'église Saint-Thomas, les autres inscriptions tauroboliques aient déjà été en réemploi dans les murs du choeur de la cathédrale médiévale. D'autant plus que le texte de la *Gallia Christiana* l'indique assez clairement : selon ses auteurs, les inscriptions et les marbres antiques ont été découverts parmi "les décombres de la vieille église" [204], ce que confirme le passage du *Livre Blanc* des archives lectouroises [205].

---

[200] L'inscription de Philumene (*ILA, Lactorates*, n° 3) et une autre de 241 ; voir ci-dessus, p. 28-30.

[201] Déjà mentionnée plus haut, p. 59 et note 181.

[202] Voir ci-dessus, p.59 et note 181.

[203] D'autre part, la très grande largeur de ce mur observé par Camoreyt Rue Nationale fait douter qu'il s'agisse du rempart : ses 4,50 m sont bien supérieurs aux 2,50 m mesurés à la courtine nord : voir plus haut, p. 30.

[204] *Gallia Christiana*, I, 1870, Lectoure, col. 1085 : *in veteris ecclesiae ruderibus*.

[205] Autels "trouvés au fondement quant lon bastissoiet le cur de leglise sainct Gerbais" : cité ci-dessus, p. 60.

Mais quelle était cette *ecclesia vetus*? On peut hésiter entre plusieurs édifices. En premier lieu, on songe à la cathédrale romane qui avait environ quatre siècles quand elle fut l'objet des restaurations entreprises sous Jean de Barton : construite sans doute au XIIe siècle, elle avait déjà subi d'importantes réfections et transformations au cours du dernier quart du XIIIe siècle, sous l'épiscopat de Géraud de Monlezun [206] ; son chœur, en particulier, avait été reconstruit à ce moment-là [207]. Mais on ne peut pas manquer d'évoquer l'éventualité d'un édifice encore plus ancien, et on songe bien sûr à la première cathédrale de Lectoure qui fut peut-être construite à la fin du Ve siècle ou au début du VIe [208]. On sait, en effet, que les constructeurs des premières églises chrétiennes ont fréquemment eu très largement recours au réemploi de matériaux antiques récupérés sur les édifices en ruines des centres monumentaux du Haut-Empire [209]. Il a pu en être ainsi à Lectoure et, dans ce cas, ce n'est pas le chœur de l'église romane qui aurait été bâti avec ces autels tauroboliques, mais la première cathédrale de Lectoure qu'il faudrait donc situer sous le chœur de la cathédrale actuelle [210].

Selon l'une ou l'autre de ces deux éventualités, la question de savoir où se trouvaient les autels tauroboliques auparavant est plus ou moins simple. Si les pierres antiques ont été extraites en 1540 des fondations de la cathédrale paléochrétienne, elles n'ont subi qu'un seul remploi et celui-ci date des Ve-VIe siècles : elles ont été extraites à ce moment-là des ruines du temple de Cybèle, situé très probablement sur le forum [211], et elles sont ensuite restées plus d'un millénaire dans les fondations de cette première église qui subsistèrent à la base des constructions postérieures. En revanche, si c'est dans le mur du chœur de l'église romane qu'elles étaient engagées, il faut songer à deux réutilisations successives [212] et se demander où elles avaient été remployées auparavant.

---

[206] *Gallia Christiana*, I, 1870, Lectoure, col. 1078.

[207] BONNARD, *Cathédrale*, p. 198, et COURTÈS, *Cathédrale*, p. 44-45.

[208] Vigilius, qui assista au concile d'Agde en 506, est le premier évêque connu de *Lactora*.

[209] Par exemple à Rodez : la récupération des matériaux du secteur monumental du forum de *Segodunum* a été mise en relation avec la construction de la cathédrale du VIe siècle : J. CATALO, "Rodez : du forum antique au couvent des Jacobins", *Aquitania,* 8, 1990, p. 175-176.

[210] Cette hypothèse sera bien sûr à vérifier un jour, même si on considère habituellement que le premier ensemble épiscopal de Lectoure se trouvait en basse ville, à Saint-Gény (COURTÈS, *Cathédrale*, p. 43). Signalons enfin une précieuse information, aimablement fournie par L. Barbé : un bloc architectonique en marbre, d'environ 1,30 m de longueur, portant un décor de petite feuilles, "peut-être un élément d'ambon, de style antérieur à l'époque romane" d'après l'archéologue lectourois, a été recueilli dans la Rue Nationale, non loin du mur nord de la cathédrale ; un morceau de la pierre est encore en la possession de L. Barbé.

[211] Comme il a déjà été proposé ci-dessus, p. 25-26.

[212] Au colloque de Toulouse, réuni en 1995, cette même interrogation était exprimée par J. GUYON, B. BOISSAVIT-CAMUS et V. SOUILLAC, "Le paysage urbain de l'Antiquité tardive (IVe-VIe siècles) d'après les textes et l'archéologie", *La civilisation urbaine de l'Antiquité tardive, dans le Sud-Ouest de la Gaule (Toulouse, 1995), Aquitania* 14, 1996, p. 16, n. 43 : "ces éléments antiques ont-ils été directement empruntés à des bâtiments romains encore partiellement en élévation, ou proviennent-ils au contraire de la récupération de mœllons déjà remployés dans des églises du haut Moyen Age auxquels ont souvent succédé les édifices romans? Il y a là toute une recherche qui reste à faire".

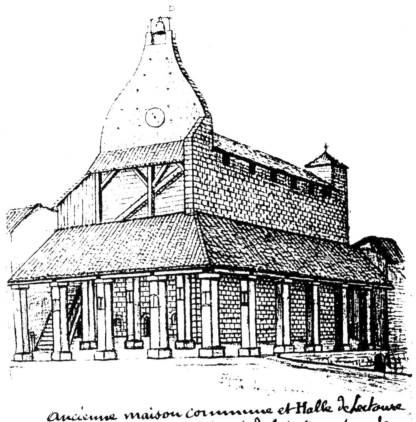

Fig. 10 : L'ancienne Maison Commune de Lectoure et sa halle.
Restitution par E. Camoreyt (*Carnets*). On distingue les autels encastrés dans les piliers, deux par pilier.

On pense évidemment en premier lieu à l'édifice religieux qui précéda l'église romane et qui était déjà en ruines au XIe siècle [213], ce qui nous ramène au processus évoqué précédemment. Mais il ne faut pas exclure l'hypothèse d'un premier remploi ailleurs, dans d'autres constructions de l'Antiquité tardive, principalement dans le rempart gallo-romain. Si nous envisageons aussi cette solution, c'est non seulement à cause de la présence de nombreuses pierres antiques dans cette muraille du Bas-Empire [214], mais aussi en raison de la date de construction de l'enceinte médiévale de Lectoure : cette muraille, qui enferme encore aujourd'hui toute la ville, peut, en effet, avoir été édifiée pendant la seconde moitié du XIIIe siècle [215], notamment pendant l'épiscopat de Géraud de Monlezun [216], c'est-à-dire à l'époque de la réfection du chœur de la cathédrale romane. Ce seraient ces travaux pour l'édification de l'enceinte médiévale qui auraient entraîné la découverte des autels tauroboliques, lors d'aplanissements préliminaires et d'arasements de pans encore debout des courtines antiques ; ensuite, on aurait réutilisé une nouvelle fois les pierres antiques dans des édifices construits ou restaurés à la même époque. On sait d'ailleurs qu'un certain nombre d'autels furent remployés dans l'élévation de ce nouveau rempart lui-même, par exemple à la Porte du Boulevard ; aussi est-il assez vraisemblable que d'autres pierres antiques aient pu servir pour les réfections de la cathédrale romane et, en particulier, de son chœur reconstruit par Géraud de Monlezun.

Si nous avons insisté sur cette explication, c'est parce qu'elle semble envisageable à propos d'autres inscriptions antiques qui ont pu être transportées plus loin [217], parfois même hors de la ville : on pense, en particulier, à la découverte du piédestal de Faustine en réemploi dans la chapelle de Garbeau, à 3,5 km de Lectoure (*ILA, lactorates*, n° 26). Comme il nous paraît étonnant qu'un monument épigraphique de ce type, qui était érigé habituellement sur le forum, se rencontre sur un site rural [218], nous proposons à son sujet la même interprétation :

---

[213] A propos de l'église antérieure à la cathédrale romane, on sait seulement qu'en 1068 elle "était détruite depuis longtemps", d'après les actes du concile réuni à cette date à Toulouse, concile auquel assistait l'évêque de Lectoure Raymond Ier Ebbon.

[214] Sur laquelle nous avons déjà insisté ci-dessus, p. 33.

[215] Sur ce rempart médiéval de Lectoure, jamais véritablement étudié, on lira MESPLÉ, *Rempart, Hountélie*, p. 27-39, et pour les murailles de cette époque en Gascogne voir J. GARDELLES, *Les châteaux du Moyen Age dans la France du Sud-Ouest*, 1972, J. MESQUI, *Châteaux et enceintes de la France méridionale*, 1991-1992, et B. BOQUIER, *Les enceintes urbaines et villageoises du Moyen Age dans la Gascogne gersoise*, DEA, Toulouse, 1998. L'appareil de la muraille de Lectoure s'apparente à celui de la plupart des enceintes urbaines de Gascogne, bâties au XIIIe ou au début du XIVe siècle selon les cas.

[216] Cette grande muraille pourrait être attribuée à ce prélat bâtisseur qui s'intéressait aux ouvrages de défense (sous son épiscopat fut construit le château de Sainte-Mère, propriété des évêques de Lectoure jusqu'à la Révolution). Puisque cette enceinte surmonte en plusieurs endroits des vestiges du rempart gallo-romain, en particulier à l'extrémité orientale de la courtine nord, comme il a déjà été indiqué ci-dessus, p. 30, il est probable que sa construction a été précédée par l'arasement d'un certain nombre d'assises antiques, souvent jusqu'au niveau des fondations.

[217] Il vaudrait sans doute la peine d'examiner de près toutes les constructions des alentours de Lectoure, en particulier les églises et les chapelles des villages et hameaux voisins qui furent édifiés au cours de la deuxième moitié du XIIIe ou au début du XIVe siècle.

[218] Espérandieu avait aussi songé à un transport de la pierre de Lectoure à Garbeau, mais il se laissa ensuite convaincre par Camoreyt de l'origine rurale du monument : *Lectoure*, p. 13-14.

le piédestal, qui se trouvait en remploi dans le rempart antique, aurait été extrait de celui-ci au Moyen Age pour être réutilisé une seconde fois dans la chapelle rurale de Garbeau, construite à cette époque.

Les derniers déplacements et l'état des pierres

Par la suite, les autels tauroboliques connurent encore plusieurs déplacements. Ces inscriptions, que Belleforest situait en 1574 sur le perron de l'officialité, furent peu après déposées dans la Maison Commune où elles se trouvaient en 1581 [219] et étaient déjà l'objet de l'intérêt de visiteurs, comme de Thou qui les vit en 1582. Puis, peut-être pour les mettre davantage en sûreté, elles furent encastrées au début de 1591 dans la nouvelle halle, où Sanloutius put les examiner en 1592 [220]. Plus exactement, deux ont été placées à l'intérieur de la Maison Commune, dans le mur de sa salle principale, et les autres à l'extérieur, dans les piliers de la halle entourant l'édifice municipal [221] (fig. 10). Mais ce n'était pas encore leur dernier séjour : toujours à cet endroit en 1836 [222], elles en seront retirées lors de la reconstruction de la halle et de la mairie, consécutive à l'incendie de 1840, puis déposées au premier musée, créé par E. Camoreyt en 1873 et situé au premier étage de l'ancien palais épiscopal devenu la mairie de Lectoure. Finalement, elles trouvèrent place en 1970 dans le musée actuel, aménagé dans les belles caves de ce même édifice ; mais au cours de ce dernier déplacement une pièce paraît avoir disparu [223].

Les creux et diverses entailles, qui mutilent un certain nombre de pierres, s'expliquent fort bien par ces multiples déplacements et ces encastrements successifs. Par exemple, le piédestal de Faustine (*ILA, Lactorates*, n° 26) présente de longues rainures parallèles sur le

---

[219] *Livre Blanc* : inventaire de 1581 ; voir ci-dessus, p. 60.

[220] D'après les informations que fournit Sanloutius, tous les tauroboles conservés aujourd'hui se trouvaient dans les piliers de la halle, ainsi que l'épitaphe de Donnia Italia. Plus tard Masson, *Statistique*, p. 31, en mentionne 22, et F. CASSASSOLES, *Notices historiques sur la ville de Lectoure*, Auch, 1839 (= CASSASSOLES, *Notices historiques*), p. 39 de l'annexe, seulement 18.

[221] Le *Mémoire de Lectoure* est, à ce propos, plus précis que Sanloutius : les deux inscriptions gravées à l'occasion des tauroboles officiels effectués par la cité de *Lactora* (*ILA, Lactorates*, n° 7 et 16) ont été placées à l'intérieur de la Maison Commune ("enchassées dans la salle de l'hotel de ville"), les autres inscriptions tauroboliques (18 monuments) et l'épitaphe de Donnia Italia étant laissées à l'extérieur, encastrées dans les piliers de la halle située à l'avant de la Maison Commune, comme le montre le dessin d'E. Camoreyt, fig. 10. OIHENART, *Noticia utriusque Vasconiae*, Paris, 1638, p. 478, donnait la même localisation pour la première inscription (n° 7) : "*vetus lapis in aula domus civicae Lactorensis positus*". C'est lors de sa séance du 4 octobre 1590 que la Jurade de Lectoure décida "d'enchasser deux pierres d'Antiquité à la muraille de la salle de la Maison de ville" : P. FÉRAL, "Lectoure au XVIᵉ siècle", *Histoire de Lectoure*, Auch, 1972, p. 94.

[222] MASSON, *Statistique*, p. 31.

[223] L'inscription fragmentaire *ILA, Lactorates*, 35, n'est pas dans le nouveau musée alors qu'elle se trouvait dans l'ancien (Inventaire Larrieu, n° 28) : peut-être se trouve-t-elle dans les réserves du musée comme celle de Philetus (*ILA, Lactorates*, n° 31) et les deux fragments de Pradoulin (n° 37 et 38), mais nous l'avons cherchée en vain. C'est aussi sans doute à ce moment-là que l'épitaphe de Luminatius (n° 30), qui porte à l'arrière le Christ roman, fut installée au musée d'art sacré (Inventaire Larrieu, n° 25).

côté droit, probablement destinées à améliorer l'adhérence du mortier liant la pierre à un autre élément de la chapelle de Garbeau, dans laquelle il fut remployé après avoir été divisé en deux moitiés dans le sens de la hauteur.

Le martelage des motifs des faces latérales des autels est une autre question. Il paraît plutôt l'effet du hasard car il ne semble suivre aucune règle : il a été appliqué tantôt au décor de droite, tantôt à celui de gauche, et quel que soit le motif, tête de taureau ou tête de bélier, patère ou vase à libations ; notons cependant que la patère ne fut bûchée que deux fois sur dix. Ces mutilations sont assez récentes. D'après Cassassoles, elles eurent lieu en 1793 [224], information qui paraît vraisemblable puisqu'elles ne sont mentionnées par aucun auteur antérieur à la Révolution : en particulier, elles n'apparaissaient pas sur des dessins réalisés avant la fin du XVIIIe siècle, comme l'avait observé Espérandieu en consultant ceux du *Manuscrit de Lectoure* [225], comme on peut le constater sur le *Manuscrit de Bordeaux* [226] et sur le *Mémoire de Lectoure* qui signalent les décors latéraux et en représente quelques-uns par des dessins maladroits mais reconnaissables [227]. Cette datation des dégradations a, en outre, l'intérêt d'apporter une explication à la fois au caractère de vandalisme du martelage et à son apparente incohérence. Comme, d'après un dessin de Camoreyt représentant la halle, il semble que chacun de ses larges piliers portait deux autels encastrés côte à côte (fig. 10), un seul motif latéral devait être visible : c'est sur celui-ci que s'exerça la fureur des iconoclastes ignorants.

Fig. 11 : Peinture noire appliquée après 1970 sur l'inscription de Severa (*ILA, Lactorates*, n° 11). Photocopie de l'état actuel de la pierre

En revanche, il est clair que l'arasement beaucoup plus soigné, qui a fait disparaître le taureau du côté gauche de l'inscription pour le salut de Gordien (*ILA, Lactorates*, n° 16), eut une autre raison : il pourrait avoir été effectué lors du réemploi de la pierre comme support de l'autel de l'église Saint-Thomas.

Enfin, on a voulu faciliter la lecture des textes en repeignant un certain nombre de lettres. Cette peinture de couleur noirâtre est assurément moderne, puisqu'elle a été passée

---

[224] CASSASSOLES, *Notices historiques*, p. 44 de l'annexe : "en 1793 on fit disparaître divers emblêmes qui ornaient les côtés de ces autels".

[225] ESPÉRANDIEU, *Lectoure*, p. 131, n. 1, avait disposé de ce manuscrit qui semble perdu aujourd'hui.

[226] Le *Manuscrit de Bordeaux* présente aussi quelques décors latéraux qui ont aujourd'hui disparu, notamment l'agneau qui se trouvait sur le côté droit de l'autel de Valentina et Hygia (fig. 8) et qui est méconnaissable dans l'état actuel de la pierre (*ILA, Lactorates*, n° 6).

[227] Ce manuscrit est présenté ci-dessus, p. 57-58 et fig. 9.

par-dessus les usures et les cassures des lettres. Elle est même sans doute très récente car elle n'apparaît pas sur des photographies prises en 1970 [228].

LES SUPPORTS : ÉTUDE LITHIQUE ET MONUMENTALE

LES MATÉRIAUX

Fr. Braemer a essayé, voici plus de 30 ans, de dresser l'état de la diffusion des marbres de Saint-Béat, tant en ce qui concerne la sculpture en ronde-bosse, si largement répandue dans les villes comme dans les campagnes de l'actuelle Gascogne gersoise, que pour ce qui regarde les supports épigraphiques : autels, piédestaux, plaques. L'impact de sa thèse inédite [229] a été tel que l'on a quelque peu occulté le rôle – que pourtant il avait pris soin de souligner – des matériaux locaux, notamment des calcaires dont l'utilisation, y compris dans le domaine de la statuaire en ronde-bosse, n'est pas négligeable. Nous avons bien sûr tenu compte de ses propositions d'identification des matériaux fondées sur une approche visuelle avertie, mais nous avons eu recours, pour une quinzaine de monuments, à des analyses plus approfondies confiées à notre collègue de l'Université Autonome de Barcelone, A. Alvárez, qui leur a appliqué une technique fondée sur l'étude de lames minces établies à partir d'échantillons prélevés et examinées au microscope à lumière polarisée (voir appendice, p. 108-111).

La prédominance numérique des monuments taillés dans le marbre de Saint-Béat, marbre dolomitique, à grain épais, présentant des caractéristiques très voisines dans le cas des monuments datés ou proches de 176 et celui des supports datés de 241, est incontestable : c'est dans ce matériau qu'ont été réalisés la plupart des autels, aussi bien liés au culte de Cybèle que présentant un caractère funéraire, ainsi que les deux grands supports honorant un couple impérial (*ILA, Lactorates*, n° 25-26), ou encore certaines plaques funéraires moulurées ou non. En l'absence d'analyses poussées portant sur les fronts de carrière réellement exploités dans l'Antiquité, il paraît difficile de préciser la localisation des bancs d'extraction de chaque exemplaire et nous ne pouvons qu'exprimer des réserves quant à l'attribution, par Braemer, à la Pène Saint-Martin du marbre des deux piédestaux ci-dessus indiqués.

La forte présence de ce matériau, acheminé assez commodément depuis la haute vallée de la Garonne [230], et qui a exclu ici tout recours à des marbres non aquitains (y compris dans le domaine de la ronde-bosse) est sans doute en grande partie exagérée par le fait que nous

---

[228] Notamment sur une photographie de l'inscription de Severa (*ILA, Lactorates*, n° 11, p. 000), prise à cette date, on ne voit aucune trace de la peinture que la pierre porte aujourd'hui. Aussi est-ce vraisemblablement à l'occasion de la réinstallation des pierres dans le nouveau musée que fut effectuée cette retouche peu heureuse.

[229] F. BRAEMER, *Le marbre des Pyrénées dans la sculpture antique*, thèse inédite, Paris, 1969 (= BRAEMER, *Le marbre*).

[230] BRAEMER, *Le marbre*, p. 408, 410-411 ; P. SILLIÈRES, "Voies de communication et réseau urbain en Aquitaine romaine", *Villes du Sud-Ouest*, p. 431-438, *passim*.

ne disposons que d'un très rare matériel provenant des nécropoles lectouroises. Dans l'état actuel de nos connaissances, l'utilisation d'un matériau lithique local, un calcaire dolomitique à grain fin (micrite), présentant des restes de microcristaux de calcite et provenant d'une carrière proche de Lectoure, apparaît moins fréquent ; il convient de noter cependant qu'il a été utilisé pour la confection d'autels, grands et petits, décorés ou non (*ILA, Lactorates*, n° 1, 2, 13, 23), ainsi que d'au moins une plaque (n° 36, et peut-être n° 35) et de blocs (?) indéterminés (n° 31, et peut-être n° 35). Alors que les monuments dédiés à Jupiter (n° 1 et 2) utilisent ce matériau, deux autels seulement l'emploient parmi ceux qui sont à relier au culte de la Grande-Mère (n° 13 et 23), que *CIL* considère, à tort, comme des *arae marmoreae*.

Il faut exclure toute dimension sociale ou économique à propos du recours à l'un ou l'autre matériau, le marbre pouvant apparaître a priori, selon nos critères actuels, comme représentant un produit de luxe, moins accessible qu'un produit local tout-venant : en réalité, tout comme des statues en ronde-bosse en calcaire ou en marbre ont été découvertes sur des sites de *villae* d'importance comparable, certains dévôts de Cybèle ont fait appel aux deux matériaux, ainsi *Valeria Gemina* qui fait réaliser successivement, à deux ans de distance, un support en marbre puis un support en calcaire placé au milieu de tous les supports en marbre datés du 8 décembre 241 et qui n'a donc pas eu le sentiment de déchoir à cette occasion (n° 15 et 23 respectivement).

Enfin, en l'absence de monuments datables des tout débuts de l'Empire, nous n'avons aucune possibilité de conclure à l'utilisation plus précoce, à des fins épigraphiques, de l'un ou l'autre matériau [231].

Cette dualité conduit à distinguer le cas de Lectoure de celui de Bordeaux (ou de celui de Périgueux) dont le calcaire local a joui d'une domination écrasante, mais l'apparente, dans un contexte de découvertes épigraphiques différent, à ceux d'Auch ou d'Éauze. Ce double usage invite tout naturellement à conclure à l'existence assurée d'un atelier local (travaillant au moins le calcaire) et à la possible importation de produits tout préparés ou simplement soumis à quelques retouches à Lectoure et provenant d'ateliers (ou d'un atelier) proche(s) des carrières de marbre pyrénéennes.

Il reste qu'en ce qui concerne les autels de marbre, l'étude d'A. Alvárez (présentée en annexe, p. 108-111) propose des rapprochements qui vont pour la plupart dans le même sens que ceux que permet l'analyse stylistique et épigraphique que nous allons proposer.

LES SUPPORTS

Le *corpus* épigraphique lectourois comporte 52 pièces [232], auxquelles il convient d'ajouter un certain nombre de documents anépigraphes mais dont on ne peut exclure qu'ils aient pu

---

[231] BRAEMER, *Le marbre, passim.*

[232] *CAG, Gers*, p. 228, signale, à propos de la *villa* de Boulan, à Lectoure, "des marbres inscrits" que nous n'avons pas eu la possibilité d'examiner.

porter un texte peint disparu [233], ainsi qu'un curieux autel en terre cuite (fig. 12), produit par les potiers lectourois [234].

Fig. 12 : Petit autel votif trouvé à Pradoulin (hauteur 6,5 cm)
12-1 : face antérieure : buste divin (Mercure?)
12-2 : face postérieure : arbre?

Les autels

Ils constituent la catégorie monumentale la plus importante. 22 au moins (et peut-être 24, si l'on ajoute *ILA, Lactorates*, n° 3 et 5 qui sont perdus mais portaient des textes tauroboliques ; ou même 25, si l'on tient compte du formulaire utilisé sur le monument n° 27) ont un caractère religieux. 6 autres portent une épitaphe (n° 29, 30, 32, 44, 45, 46). Soit un total de 28 et peut-être 30 ou même 31 exemplaires. Ce décompte diffère quelque peu de celui qu'avaient proposé Espérandieu et Hirschfeld qui utilisent à plusieurs reprises et à tort les termes de cippe/*cippus* (n° 29, 30, 44, 45) ou de stèle (n° 18) pour désigner des autels, même lorsque certains d'entre eux sont pourvus de figurations d'une patère et d'un vase à libations (n° 45) ; ils ont aussi omis d'indiquer comme autel le monument n° 46, qui est pourtant bien décrit par un dessin de Venuti.

---

[233] BRAEMER, *Le marbre*, note 193, chap I, Musée n° 35 : 72/32/23 ; *CAG, Gers*, p. 299, L'Isle-Bouzon.

[234] W. VAN ANDRINGA, "Note sur un autel votif en terre cuite, conservé au musée de Lectoure (Gers)", *Pallas*, 35, 1989, p. 115-123.

Les autels en calcaire

La qualité du travail, effectué dans un atelier local, est en partie tributaire de la nature ingrate d'un matériau qui ne permet pas d'obtenir des faces parfaitement régulières et en partie, sans doute, de la simplification apportée par des artisans locaux à des modèles réalisés à partir du marbre : c'est ainsi que ni au niveau des corniches, ni au niveau des socles de véritables moulurations canoniques n'apparaissent dans les n° 1 et 42 et qu'à une exception près (n° 13 ; mais l'encadrement se limite à un simple listel), les champs épigraphiques sont dépouvus d'encadrements moulurés. Par ailleurs, les faces latérales ne sont pas ornées, même lorsque de tels supports sont intégrés dans des séries dont tous les autres exemplaires sont pourvus de décors latéraux, comme le n° 23 et aussi le n° 13.

Ajoutons que des traces de maladresses peuvent être relevées. Ainsi, dans le cas du n° 1, le couronnement est déporté vers la gauche par rapport à l'axe du fût, ce même monument semblant par ailleurs plus large à sa base qu'à son extrémité supérieure (l'impression de lourdeur est accentuée par l'absence de bandeau d'attique, les rouleaux reposant directement sur le plan supérieur de la corniche). De même, dans le cas du n° 44, la verticalité des faces du fût n'est pas assurée et l'horizontalité de la mouluration de la base est incertaine.

Mais cette timidité et ces erreurs techniques ne suffisent pas à disqualifier des réalisations qui, pour partie, s'écartent des modèles les plus répandus en Aquitaine méridionale. C'est le cas du n° 44 aux dimensions exceptionnelles (142 cm de hauteur!) et dont le couronnement résulte d'un schéma original, puisqu'il présente, au centre de la face supérieure, une éminence tronconique torsadée, ainsi que des *pulvilli* eux aussi torsadés et dont l'enroulement frontal se combine avec deux motifs d'ondes superposées. Il s'agit là d'une création originale, sans précédent ou équivalent dans la production de Saint-Béat et dont le seul parallèle en Aquitaine méridionale, datable de la fin du IIe siècle ou du début du IIIe, est représenté par un autel de Tarbes, en matériau local, une lumachelle, dédié au seul sénateur connu originaire de la future Novempopulanie [235]. Dans une moindre mesure, *ILA, Lactorates*, n° 1, avec sa base et son entablement supérieur très largement débordants par rapport au fût, obéit à un profil différent de celui qu'offrent les autels pyrénéens, même si ses rouleaux lisses et son *foculus* peuvent s'en inspirer.

Deux autres monuments viennent conforter ce jugement favorable. Le premier (n° 23), qui date de 241, ne présente pas actuellement de couronnement, mais Hirschfeld suppose, sans doute avec raison, qu'il y en avait un et que c'était sur sa face visible que l'invocation *SMD* prenait place. Malgré les avanies subies (endommagé à la partie supérieure et à la base, il figurait sans doute, avec ses 83 cm conservés, parmi les plus grands autels dédiés à la même date), il dénote une réelle aisance dans le traitement des moulurations inférieure et supérieure, sans doute sous l'influence des supports du même type taillés dans le marbre. Sa réalisation, dont nous avons dit plus haut qu'elle n'était pas liée aux moyens financiers de sa commanditaire, est peut-être intervenue dans un contexte d'urgence qui a pu faire que les autels en marbre déjà préparés et/ou commandés n'ont pas pu être réalisés en assez grand

---

[235] *CIL*, XIII, 395 . Hauteur : 123.

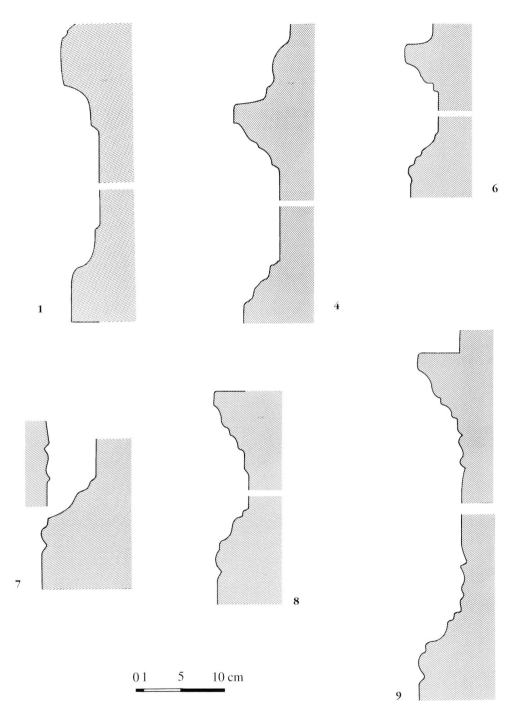

Fig. 13 : Profils de moulure (*ILA, Lactorates*, n° 1, 4, 6, 7, 8, et 9).

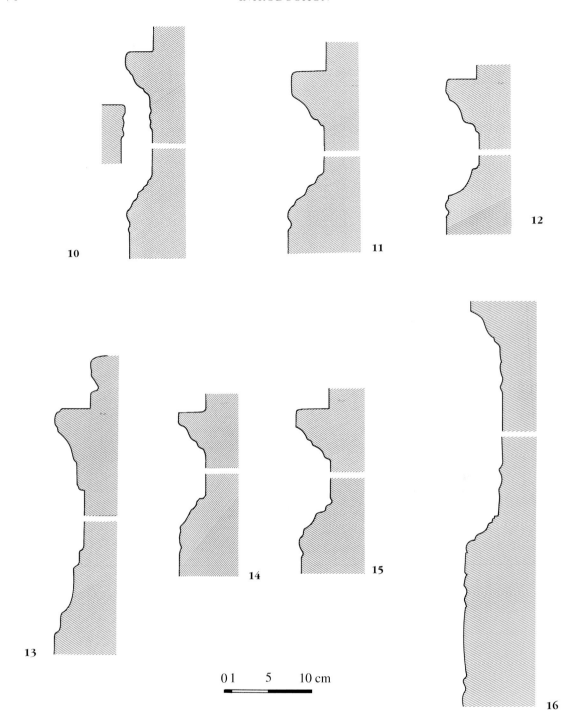

Fig. 14 : Profils de moulure (*ILA, Lactorates*, n° 10, 11, 12, 13, 14, 15 et 16).

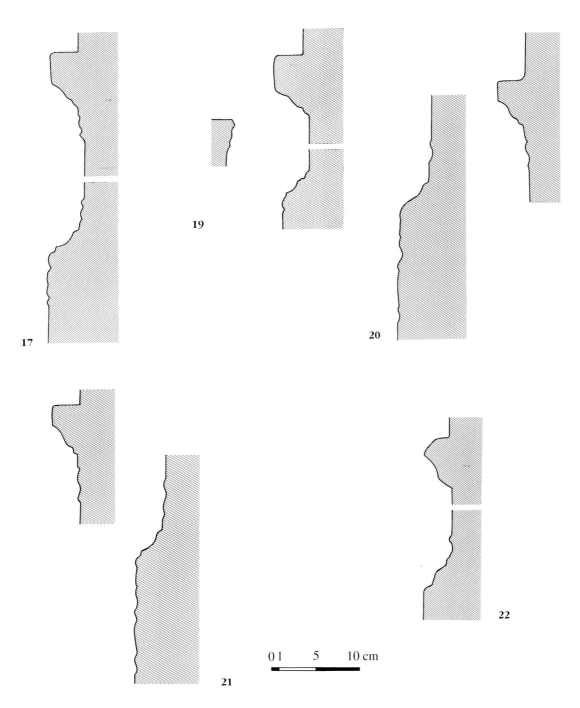

Fig. 15 : Profils de moulure (*ILA, Lactorates*, n° 17, 19, 20, 21 et 22).

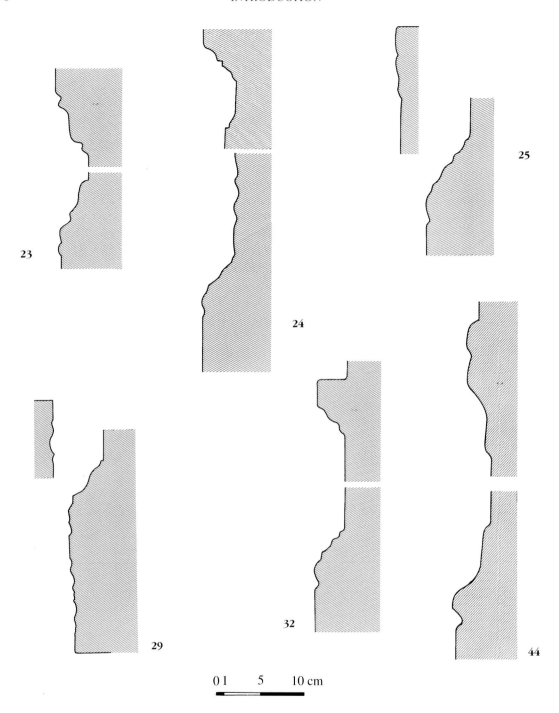

Fig. 16 : Profils de moulure (*ILA, Lactorates*, n° 23, 24, 25, 29, 32 et 44).

nombre par l'atelier haut-garonnais et qu'il a donc fallu compléter la série avec un produit exécuté localement [236]. Enfin, *ILA, Lactorates*, n° 13, certainement postérieur à 176, mais que nous ne pensons pas pouvoir situer très au-delà de la fin des Antonins [237], se situe dans une bonne moyenne par rapport aux autels en marbre contemporains, notamment en ce qui concerne ses dimensions (76,5 cm de hauteur au moins) ; il dénote aussi une grande maîtrise dans le traitement non seulement des moulurations mais aussi du décor frontal : le champ épigraphique, enfermé dans un cadre en léger relief, est entouré d'un motif végétal remarquablement enlevé ; à partir d'un pseudo-tronc situé à la partie inférieure du fût, deux tiges s'élèvent de part et d'autre du champ, en un mouvement ondoyant et symétrique, jusqu'au centre de la partie supérieure du fût où elles se rejoignent en marquant un double enroulement. Chacune des ondes de la tige abrite, alternativement en haut et en bas, ou à gauche et à droite, une feuille de lierre. Ce dessin élégant (si nous voulons bien tenir compte de la nature du matériau) pourrait tirer son origine d'un décor fréquent sur certaines plaques funéraires issues de l'atelier garonnais, sur lesquelles cependant interviennent généralement aussi des représentations de grappes [238]. Mais en fait, et la coïncidence doit être soulignée, le seul autre exemple de ce décor folié semble se retrouver sur un autel en marbre dédié à la Grande Mère et provenant de St-Bertrand-de-Comminges-Labroquère [239] ; toutefois, dans ce dernier cas, le décor se limite au bandeau de l'attique entre les deux rouleaux.

Les autels en marbre

Les deux autels conservés datés du 18 octobre 176 (*ILA, Lactorates,* n° 4 et 6 ; 5 est perdu) et les deux qui leur sont contemporains ou de peu postérieurs (n° 8, 9) se caractérisent par des dimensions plus modestes que ceux de la série de 241 (leur hauteur varie de 69 cm à 83,5, avec comme valeur moyenne 77 et 78 cm). Deux d'entre eux (n° 4 et 6) présentent une corniche et une base moulurées sur les quatre côtés, alors que les deux autres présentent une face arrière où la jonction du fût avec les parties supérieure et inférieure adopte la forme d'un simple pan coupé. Ce dernier trait et le fait que les faces arrières du fût des deux premiers et l'ensemble des faces des deux derniers aient été traitées à la gradine (et que seule une bande périmétrale ait été effectuée au ciseau) imposent un rapprochement avec des procédés utilisés par exemple au Mailh de las Figuras selon J.-L. Schenck [240]. C'est avec raison que cet auteur insiste sur le traitement des faces postérieures, qui se retrouve en 176, notamment sur le n° 8, mais plus particulièrement sur les autels de 241. Nous ajouterons que le même procédé peut être relevé à propos des faces latérales des autels de la même époque (n° 14,

---

[236] Sur un cas de "rupture de stock" identique, à *Barcino*, voir G. FABRE, M. MAYER, I. RODÀ, *Inscriptions Romaines de Catalogne*, IV, *Barcino* (à propos des hommages rendus à L. Licinius Secundus).

[237] Voir plus loin, p. 151-153.

[238] *ILTG*, 138 (Ponsan-Soubiran), par exemple.

[239] *CIL*, XIII, 83, un peu plus petit : 76 cm.

[240] J.-L. SCHENCK, "Métamorphisme et métamorphoses, essai d'identification d'un atelier de taille : les *marmorarii* de Saint-Béat", *Les marbres blancs des Pyrénées, Approches scientifiques et historiques*, Saint-Bertrand-de Comminges, 1995 (= SCHENCK, *Métamorphisme*), p. 189-190 et fig. 26.

16, 17, 20, 22, 24). Deux autels présentent en façade un encadrement mouluré du champ épigraphique (n° 4, 9), alors que le n° 8 offre un champ en creux délimité par un simple listel et que sur le n° 6, le champ occupe l'ensemble de la surface du fût.

Si, sur l'un d'entre eux (n° 4), on relève l'absence de bandeau d'attique, sur les trois autres [241] ce bandeau est présent et important : il est plus marqué, en proportion, que sur les autels plus tardifs, ce qui constitue encore un élément de parenté avec la production de Saint-Béat. La partie supérieure des monuments est occupée par un *foculus* circulaire à la bordure en relief (celle du n° 9, plus petit est en très nette élévation) et deux d'entre eux (n° 6, 9) présentaient des pseudo-*fastigia* à l'avant et à l'arrière. Les rouleaux des quatre exemplaires sont lisses, mais ceux du n° 9 sont agrémentés d'un triple lien transversal en relief ; en façade, ces rouleaux sont ornés d'une rosette à quatre (n° 4) ou cinq (n° 8) pétales avec bouton central, alors que dans le cas du n° 9, l'ornement est limité à un canton circulaire entourant le bouton (l'état de conservation du n° 6 ne permet aucun commentaire à ce sujet).

Ce qui constitue le facteur d'unité de cette série apparemment peu homogène, c'est le décor des faces latérales. Quatre des monuments associent la représentation d'une tête de bélier à celle d'une tête de taureau (n° 4, 7, 8, 9), ce qui représente un facteur d'originalité par rapport à d'autres villes : le type de figuration n'a aucune parenté avec des représentations observées sur des monuments du même type et dans une même ambiance religieuse, à Périgueux, Bordeaux ou même Lyon ; notons par ailleurs qu'une représentation de tête de bovidé orne exceptionnellement la face principale d'une stèle funéraire de Gaud, issue de l'atelier haut-garonnais [242]. Originalité aussi, nous le verrons, par rapport aux monuments lectourois datés de 239 et 241, et encore renforcée par le fait qu'en 176 les dimensions des têtes sont nettement plus importantes : respectivement 30, 24 , 26 cm pour le taureau ; 25,5, 16 et 20 pour le bélier. Notons enfin qu'il y a une certaine spécialisation des faces : le taureau est sur le côté gauche (n° 4, 6, 7, 8, 9), comme dans la série datée de 241 (n° 16, 20, 21).

Le magnifique chef de bélier de l'autel *ILA, Lactorates,* n° 4 traduit un effort sans doute excessif pour rendre le mouvement des cornes terminées en volute et retombant sur les oreilles, de telle sorte que leur implantation détermine l'apparition d'une zone en relief commune aux deux appendices et surmontant − improbablement − le crâne de l'animal ; ce dernier, stylisé, offre, à la hauteur d'yeux sans pupille et rendus par des losanges couchés, une double proéminence, alors que les naseaux sont indiqués par deux incisions horizontales discrètes. Si l'on prenait seulement en considération les libertés prises par le sculpteur avec la réalité, on verrait dans cet exemplaire une sorte de prototype, de premier essai, ce que pourrait confirmer le fait que les figures du bélier et, surtout, du taureau sont les plus imposantes jamais réalisées ici (25 et 30 cm respectivement).

C'est avec un peu plus de respect pour la nature que le sculpteur de l'autel *ILA, Lactorates,* 8 a réussi à mieux implanter les cornes, bien individualisées au sommet du crâne. Mais le travail laisse ici une impression d'inachevé ou de volonté de stylisation poussée,

---

[241] Et contrairement à ce qu'affirme rapidement SCHENCK, *Métamorphisme*, p. 178.

[242] *CIL*, XIII, 55. Une plaque provenant d'Agassac (Hte-Garonne) présente un animal hybride à tête taurine et queue de poisson (*CIL*, XIII, 151).

puisque ni les yeux, ni, semble-t-il, les naseaux ne sont indiqués, pas plus que les creux des oreilles. Toutefois le dessin général du crâne, un peu plus allongé dans ce cas, correspond bien à celui de l'exemplaire précédent.

L'autel *ILA, Lactorates,* n° 9 a conservé la seule représentation intacte d'une tête taurine ; il s'agit d'une figure plus équilibrée avec notamment un élégant arrondi des cornes dont l'implantation est bien observée, et un traitement simplifié mais plutôt heureux du crâne et du museau. On retrouve comme dans le n° 4 une représentation des yeux en losange, mais le n° 4 présente un mouvement des cornes plus élancé, alors que le n° 8 reprend plutôt le mouvement en berceau observé dans le n° 9. Quoiqu'il en soit, c'est d'un même atelier sinon d'une même main que ces décors latéraux (soigneusement implantés au centre des parois) sont issus.

Le quatrième monument (n° 6) offre des caractéristiques particulières, qui vont de pair avec des traits paléographiques eux aussi originaux. En effet, les décors figurés ne se limitent pas aux flancs du monument, mais concernent aussi, cas unique à Lectoure, la face postérieure ; par ailleurs ils ne sont pas réalisés en relief, mais sont inscrits dans des cartouches en creux en forme de rectangle allongé sur le côté droit, de carré sur le côté opposé et de niche à parois verticales et à sommet arrondi, à l'arrière. Sur le côté droit, le cartouche, fortement martelé, conserve la trace d'un quadrupède se déplaçant vers la droite, animal que les dessins de l'ouvrage de Chaudruc de Crazannes [243] et du manuscrit de Bordeaux (fig. 8) permettent d'identifier comme un bélier ; sur le flanc gauche est figurée une tête de taureau aux cornes arrondies et dissymétriques, au mufle très sommairement rendu et aux yeux largement exorbités. Enfin, à l'arrière, dans une niche en creux voûtée, apparaît un autel avec ses rouleaux, prolongement de la nature même du support. Que l'on soit en présence d'un travail local réalisé avec quelque maladresse [244], on peut le supposer. Doit-on penser qu'il a été réalisé dans l'urgence afin de l'intégrer dans la série, ou qu'auraient été sollicités concurremment pour réaliser des figures inédites l'atelier de Saint-Béat et celui de Lectoure, ce dernier ayant essayé d'adapter des décors en creux à un monument déjà préparé et présentant initialement des parois lisses? ou que les faces arrière et avant, ayant subi le même traitement, on aurait commencé à graver le texte, un texte long, difficile à inscrire sur le seul fût, et que à la suite d'une quelconque erreur on aurait gravé la face prévue comme postérieure et que l'on aurait décidé de masquer la faute par la réalisation d'un décor-alibi banal complété par le travail des flancs du monument [245]? Cela signifierait en tout cas que ce dernier n'était pas forcément adossé à une paroi.

---

[243] CHAUDRUC DE CRAVANNES, *Taurobole*, planche III, n° 5.

[244] Il semble possible de relever, à la partie supérieure de cette face, à droite, les restes d'une rosette, indice possible qu'il s'agissait là de la face antérieure primitive du monument : y aurait-il eu réutilisation d'un monument plus ancien – signe d'un excès de la demande du jour par rapport aux possibilités de l'atelier local – ou erreur dans la transcription du texte?

[245] Question qui se pose dans des termes assez similaires à propos du monument dédié à Faustine (*ILA, Lactorates,* n° 26).

A ce groupe, il convient de joindre l'autel *ILA, Lactorates*, n° 7, commandité par les autorités de la cité qui, à cette même date de 176, rendent un hommage à Marc-Aurèle et vraisemblablement à sa défunte épouse Faustine la Jeune (n° 25, 26). Plusieurs éléments qui l'apparentent à certains des monuments évoqués ci-dessus doivent être relevés, en particulier le *foculus* à fort relief, comparable à celui du n° 9, compris entre deux rouleaux lisses, les rosettes à pétales, soulignées ici par un épais trait en relief comme sur le n° 4, le champ épigraphique mouluré, mais aux dimensions plus importantes que sur les autres exemplaires, dans la mesure où l'autel lui-même dépasse la norme relevée précédemment (92 cm de hauteur). Surtout, les décors latéraux reprennent ceux que nous venons d'évoquer, avec notamment une figuration des cornes de taureau proche de celle du n° 8 mais, avec un sens plus marqué du relief et, surtout, un modelé plus doux ; de plus, les naseaux sont indiqués. Par ailleurs, le dessin du bélier rappelle celui de ce même monument n° 8 avec la même individualisation des cornes au dessin semblable. On notera que le dessin général de ces deux têtes est identique, indice d'une économie de moyens sinon d'une certaine standardisation.

Les huit autels datés du 8 décembre 241 (n° 16-22 et 24), monolithes (à l'exception peut-être du n° 16 dont nous ne pouvons exclure qu'il ait porté un couronnement indépendant), se caractérisent tout d'abord par des dimensions supérieures à celles de ceux que nous venons d'étudier (cinq dépassent 90 cm de hauteur – n° 16, 18, 20, 21, 24 – et un seul, n° 22, n'atteint pas 80 cm). En ce qui concerne les faces postérieures, aucune ne présente une corniche moulurée, la liaison avec le couronnement et avec la base se faisant toujours par un pan coupé.

A l'exception encore de *ILA, Lactorates*, n° 22, tous présentent un champ épigraphique à encadrement mouluré. La plupart d'entre eux, sauf les n° 18, 24 et toujours 22, sont ornés à la base et en façade de deux caissons moulurés (ceux des n° 20 et 21 ont des dimensions très proches) où, dans le cas du n° 16, la fin du texte a été logée. Cet aménagement, particulièrement fréquent dans l'Aquitaine méridionale et beaucoup moins hors de ses limites, fait partie des poncifs que l'atelier de Saint-Béat a largement utilisés et diffusés de l'Ariège à l'Adour et de Tardets à Bordeaux [246]. Dans le cas du n° 16, ce motif est repris, sous la forme d'un canton unique à la base des faces latérales ; dans celui des n° 17 et 19, il s'agit encore d'un cadre double.

Hormis *ILA, Lactorates*, n° 16, qui est dépourvu de couronnement [247], les exemplaires entièrement conservés (n° 24 est endommagé) sont pourvus d'un *foculus*. Celui du n° 22 (encore) se caractérise par son rebord à fort relief, alors que ceux des n° 18, 19, 20, 21 sont en creux. Les n° 18, 19 et, peut-être, n° 20 et 21 présentaient à l'avant et à l'arrière une zone en relief correspondant à des *fastigia* simplifiés. Toujours à l'exception du n° 22, les rouleaux,

---

[246] BRAEMER, *Les marbres*, p. 100 ; SCHENCK, *Métamorphisme*, p. 188-189, y voit une influence possible du décor des piédestaux, mais sur la seule base du n° 26 ; M. LABROUSSE, "Sur les nouvelles découvertes d'autels votifs de Saint-Béat", *RC*, 64, 1951, p. 56-82, le mettait plutôt en rapport avec de grands monuments.

[247] Cf. *CIL*, XIII, 31, 79, 144, etc.

lisses, sont ornés d'un lien médian (n° 17, 20, 21) qui, dans le cas des n° 18 et 19, court en direction du *foculus* central. En façade, ces rouleaux sont décorés de motifs en forme de rosette sur les n° 18, 20, 21 et 22, ou de spirale sur les n° 17, 19 qui sont des monuments jumeaux [248]. Contrairement à l'opinion de J.-L. Schenck, tous les exemplaires conservés sont pourvus d'un bandeau d'attique souvent élevé (même si, nous l'avons dit, il l'est proportionnellement moins que sur les monuments plus anciens) et utilisé pour loger la première ligne du texte.

Les décors qui figurent sur les flancs des autels, malgré un martelage généralement agressif, traduisent un changement par rapport à ceux que nous avions étudiés précédemment : au couple bélier-taureau succèdent celui du taureau et de la patère (n° 16, 20, 21) ou encore celui, plus habituel, de la patère et du vase à libations (n° 17, 18, 19, 24), que l'on retrouve sur les autels métroaques d'Éauze et de Saint-Bertrand-Labroquère. On notera que tous les vases à libations (21 cm de hauteur pour le n° 24, 21,5 cm pour le n° 19 ; 25 et 26,8 cm pour les n° 17 et 18) ont été martelés, ainsi que deux des trois têtes de taureau (16,5 cm de haut pour le n° 21 ; 22 et 23 pour les n° 20 et 16), alors qu'une seule patère a été l'objet d'un tel traitement (patères de 27 cm de hauteur, sur le n° 19, et 21 cm, sur le n° 16). Nous devons aussi souligner le soin exceptionnel avec lequel lequel la figuration animale a été érasée sur l'un des flancs de ce dernier autel. S'agit-il d'une opération réalisée dès l'atelier, à la suite d'un ratage ou faut-il penser aux conséquences d'un remploi? Cette seconde explication paraît la plus vraisemblable [249], car on voit mal l'*ordo* utiliser un support "avarié" pour rendre hommage à l'Empereur ; et on ne comprendrait pas davantage que ce même *ordo* ait désiré ne maintenir que la figuration d'un objet plus traditionnel, une patère, alors que sur l'autel taurobolique dédié à la *domus divina* (n° 7) et largement antérieur, une tête animale avait pris place. Par ailleurs, l'implantation de ces figures sur les faces latérales montre dans certains cas une moindre recherche de centralité que sur les monuments plus anciens, implantation décalée soit vers le haut soit vers le bas sur les n° 16, 20, 24 ; dans le cas du n° 18, c'est le champ épigraphique qui a servi de repère. Enfin, il ne semble pas y avoir eu de secteur réservé, les patères étant implantées trois fois à gauche, cinq fois à droite. Ces dernières, réalisées en fort relief, sont pourvues d'un bouton central, lui aussi nettement indiqué, ainsi que d'un manche orienté vers le bas, sauf dans un cas (n° 24 ; deux en comptant le dessin du n° 22), et terminé en pointe, celle-ci pouvant adopter un dessin plus élaboré, dans le cas précisément des manches orientés vers le haut et aussi du n° 15 [250]. Quant aux *praefericula*, seules demeurent des amorces de leur profil [251] : ainsi à propos du n° 17, on distingue une panse globulaire et peut-être un bec trilobé ; pour le n° 19, un pied et la base de la panse globulaire ; pour le n° 24, le départ d'anse à volutes. Enfin, au sujet de la seule

---

[248] R. SABLAYROLLES, J.-L. SCHENCK, *Les autels votifs*, Saint-Bertrand-de-Comminges, 1987 (=SABLAYROLLES, SCHENCK, *Les autels*), n° 21, 86, 94, 118, etc... Braemer, pense retrouver cette forme dans l'anse des vases à libations qui ornent les latéraux.

[249] Déjà avancée *supra*, p. 68.

[250] Sur les types de patères et de manches, voir BRAEMER, *Les marbres*, chap. I, notes 238-240 ; et note 241 sur les extrêmités de manches en forme de tête de bélier.

[251] Voir BRAEMER, *Le marbre*, p. 102-103 et chap. I, notes 231-237.

figure de taureau conservée (n° 21), observons qu'elle est la plus petite de cette série et même de toutes (16,5 cm), mais qu'elle ne se distingue pas par son style de celles qui apparaissaient sur les monuments antérieurs, si ce n'est que ses yeux sont indiqués par un cercle et que la longueur et la verticalité de ses cornes sont exagérément accentuées.

A propos de ces décors latéraux avançons plusieurs remarques et questions. Tout d'abord le couple patère/vase à libations semble indiquer que l'on a pu utiliser des autels fabriqués à l'avance et qui n'avaient pas particulièrement vocation à illustrer le culte de Cybèle. Par ailleurs, dans ce que l'on a pu décrire, avec excès, comme une fabrication en série, on ne comprend pas pourquoi, par exemple, toutes les patères n'auraient pas obéi à la même orientation. Enfin, si on prête attention à la patère de l'autel n° 22, dont seul le dessin a été matérialisé, on est en droit de demander si la gravure (en creux) en avait été préparée (à Saint-Béat? à Lectoure?) en vue d'être réalisée à Lectoure même : un élément de réponse pourrait être fourni par le fait que le champ épigraphique a bénéficié d'un traitement particulier, sans doute dans le cadre d'une réutilisation ; si nous tenons compte du fait, déjà signalé, que cet autel présente, au sein de la série de 241, des dimensions moindres, nous pourrions être en présence, dans un moment de "pénurie" en matière de supports, de la réutilisation d'un autel et de la tentative, avortée, de l'intégrer aux autres monuments, en ajoutant sur ses flancs les représentations que ceux-ci offraient, mais sans pouvoir leur donner le moindre relief.

Il apparaît donc qu'au sein de cette série, si, par exemple, les n° 17 et 19, 20 et 21 offrent une parenté évidente, l'uniformité des monuments et des décors n'est pas de mise : le n° 22 présente des traits particuliers et le n° 18 – dépourvu curieusement non seulement de caissons, mais de toute mouluration autre que celle délimitant le champ épigraphique (mais des incisions horizontales sur les flancs et en façade pourraient indiquer qu'elles avaient été prévues, à moins que l'on ait affaire avec un monument, une base, remployé par nécessité, en raison de l'afflux des demandes) – offre un couronnement traité d'une manière proche, sinon identique, de celle que l'on relève à propos du n° 19.

Le monument daté de 239 (n° 15) se distingue de la plupart de ceux que nous venons d'évoquer par l'absence d'encadrement mouluré en façade et, surtout, de caissons. Mais il s'en rapproche en raison de ses dimensions (même hauteur que les n° 16, 20, 21 ; même largeur que le n° 17), par le traitement des rouleaux (proche du n° 20 notamment) pourvus de liens et présentant 6 pétales en façade, enfin par la forme de la patère (similiaire à celle du n° 24).

Il nous reste à évoquer quatre autels liés au culte de la Grande Mère et non datés par leur texte. Le monument n° 11 ne présente aucun décor latéral, mais le traitement de la partie supérieure – rouleaux lisses et *foculus* – rappelle précisément le dispositif relevé à propos du n° 4 et du n° 8 ; par ailleurs les dimensions le rapprochent du n° 8 auquel l'apparente aussi l'implantation de la même formule dédicatoire sur le bandeau d'attique. Il pourrait donc prendre place dans la série datée de 176 : son voisinage avec des autels précisément datés pouvait justifier l'absence de la mention de la date, qui était alors évidente. Le n° 12 représente le plus petit de tous les autels tauroboliques (52 cm) et offre quelques particularités : absence de *foculus*, double lien très large enserrant les rouleaux, présence d'une tresse [252] de deux fois cinq perles qui encadre les extrêmités de l'attique, faisant la liaison entre les rosettes et la corniche. Dans ce cas, c'est uniquement sur la base du formulaire et de la mention abrégée de la divinité prenant place sur le bandeau de l'attique que nous pourrons proposer son intégration dans la série des monuments datés de 176 ou proches de cette date [253]. Quant au n° 10, qui mentionne un prêtre différent, il a toutes les chances d'être postérieur à la série de 176, dans la mesure où il présente sur l'un des flancs du fût une patère au disque imposant, privée de manche (cf. n° 32), et un vase à libations à panse lisse et en fort relief, avec une anse anguleuse terminée en spirales [254], c'est-à-dire des attributs que nous avons observés, soit seuls, soit associés, sur les monuments datés de 241. Par ailleurs, la partie supérieure de ce monument présente un type de lien partant de la partie médiane des bandeaux et retombant largement vers le centre qui rappelle le n° 18 (et même le n° 19 ou 32, ce dernier offrant le même dessin de rosette avec perle centrale et perles périphériques en guise de pétales). On notera en outre l'absence exceptionnelle de *foculus*. Cependant, nous verrons que le texte ne plaide pas en faveur d'une date trop basse. Reste le cas du n° 14, dont nous dirons plus loin que le texte a été traité par la même main que celui du n° 13. Sa décoration latérale est tout à fait originale, dans la mesure où, d'une part, elle est itérative et où, d'autre part, elle se présente, sur chaque paroi latérale, sous la forme d'une torche en relief, (un glaive, à tort, selon Espérandieu, alors que Hirschfeld hésite entre *gladius* et *falx*) implantée en biais, flamme en partie dressée vers l'avant du monument. Il s'agit d'une représentation qui semble au premier abord surprenante puisqu'on la croirait plus facilement associée au culte de Mithra et à ses dadophores, et inédite en Aquitaine [255]. Là encore, c'est grâce au formulaire et au type d'écriture que nous placerons ce monument plutôt au deuxième siècle.

Notre analyse serait incomplète si nous ne faisions pas leur part aux autels funéraires, tous en marbre (sauf le n° 44) et de dimensions respectables : ils constituent une série particulière dans l'Aquitaine méridionale et concernent des individus présentant une certaine distinction.

Le monument n° 29, qui concerne précisément un fonctionnaire impérial, relève d'un type de préparation et de décoration fort bien répandu dans l'ensemble de l'Aquitaine sub-pyrénéenne. Les objets liturgiques figurés sur les côtés y sont communément figurés : d'une part, un vase à libations à embouchure trilobée, à anse serpentiforme et à panse à cotes [256] dont on remarque qu'il souffre de défauts comme un godron latéral trop petit ou une

---

[252] Cf. SABLAYROLLES, SCHENCK, *Les autels*, n° 108 ; *CIL*, XIII, 51.

[253] Nous ne retenons pas l'identité du surnom comme permettant d'identifier le personnage concerné avec celui qui est mentionné par le texte du n° 6 daté précisément de 176 comme le suggère *CCCA*, V, 242.

[254] Cf., par exemple, *CIL*, XIII, 492 Auch ; *ILTG*, 138 ; E. ESPÉRANDIEU, *Recueil général des bas-reliefs, statues et bustes de la Gaule romaine*, Paris, 1907-1966 (=ESPÉRANDIEU, *Bas-reliefs*), XV, 8870, sortis de l'atelier de Saint-Béat.

[255] Sur des figurations de ce type, voir R. TURCAN, "Les religions de l'Asie dans la vallée du Rhône", *EPRO, 30*, Leyde, 1972 (= TURCAN, *Vallée du Rhône*), p. 98-99, Belley ; et *CCCA*, V, 245a, Rome, mais il s'agit d'un exemplaire beaucoup plus tardif.

[256] Seul exemple conservé ici ; cf. par exemple, Belloc-St-Clamens, *CIL*, XIII, 451, cf. aussi 147, 11001 ; et l'autel de Labroquère dédié à Cybèle – *CIL*, XIII, 83 –, associé à une patère semblable.

perspective invraisemblale de l'embouchure, vue de haut et non de profil [257] ; d'autre part, la patère à bouton central et à manche orienté vers le bas terminée par une pointe triple, qui n'est pas sans parallèles [258]. C'est aussi le cas des caissons : très détériorés en façade (un caisson unique ou deux caissons malheureusement détruit(s) [259]?), mais largement conservés sur les côtés, ils sont caractérisés par leur allongement et le fait que leur moulouration réduit à presque rien l'espace encadré (à la différence de ceux de la série de 241 [260]). La datation du monument est proche de 176, même si la nomenclature du défunt peut tout aussi bien s'accorder avec une date légèrement antérieure.

Le n° 32 présente des dimensions qui le rapprochent soit du n° 4, daté de 176, soit du n° 22 qui est de 241. Le type de rouleaux rappelle, par leur profil et leur lien central, plusieurs monuments datés de l'époque de Gordien (n° 15, 19, 20, 21 ; à l'exception du n° 10, qui est plus ancien). Quant aux rosettes formées de pétales en forme de perles, elles trouvent un autre parallèle dans n° 10 et c'est dans ce dernier monument, auquel notre autel est manifestement apparenté, ce qui tendrait à montrer que le même type de support pouvait convenir à des fins funéraires comme religieuses, que la grande patère sans manche trouve un écho. Toutefois, contrairement à ce dernier autel, le champ épigraphique n'est pas pourvu d'un encadrement moulouré, peut-être en raison de la densité du texte.

Si le dessin de l'abbé Venuti est conforme à la réalité d'un monument ayant existé, le n° 46 devait correspondre à un autel pourvu sur les côtés d'une patère sans manche et d'un *praefericulum* à un seul bec et, à la partie supérieure, d'un *foculus*. Malheureusement le dessin comporte des omissions, en particulier à la partie supérieure l'absence de moulouration correspondant à la corniche et d'indication de rouleaux, qui laissent planer un doute quant à la forme précise des ornements.

Le n° 30 pouvait correspondre à un autel dont la base et le couronnement auraient été détruits lors de réemplois : le champ épigraphique moulouré conviendrait par ses dimensions à un autel de bonnes dimensions (il est comparable aux n° 6 et 8), ainsi que l'épaisseur qui était supérieure à 23 cm. Comme le n° 32, il concerne un personnage dont l'hommage répond à des prétentions culturelles certaines.

Le n° 43, qui est aussi malheureusement incomplet et retaillé tant à la base qu'au sommet, était orné d'une patère à la queue tournée vers le haut et d'un vase à libations de grande dimension et en fort relief, à panse lisse et à embouchure trilobée, qui rappelle celui du n° 10, mais est moins élégant.

Enfin, le n° 27 pouvait représenter un autel à champ épigraphique moulouré, si l'on tient compte du formulaire ; il était peut-être assez comparable au n° 6 qui offre une largeur voisine.

[257] Cf. BRAEMER, *Le marbre*, p. 101-102 ; G. GAMER, *Formen römischer Altäre auf der hispanischen Halbinsel*, Madrider Beiträge 13, Mayence, 1989, *passim,* offre de nombreux exemples de cette difficulté à présenter les embouchures de tels vases.

[258] *CIL*, XIII, 111, 147 ; ESPÉRANDIEU, *Bas-reliefs*, I, 847.

[259] Cf. *CIL*, XIII, 147.

[260] Cf. *CIL*, XIII, 147, 254, 262, 350.

Au terme de cette évocation, répétons que le *corpus* monumental lectourois est massivement constitué par des autels dont la prédominance, liée aux hasards des découvertes anciennes, est renforcée par l'existence de monuments anépigraphes – mais dont certains ont pu porter un texte peint – soit en pierre, soit en argile cuite. Sur ce point, l'ensemble que nous étudions se distingue considérablement de celui de la cité d'Auch où les plaques, moulurées ou non, que les formulaires situent dans les deux premiers siècles, représentent l'élément dominant, en raison de la mise au jour de plusieurs nécropoles rurales ou suburbaines. Il apparaît aussi que, outre la présence massive du marbre de Saint-Béat, de nombreux liens avec les ateliers pyrénéens ont été relevés, en même temps que nous observions des preuves (supports en calcaire) ou de possibles indices (représentations animales) d'un travail de création ou d'ajustement réalisé dans un atelier local. Mais avouons notre ignorance quant à la part exacte prise par ce dernier dans le travail d'ornementation des autels tauroboliques en marbre : nous avons certes relevé des indices qui iraient dans le sens d'une attribution à cet atelier de la réalisation de figurations animales ; cependant, le fait que de telles têtes n'aient pas été reconnues sur les flancs des autels réalisés dans le calcaire, pas plus, d'ailleurs, que des profils de patères et de vases à libations, peut fournir un argument aux adversaires de cette thèse, du moins à ceux qui ne tiendraient pas assez compte de la piètre qualité du calcaire local [261].

Monuments à caractère honorifique

Il convient de rappeler que le centre monumental de la ville, autour de son forum, n'a pas été reconnu et que manquent par conséquent aussi bien les inscriptions gravées sur les façades d'édifices publics (civils ou religieux) que les hommages rendus à des empereurs ou à des personnages en vue de la cité. Aucun *cursus* ne nous est en effet parvenu.

Deux imposants monuments dédiés, sans doute à la même date, à Marc-Aurèle et à Faustine la Jeune, s'il ne s'agit pas de l'épouse d'Antonin le Pieux (n° 25-26), font exception ; tous les deux, nous le savons, ont été taillés dans un marbre pyrénéen extrait à Saint-Béat (que Braemer identifie, nous l'avons dit, comme de la brèche de la Pène Saint-Martin). Une première question est de savoir s'il s'agit d'autels ou de piédestaux. Dans le cas du premier monument, malheureusement amoindri lors de remplois successifs, il doit s'agir d'un piédestal monolithe dont les proportions en font le plus grand support de Lectoure et un des plus grands de l'Aquitaine méridionale avec ses 130 cm de hauteur [262]. En faveur de notre hypothèse jouent la largeur et la profondeur qui pouvaient convenir au support d'une statue

---

[261] Sur la possibilité que des autels inachevés, sortis de l'atelier de Saint-Béat, aient pu être complétés dans des ateliers liés aux centres de consommation, voir BRAEMER, *Le marbre*, p. 101, à propos de *CIL*, XIII, 915 qui mentionne un *marmorarius* à Agen.

[262] Approché par l'autel des *decumani* narbonnais à Gordien III – *CIL*, XII, 5366 – ou celui des Bituriges Vivisques – *CIL*, XIII, 566 –, ou celui de Lescure – *CIL*, XIII, 6 – ; dépassé par le monument à la Tutèle Auguste daté de 224 à Bordeaux – *CIL*, XIII, 584 – à propos de la nature duquel l'on peut avoir la même hésitation.

ainsi que les restes d'une fixation à la partie supérieure. Enfin, la présence d'un reste de mouluration à l'arrière − relevée par ailleurs sur certains autels − ne s'oppose pas à cette vocation.

Le cas du deuxième monument pose plusieurs problèmes, en dehors même de celui qui tient à son lieu d'exposition originel (Lectoure ou un domaine rural?) : en particulier, si la hauteur (113 cm) et la largeur (voisine de celle du précédent : 59,5 cm) conviennent à un piédestal, la faible épaisseur (28,5 cm) semble moins adaptée. Il faut toutefois considérer, en raison du caractère incomplet de la mouluration des caissons latéraux que, postérieurement à l'époque de sa première utilisation, il a été très probablement retaillé à l'arrière, sinon coupé verticalement en deux moitiés quasiment égales, ce qui permettrait d'évaluer son épaisseur originelle à une cinquantaine de centimètres ; certes, le fait que cette face arrière soit lissée paraît infirmer notre hypothèse, mais nous ne retenons pas cet argument car nous préférons considérer qu'il s'agit de la face aménagée au Moyen Age lors du réemploi [263]. Ce monument présente par ailleurs une double anomalie, à savoir que le décor de doubles cantons moulurés que l'on trouve à la base des faces principales de certains autels (série de 241) est placé ici à la partie supérieure [264] ; en outre, sur les flancs apparaissent non seulement des cantons de faibles dimensions répondant à ceux de la face inscrite et donc placés eux aussi à la partie haute du monument, mais aussi, séparés d'eux par une corniche bûchée, de hauts cantons moulurés allongés correspondant à l'implantation du champ épigraphique mouluré sur la face principale ; il s'agit d'un décor inédit en Aquitaine méridionale et dont nous ne savons exactement s'il a été objet de ratés : ne pourrait-on penser que la face prévue pour accueillir l'inscription aurait été la face arrière et qu'à la suite d'une erreur du lapicide pour accorder le surnom impérial à un champ rendu étroit par l'utilisation de lettres imposantes, on aurait aplani cette face, aménagé la face postérieure primitive pour en faire la face inscrite et retourné le moument?

Signalons enfin que le n° 28, qui est perdu mais qui portait sans doute un texte honorifique, pouvait correspondre lui aussi à une base ou à un piédestal.

Les autres monuments funéraires

Les plaques et blocs, en marbre ou en calcaire local, moulurés ou non étaient destinés à être encastrés dans des monuments. Ils sont peu nombreux, puisque les nécropoles lectouroises n'ont pas été systématiquement explorées : en fait, parmi la douzaine de pièces recueillies, environ la moitié proviennent d'établissements ruraux. Elles ne présentent, d'ailleurs, aucune originalité particulière.

Enfin ce panorama monumental serait incomplet si nous ne signalions deux monuments anépigraphes (mais ne pouvaient-ils porter un texte peint?) d'une nature particulière. Il s'agit d'une auge cinéraire, provenant de Marsolan, d'un type issu des Pyrénées centrales (mais peu

---

[263] Problème déjà évoqué ci-dessus, p. 66.
[264] Exemples aquitains : *CIL*, XIII, 330 et *Gallia,* 36, 1978, p. 419.

à sa place dans un site de *villa* et peut-être apporté en ce lieu à l'époque moderne), et d'une cuve cinéraire de type italien présentant un décor végétal à rinceaux et provenant de Pauilhac [265].

L'ATELIER ÉPIGRAPHIQUE DE LECTOURE

La difficile adaptation aux supports

L'atelier lactorate a été confronté, dès 176 au moins, à la gravure de textes longs, qu'il s'agisse, majoritairement, de textes liés au culte de Cybèle, d'hommages impériaux (confondus avec les premiers, dans le cas du n° 16) ou même de textes funéraires. Peu de textes courts nous sont connus (n° 1, 2, ou 26), ce qui distingue, redisons-le, le *corpus* local des autres ensembles épigraphiques de l'Aquitaine méridionale : par exemple, la production monumentale et épigraphique haut-garonnaise a été peu marquée par cette difficulté, du moins en ce qui concerne les autels de grande dimension.

Cette longueur des textes a provoqué des difficultés d'adaptation à des supports qui, en 176 particulièrement, n'étaient pas prévus à cet effet. On note ainsi le cas d'école représenté par le n° 4 où, faute d'avoir pu inscrire la formule initiale sur le bandeau d'attique (peu élevé il est vrai) et faute d'avoir adapté la hauteur des lettres aux dimensions du cadre mouluré, le lapicide a été contraint de "caser" les quatre dernières lignes de l'inscription "en catastrophe" : deux d'entre elles prennent place tout en bas du champ épigraphique et sont gravées en lettres plus petites (et de dimensions irrégulières), la pénultième est placée hors du cadre mouluré et à la limite supérieure de la base du monument ; la dernière, rédigée en lettres cursives, prend place sur la base même. Le n° 6 traduit un meilleur effort d'adaptation, même si le bandeau d'attique est négligé, mais les deux dernières lignes occupent la face principale de la base de l'autel. Avec les n° 8 et 9, le bandeau d'attique est conquis et abrite, dans le premier cas le début de la formule de consécration, dans le second celle-ci dans son entier. Dans les deux cas, il a fallu recourir à une dernière ligne en caractères plus petits (mieux calibrée dans le n° 9), alors même que le texte ne comportait pas de mention de date. Il y a là tous les signes d'une incertitude, d'un tâtonnement (que l'on retrouve à propos du n° 11 contemporain ou de peu postérieur) qui semblent bien correspondre aux premiers moments de l'introduction du culte de Cybèle. On regrettera d'autant plus que le n° 3, lié à un texte fondateur, ne soit connu que par une tradition manuscrite hésitante qui ne permet nullement de retrouver l'exacte distribution des lignes.

Les hommages impériaux traduisent un meilleur effort d'adaptation aux supports, dès 176 dans le cas du n° 7 (le texte est bien confiné au cadre mouluré, mais il est vrai qu'il ne compte que six lignes), mais surtout dans celui du n° 25 qui couvre 9 lignes d'une parfaite lisibilité, avec une mise en valeur du début de la nomenclature impériale.

---

[265] Cf. *CAG, Gers*, p. 229, en ce qui concerne le premier monument ; le second est inédit.

Les textes postérieurs dénotent une maîtrise de l'espace épigraphique qui correspond à l'établissement d'un certain savoir-faire. Le n° 16 offre un excellent exemple, puisque ce sont quinze lignes qui ont été logées dans le champ mouluré ; les trois dernières ont été gravées en caractères de plus petites dimensions, mais cela ne gêne pas la compréhension des données essentielles du texte, puisqu'y sont mentionnées des indications ayant trait uniquement aux circonstances locales qui ont marqué l'hommage à Gordien, à savoir le jour exact et les noms de la paire de personnages ayant agi au nom de l'*ordo* et que c'est avec beaucoup d'habileté que les caissons moulurés de la face principale de la base du monument ont reçu les noms du prêtre ayant officié.

Dans le cas des autels dédiés en 239 et 241 par des personnes privées, on remarque une meilleure utilisation de l'espace, liée en partie à la localisation systématique de la formule *SMD*, caractéristique des textes métroaques de 239/241, sur le bandeau d'attique. Il faut remarquer que les champs épigraphiques de cette seconde série sont nettement plus hauts : cette hauteur des champs des monuments les plus récents dépasse souvent 40 cm, atteint même 52 cm (n° 16) et ne descend jamais au-dessous de 34, 2 cm (n° 19), alors que, sur les autels de la série antérieure, elle oscille entre un maximun de 33 cm (n° 6) et un minimum de 21 cm (n° 12). Moins significative, mais à souligner aussi, est l'augmentation de la largeur des cadres inscrits : alors qu'elle est le plus souvent inférieure à 25 cm dans la première série, elle atteint une trentaine de cm en général dans le cas de la seconde et même de plus de 35 cm pour les n° 15 et 16. Ce gain de place est utilisé au profit de textes plus longs, puisque l'on passe de 7 lignes au maximum à une moyenne de 9 à 10 lignes. Il apparaît donc qu'une relative standardisation des monuments va de pair avec une standardisation effective des textes et formulaires. On remarquera que cette meilleure adaptation des textes aux supports était déjà bien visible dans les deux textes jumeaux n° 13 et 14, sans doute datables de la fin du deuxième siècle.

Les mêmes difficultés concernent aussi les autels funéraires. Ainsi le n° 32 montre que malgré l'utilisation du bandeau d'attique, le texte, qui couvre il est vrai 9 lignes, déborde aussi sur la face antérieure de la base ; par ailleurs, le lapicide a été incapable de distinguer la partie poétique du texte des indications concernant le mort et les auteurs de l'épitaphe : la première syllabe du gentilice a été casée dans la ligne 4, *in fine*. De même, selon la tradition manuscrite, le n° 30 comportait, sur sa base, une neuvième et dernière ligne mentionnant des *sodales* auteurs de l'épitaphe.

Pour limiter les effets de cette distorsion entre surface disponible et texte long, deux types de palliatifs ont été utilisés successivement. Les autels métroaques datés ou datables de 176, ainsi que ceux qui sont de chronologie voisine, révèlent un recours assez systématique à des petites lettres non incluses (particulièrement des O), les ligatures étant réservées aux lignes malhabilement ajoutées sur la base de certains autels (n° 4, 8) ou à un champ particulièrement limité (n° 11). C'est cette même recette qui est utilisée avec beaucoup plus de sûreté dans les cas du n° 13 et du n° 14, issus de la même main, nous l'avons dit.

Au contraire, sur les autels appartenant à la série datée de 239-241, ce sont les ligatures et inclusions qui abondent (douze ligatures et deux inclusions dans le cas du n° 16), les petites lettres étant d'un moindre recours (même si les O réduits sont encore fréquents). Parmi les ligatures remarquables : CE, DE, DO, ER, ID, OR, TR ; une ligature alliant une lettre normale et une lettre plus petite à mi-corps dans le n° 20, l. 8 ; une ligature de lettres appartenant à deux mots différents : n° 21, l. 10.

On notera que, même lorsque des problèmes de place ne se posent pas, le lapicide a eu parfois du mal à inscrire de manière équilibrée le texte dans le champ : ainsi pour n° 26 dont la deuxième ligne, portant la première partie du surnom, est gravée en lettres trop petites, ou encore pour n° 29 où les lignes sont déportées vers la gauche et où des espaces excessifs séparent des lettres appartenant au même mot ; pourtant, dans les deux cas, il s'agit d'honorer deux personnages très en vue, une impératrice et un fonctionnaire impérial. Et pour l'inscription n° 27, concernant encore un personnage de quelque importance, un *nummularius*, il a fallu placer la dernière lettre du nom de son métier sur la moulure.

Une des conséquences les moins heureuses est la nécessité de couper des noms ou mots, souvent essentiels, et même de recourir à des coupures de mots asyllabiques : ainsi à propos du terme capital *tauropolium* (*tauropoliu/m*, n° 21 ; *taur/opolium*, n° 22), du nom de l'empereur Gordien (*Gord/iano*, n° 23), de celui du second consul de 241 (*Po/mpeiano*, n° 20, 21, 23) ; de celui des prêtres ayant officié en 176 (*Zm/inthio*, n° 4) et en 241 (*N/undinio*, n° 24 ; *Nu/ndinio*, n° 20 ; *Nund/inio*, n° 21, 22 ; *Nundini/o*, n° 18). Sans parler de coupures peu heureuses à propos de la mention des victimes (h/ostis, n° 21 ; s/uis, n° 22).

Mais les réussites de l'atelier se mesurent au soin apporté à la gravure et à la mise en page de certains documents. Dans les textes datés de 241, des tildes, souvent élégants (terminés par des traits obliques) sont systématiquement placés au-dessus de l'abréviation *DN* et du signe d'itération du consulat de Gordien. Plus remarquable – et exceptionnelle en Aquitaine méridionale [266] – est l'indication d'*apices* bien marqués dans les deux textes jumeaux n° 13 et 14. Dans plusieurs textes, la présence de I longs est aussi à relever (n° 13, 14, 16, 19, 42).

Quant à la ponctuation, elle se présente sous la forme de points triangulaires parfois lancéolés (n° 4, 7, 33), parfois non évidés (n° 6). Le recours à des *hederae* n'est pas exceptionnel, notamment dans le cas précisément du n° 6 où ce motif est associé à celui de palmettes (cf. aussi n° 42, 44, 45). On remarquera cependant que certains points sont mal implantés, en début de ligne (n° 4, 27 ; mais, au moins dans le premier cas, il s'agit sans doute de créer un effet de symétrie) ou même au milieu de mots (n° 29, 32 ; cf. n° 21, en fin de ligne).

Enfin, la mise en valeur par des lettres plus hautes de la formule de consécration à la Grande Mère en 241 (*SMD* : n° 15, 17, 18, 19, 21, 22, 24) ou de l'invocation aux Dieux Mânes ou de certains noms impériaux (*Imp Caes*, n° 25) ou privés (n° 14, 34) traduit un souci, modeste, d'attirer l'attention du lecteur sur la nature de certains textes ou sur certains éléments jugés essentiels de ceux-ci.

---

[266] On les remarque encore en 224 sur une inscription bordelaise à la Tutèle Auguste : *CIL*, XIII, 584.

Il reste que l'obsession du gain de place, signe d'un manque de coordination entre l'atelier qui a produit la plupart des monuments en marbre et le(s) responsable(s) de la gravure, a sans doute poussé les lapicides à commettre des oublis ou à proposer des raccourcis qui traduisent leur insuffisante concentration à propos, il est vrai, de textes à caractère répétitif : *Pomiano* (n° 17), *Nundio* (n° 23), *Hotis* (n° 11), tandis que le remarquable travail de mise en page et de gravure du texte n° 13 nous propose une leçon *Propri* sans E final (à moins de supposer que le graveur se soit contenté d'esquisser une triple ligature RIE) [267]. Toutes ces réserves ne suffisent cependant à nous faire accepter l'idée répandue, notamment par C. Julllian et tant d'autres, de la diminution de la pratique épigraphique et l'augmentation de l'illettrisme à partir du milieu du IIIe siècle [268] .

L'écriture de l'atelier lectourois

La majeure partie des textes sont gravés en lettres capitales carrées. On détachera de l'ensemble des réalisations les textes n° 13 et 14, déjà signalés pour leur élégance, avec des O presque ronds, des Q à la queue ondulée et se prolongeant jusque sous les deux lettres suivantes : il faut souligner que la différence de matériau entre les deux monuments n'a pas entraîné de notable différence dans le résultat. Également fort remarquable est l'inscription n° 15, où la qualité de la ponctuation et celle des ligatures et inclusions va de pair avec une certaine recherche esthétique, notamment dans le dessin du K de la ligne 5.

Mais des textes rédigés totalement ou partiellement en caractères actuaires, ou marquant une certaine tendance à l'actuaire ne manquent pas. Le premier cas est illustré par l'inscription n° 6, gravée sur un support doté, nous l'avons dit, d'une décoration figurée particulière, et caractérisée par un souci de présentation remarquable, notamment dans sa ponctuation et le respect de ses lignes de guidage : A, D, G, L, M, R, V (en forme de U) constituent les caractères sans doute les plus typiques. Le second cas se retrouve dans les lignes gravées à la fin du champ épigraphique ou en dehors de celui-ci, sur la base de l'autel n° 4. Le dernier cas est illustré notamment par l'autel funéraire n° 44, mais aussi par les épitaphes n° 33 et 47.

Langue et culture des élites lactorates

Dans le domaine grammatical, peu de remarques sont à faire, dans la mesure où la majorité des textes utilisent des formulaires (notamment en rapport avec les tauroboles) qui pour être peu répandus en Aquitaine n'en ont pas moins un caractère stéréotypé. Cependant des formulations complexes et inconnues ailleurs qu'ici apparaissent sur deux textes

---

[267] Ces oublis auraient pu être compensés, dans certains des cas, par des lettres peintes ajoutées après-coup.
[268] *Gaule*, VIII, p. 266.

tauroboliques déjà signalés par leur originalité et celle de leurs supports (n° 13 et 14) : *vires tauri quo proprie per tauropolium publice factum fecerat.*

Relevons cependant, sur les textes datés de 176 (ou proches de cette date) les hésitations concernant le nom d'un des prêtres, orthographié tantôt *Zminthio*, tantôt *Zmintio*, voire *Zmunthio* (n° 4 ; 8 et 9 ; 6). Il en est de même à propos du surnom du patron de ce personnage, dont le *cognomen* apparaît sous les formes *Proculiani* (n° 6, 9), mais, aussi, à la suite d'une suppression de vocale, *Procliani* (n° 4, 8).

Nous avons déjà signalé les variations concernant le nom même du taurobole indiqué comme *taurobolium* (n° 3 dont l'auteur porte un surnom grec ; mais cette forme du mot pourrait correspondre à une correction érudite moderne), *tauripolium* (n° 11) par hypercorrection , ces deux formes apparaissant dans les premiers temps d'existence de ce rite à *Lactora*, alors que la forme *tauropolium* se trouve sur tous les autres autels, et systématiquement en 241.

Des cas de suppression de vocale sont à relever à propos de l'indication de victimes : la forme *hostis* est majoritairement utilisée, l'indication du double II n'apparaissant qu'à deux reprises (n° 10 ; n° 5 où était employé un I long ou une ligature).

Un cas de perte de consonnante est révélé dans la forme verbale *escepit* où S remplace X (n° 15), alors qu'un exemple de dittographie est à relever avec XS pour X (n° 43).

On notera aussi plusieurs cas de monophtongaison, à propos de mots féminins peut-être déclinés, au datif et au génitif, à la grecque : *memorie, Ulpie, Secundille* (n° 44), *pientissime* (n° 43).

Ajoutons que le recours à des *apices* et à des I longs, dénotant outre un souci de décoration, celui d'une certaine perfection phonétique, n'est pas inconnu, même s'il concerne une minorité de textes (n° 13, 14, 16, 19, 42).

Au total, la correction grammaticale et syntaxique des textes correspond bien d'une part à la solennité de la plus grande partie d'entre eux, liée à leur caractère religieux ou au fait qu'ils représentent des hommages officiels rendus aux empereurs, d'autre part au niveau social plutôt élevé de l'immense majorité des personnages concernés.

Cela s'accorde assez bien avec le fait qu'au moins deux textes funéraires à caractère poétique, déjà signalés, traduisent, avec une certaine maladresse, les prétentions culturelles de quelques groupes ou familles et, sans doute la croyance à la survie du souvenir grâce à une certaine perfection formelle de l'épitaphe, perfection au moins recherchée sinon atteinte : dans le premier cas (n° 32), c'est la forme du trochée sénaire que l'on a essayé d'appliquer, sur un modèle sans doute italique mais répandu avant tout en Afrique [269] ; dans le second (n° 30), un hexamètre dactylique convient à une formule, exceptionnelle en Aquitaine méridionale mais qui a des répondants parfois anciens, notamment en Italie [270].

---

[269] Cf. P. COLAFRANCESCO, M. MASSARO, *Concordanze dei Carmina Latina Epigraphica*, Bari, 1986, p. 285.

[270] *Ibid.*, p. 686-689.

L'UNIVERS RELIGIEUX LACTORATE

Le culte de Cybèle

La découverte d'un Attis funéraire [271] à Saint-Clar, zone de remarquable coexistence de cultes, indique que la diffusion du culte métroaque, par ailleurs peu répandu en Aquitaine méridionale [272], n'était pas limitée au seul chef-lieu de la cité. D'autre part, on ne peut oublier la présence d'un témoignage épigraphique important dans la cité voisine d'Éauze [273]. Enfin, il n'est pas exclu que l'on puisse établir un lien entre le formulaire funéraire de l'inscription n° 44 et le culte métroaque [274], mais rien n'est assuré à ce propos.

Les origines du culte

Que le succès de ce culte soit à relier à la récupération par Cybèle d'une divinité tutélaire aquatique attachée à la source Fontélie comme l'a proposé, poétiquement, Jullian, suivi par Graillot et, plus récemment, par Turcan (qui met en relief des exemples de ce type en Narbonnaise [275]), est possible mais indémontrable en l'état actuel de notre documentation. Et nous ne pouvons exclure que ce même succès soit à relier, comme dans d'autres régions des Gaules, à une forte présence de Déesses-Mères.

Pour nous en tenir aux données moins hypothétiques, rappelons qu'une inscription (n° 3, dont on ne peut totalement exclure qu'il s'agisse d'une glose littéraire à partir du surnom du personnage cité dans le n° 4), malheureusement perdue, peut-être incomplètement transcrite (car ne mentionnant ni date ni nom d'officiant), fournit l'identité de la responsable du premier taurobole lectourois, célébré en 176 ou peu avant, une *Pompeia* portant un surnom grec. On ne peut oublier le rôle joué par des individus liés de plus ou moins près à la *familia Caesaris* dans l'implantation et le fleurissement du culte : une *Ael(ia) Nice* assurément, affranchie impériale ou épouse/affranchie d'un serviteur impérial (n° 8), une *Aurelia Oppidana* possiblement (n° 5) ont à voir avec le personnel servile ou d'origine servile appartenant à la *familia Caesaris.* On serait presque tenté de voir dans l'affranchi impérial *Aelius Leo* (n° 29), placé dans tous les cas sous les ordres du procurateur financier équestre chargé de la Lyonnaise et de l'Aquitaine et donc appelé à être en contact avec Lyon, le chaînon (ou l'un des chaînons) reliant le premier centre métroaque attesté dans les Gaules (dès 160) et Lectoure. Que, contrairement à une affirmation de Graillot, ces individus n'aient pas été originaires d'Asie Mineure semble ressortir de la nature de leurs surnoms, mais on

---

[271] ESPÉRANDIEU, *Bas-reliefs*, n° 6928.

[272] Cf. *CCCA*, V, p. 83 et suiv. et carte.

[273] Chr. LE NOHEH, P. RIFA, D. SCHAAD, "Note sur un autel votif découvert à Éauze (Gers)", *Aquitania*, 9, 1991, p. 269-275 (= LE NOHEH *et alii, Autel votif*).

[274] Dans ce sens, TURCAN, *Vallée du Rhône*, p. 96.

[275] Cf. R. TURCAN, "Les religions orientales en Gaule Narbonnaise et dans la vallée du Rhône", *ANRW*, II, Principat, 18, 1, Berlin-New York, 1986 (= TURCAN, *Narbonnaise*), p. 482.

n'oubliera cependant pas que le prêtre intervenant, soit en compagnie d'un collègue, soit, surtout, seul dans la célébration des tauroboles de 176, porte un surnom qui semble trahir une origine micro-asiatique [276]. Il faut en tout cas penser, en raison de la floraison des documents datés de 176, qu'on n'en était peut-être plus alors au simple stade de l'introduction du culte à Lectoure et que la communauté des fidèles avait acquis suffisamment de poids pour que l'*ordo* fût à même de patronner un taurobole officiel et ce en dehors de tout effet de ralliement à une mode impériale (puisque Marc-Aurèle n'a pas, à la différence de son prédécesseur, rangé Cybèle parmi ses divinités favorites ; et cela vaut aussi pour Faustine la Jeune [277]). Quant à savoir si, antérieurement à 176 un sanctuaire avait déjà été implanté, nous ne pouvons trancher, bien que Graillot [278] semble admettre qu'un *Phrygianum* était alors en service.

Les fidèles

On a souvent souligné qu'aussi bien en 176 (ou autour de 176) qu'en 239/241, il s'agit principalement de femmes [279]. Turcan propose une explication générale séduisante, mais qui mériterait de pouvoir être vérifiée ici : n'ayant pas trouvé leur place dans le cadre du culte de Mithra, elles auraient investi massivement le culte de la Grande Mère [280]. Aucun homme n'est mentionné sur les documents datés de 176 ou des environs de cette date. En 239 et 241, en dehors des deux personnages agissant au nom de la cité (n° 16), deux hommes seulement sont attestés, dont l'un intervient au côté de son épouse (n° 10) et un autre alors que le même jour deux femmes appartenant à sa *gens* assument chacune un taurobole (n° 17, cf. n° 18 et 19). Entre ces deux moments, deux autres hommes sont indiqués (n° 13, 14). Alors qu'à Éauze ou à Labroquère/Saint Bertrand-de-Comminges ce sont deux hommes qui apparaissent [281] ; à Périgueux, un homme [282] ; à Bordeaux, un homme et deux femmes [283]. Mais à Lyon, entre 194 et 197, c'est-à-dire dans des moments particulièrement délicats pour le sort de la ville, ce sont aussi des femmes qui sont concernées [284].

En 176 comme en 239/241 (et cela vaut aussi pour les documents apparus entre ces deux dates), ce sont des individus porteurs de gentilices qui sont majoritairement associés

---

[276] Ce dont n'a pas tenu compte Turcan, *Narbonnaise,* p. 483. Sur les nombreuses occurrences, en Asie Mineure et dans les îles avoisinantes, des toponymes *Smintheus, Sminthium, Sminthio,* voir Strabon, 13, I, 48.

[277] Cf. J. BEAUJEU, *La religion romaine à l'apogée de l'Empire, I, La politique religieuse des Antonins (96-192),* Paris, 1955, p. 331-351.

[278] H. GRAILLOT, *Le culte de Cybèle, Mère des dieux, à Rome et dans l'Empire romain,* BEFAR 107, Paris, 1912 (= GRAILLOT, *Cybèle*), p. 174.

[279] Voir en particulier, W. SPICKERMANN, "*Mulieres ex voto*". *Untersuchungen zur Götterverehrung von Frauen in römischen Gallien, Germanien und Rätien (1-3 Jahrhundert n. Chr.),* Bochum, 1994 (=SPICKERMANN, *Mulieres*), p. 158-172.

[280] *Vallée du Rhône,* p. 93.

[281] LE NOHEH *et alii, Autel votif, passim* ; *CIL,* XIII, 83 (mais le vœu a été prononcé par l'épouse).

[282] *CIL,* XIII 11042.

[283] *CIL,* XIII 572 et 573.

[284] *CIL,* XIII 1753-1754.

aux manifestations du culte. A la première date, cela se vérifie, même si trois femmes sont indiqués par leur seul surnom et une filiation à la mode pérégrine (n° 9, 11, 12 ; les surnoms sont apparemment latins). Ceci nous indique que le succès rapide du culte a été marqué aussi par l'adhésion d'individus appartenant ici à des couches proprement locales de la population (et on ne peut tout à fait exclure qu'*Aurelia Oppidana*, déjà signalée au n° 5, si l'on tient compte de son surnom, soit issue de ces milieux proprement locaux : fille ou épouse de citoyen de fraîche date?). Les documents datés de 239/241 montrent une large prépondérance, qui ne peut surprendre, d'individus indiquant un gentilice et parfois même leur prénom. Dans l'intervalle, ce sont des individus sans doute de condition pérégrine et enfants d'individus portant le plus souvent des noms de tradition locale, *Saturnina Taurini fil.* (n° 10) *Severus Iulli fil.* (n° 13) qui sont attestés [285].

Nous relevons par ailleurs des éléments de permanence entre les hommages rendus à la divinité au IIe siècle et ceux qu'elle reçut au siècle suivant. Si une *Pompeia* a joué un rôle dans les premières manifestations du culte (n° 3), une autre *Pompeia* réalise un taurobole en 241 (n° 21) [286]. De même, en 176 ou aux alentours de cette date, une *Iulia Valentina* (n° 6), dont il n'est pas exclu qu'elle ait été "convertie" par l'esclave *Hygia* à laquelle elle est associée [287], est concernée par un tel acte cultuel, alors que ce sont, nous l'avons dit, deux *Iuliae* et un *C. Iulius* qui, le 8 décembre 241 accomplissent le rite taurobolique : en raison de l'identité des supports, on peut avancer avec quelque certitude qu'au moins les auteurs des n° 17 et 19 appartiennent à la même famille. La même *Valeria Gemina* est attestée en 239 et 241 (n° 15 et 23) renouvelant de manière éclatante son adhésion au culte et à ses divers rites sanglants. On notera qu'à Bordeaux un *C. Iulius*, une *Valeria Iullina* associée à une *Iulia Sancta* [288] sont liés au culte métroaque : sans vouloir établir un rapprochement excessif vu la fréquence de ces gentilices, on peut néanmoins se demander s'il n'a pas existé des liens familiaux entre les fidèles des deux villes. On ne manquera pas non plus de remarquer que plusieurs individus portant le gentilice *Valerius, a* sont impliqués dans le culte métroaque et dans la célébration de tauroboles à Vence, Die, Valence [289]. Enfin on rapellera, tout en l'accueillant avec circonspection car elle reste invérifiable, l'hypothèse d'Hirschfeld selon laquelle notre *Viator Sabini fil.* (n° 14) serait à rapprocher d'un personnage homonyme de la cité des Voconces [290], où le culte métroaque est attesté sous les Sévères [291] comme en 245 [292].

[285] Voir aussi *ILA, Lactorates*, n° 14.

[286] C'est un *Pompeius* qui assume un taurobole à Vaison, *CIL*, XII, 1311. On remarquera que le collègue de Gordien III au consulat en 241, *Clodius Pompeianus*, a eu à voir avec le culte métroaque, à Rome, *IGR*, I, 114.

[287] Dans ce sens, GRAILLOT, *Cybèle*, p. 456, peut-être un peu trop affirmatif.

[288] *CIL*, XIII, 572 et 573.

[289] *CIL*, XIII, 1, 1569, 1745 ; cf. *CIL, XIII, 1754, Lyon, *Valeriana*.

[290] *CIL*, XII 1516.

[291] *AE*, 1889, 81.

[292] *CIL*, XII 1567, cf. 1568, 1569.

Les prêtres

Quatre noms de prêtres nous sont livrés : deux, *Zminthius Proculiani (lib.)* et *Paccius Agrippae*, sont signalés en (ou vers) 176, le troisième, *Traianius Nundinius*, est mentionné en 239 et 241, alors que le quatrième, *L. Accius Rem(us)*, intervient entre ces dates, sans doute vers le début du troisième siècle. Dans le cas de *Zminthius* (et accessoirement dans celui de *Paccius*, mentionné deux fois seulement : étant donné qu'il est nommé en second faut-il penser que *Zminthius* était son supérieur hiérarchique?), son intervention dans la célébration du taurobole accompli par la *respublica* des Lactorates en 176 (n° 7) n'est pas mentionnée, tandis que celle de *Traianius Nundinius* dans le taurobole officiel du 8 décembre 241 (n° 16) est clairement proclamée.

Sur le statut des deux premiers prêtres – esclaves ou affranchis – l'on est en droit d'hésiter dans la mesure où, sur l'un des autels (n° 9), *Zminthius* est, pour l'unique fois et sur un document non daté précisément, indiqué en tant que *Proculiani lib(ertus)*, ce qui a pu faire penser qu'il aurait pu bénéficier d'un affranchissement postérieurement au mois d'octobre 176 où il est mentionné selon la forme indiquée plus haut et pouvant convenir à un esclave. On résistera à cette hypothèse dans la mesure essentiellement où il semble que jamais des esclaves [293] n'ont présidé en tant que *sacerdotes* aux rites tauroboliques [294] ; pour nous, il ne peut s'agir que d'un affranchi, tout comme son collègue *Paccius* (la participation d'esclaves en tant que fidèles n'est attestée ici qu'une fois, dans le cas d'*Hygia*, esclave de *Silana*, associée à *Iulia Valentina* : n° 6). Par ailleurs, on peut supposer que les patrons des deux prêtres en question pouvaient être eux-mêmes des adeptes du culte ou qu'ils n'ont pas contrarié la vocation de leurs dépendants. L'oubli de la mention du statut pourrait s'expliquer en particulier par le manque de place sur la face principale des autels (n° 4, 5, 6, 8).

Quant aux deux prêtres mentionnés ultérieurement, l'un, si l'on accorde à son surnom *Rem(us)* une connotation ethnique [295] et l'autre, si l'on tient compte d'un gentilice et d'un surnom inconnus en Aquitaine méridionale, pourraient avoir (comme les deux premiers) une origine étrangère à Lectoure. Particulièrement intéressant est le cas de cet *Eutyches* dont, en 239, les *vires* ont été sacrifiées (n° 15). La formule *vires excepit* concernant un taureau apparaît dans le texte lyonnais de 160 déjà cité : on écartera donc avec Graillot [296] la possibilité qu'il s'agisse d'un personnage "non tranché" [297] ; il faut certainement voir en lui un galle (ce qui exclut, malgré la brièveté de sa dénomination, qu'il ait été un esclave, car il n'aurait pu agir qu'aux dépens des intérêts de son maître).

C'est donc une communauté religieuse relativement nombreuse, active et reconnue (et encadrée) par les autorités municipales et pourvue de prêtres officiels (dont l'intervention

---

[293] Malgré Graillot, *Cybèle*, p. 173.

[294] Si l'on en croit les documents recueillis par R. DUTHOY, *The Taurobolium . Its Evolution and Teminology*, EPRO 10, Leyde, 1969 (= DUTHOY, *Taurobolium*), p. 93-94.

[295] Cf. L. WIERSCHOWSKI, *Die regionale Mobilität in Gallien nach den Inschriften des 1. bis 3. Jahrhunderts n. Chr.* (Historia Einzelschriften, 91), Stuttgart, 1995 (= WIERSCHOWSKI, *Mobilität*), p. 294, 303.

[296] *Cybèle*, p. 129.

[297] Sur cette catégorie d'individus, voir A. ROUSSELLE, *La contamination spirituelle. Science, droit et religion dans l'Antiquité*, Paris, 1998, p. 78, 79, 82 et n. 28, p. 307 et 36, p. 308.

non mentionnée peut cependant être supposée dans le cas des monuments n° 7, 11, 12), mais dont nous ignorons, nous l'avons dit , exactement où elle possédait un sanctuaire, qui est née et s'est épanouie durant au moins trois quarts de siècle en ce lieu.

La désignation de la divinité

La série la plus ancienne des autels tauroboliques utilise deux formulations : d'une part, *Matri Deum* (n° 3) ou *M(atri) D(eum)* (n° 6) ; d'autre part *Sacrum M(atri) M(agnae)* pour laquelle on notera que l'abréviation concerne le nom de la divinité et non la consécration (n° 4, 8, 9) ; enfin, le n° 5 transmettant une leçon qui utilise le formulaire *S M D* qui n'apparaît sûrement que sur les monuments plus tardifs, il faut peut-être rétablir *Sacrum M M.* C'est pourquoi deux monuments non datés que l'analyse typologique conduisait, selon nous, à placer dans cette première série (n° 11 et 12), doivent bien être datés de 176 ou des environs de cette date. C'est aussi la raison pour laquelle le n° 10 (*Sacr. M. M.*) ne nous semble pas postérieur au début du IIIe siècle, malgré l'indication du rite taurobolique selon une formule généralisée en 239/241.

Les monuments datés de 239 et 241 indiquent un formulaire stéréotypé qui traduit l'acclimatation du culte : c'est l'expression *S. M. D.* qui est désormais de règle. On notera à ce propos que les Lactorates furent plus enclins que d'autres à abréger le nom de la déesse, en tout cas, plus que les Convènes ou les Bituriges Vivisques.

Indiquons enfin que dans le cas de textes complexes, qu'ils concernent un monument officiel daté de 176 (n° 7) ou deux monuments émanant de personnes privées mais indiquant un formulaire original (n° 13, 14), le nom de la divinité n'est pas mentionné, comme si, dans le premier cas, l'hommage rendu à l'empereur avait été primordial, et si, dans le second cas, la formule complexe de consécration renforçant l'indication de l'accomplissement du taurobole ainsi que la localisation même de l'autel avaient rendu inutile la désignation de la déesse.

Les rites

C'est avant tout le rite du *taurobolium* que mentionne notre documentation. On pourrait d'ailleurs se demander légitimement s'il ne s'agissait pas aussi de celui du *criobolium*, dans la mesure où, d'une part sur l'un des flancs de plusieurs des monuments (surtout datés de 176), nous l'avons vu, une tête de bélier fait pendant à celle d'un taureau, et où, d'autre part la mention d'*hostiae (hosti(i)s suis)* pourrait faire référence à plusieurs types de victimes. Inversement, seul le terme désignant le taurobole est utilisé, *tauropolium* [298] ; en second lieu, sur un document de 160 [299], mentionnant le premier taurobole lyonnais − et gaulois −, taurobole officiel accompli selon un protocole complexe et très précis, une tête ovine est

---

[298] Mais aussi (DUTHOY, *Taurobolium*, p. 58-59 l'oublie) *tauripolium*, alors que sur le plus ancien des documents (*ILA, Lactorates*, n° 3), on aurait lu *taurobolium* qui peut résulter d'une correction d'érudit moderne.

[299] *CIL*, XIII, 1751.

aussi figurée, sans qu'il soit fait mention d'un criobole. En définitive on peut penser que seul le sacrifice de la victime majeure a été retenu dans nos textes, mais que, conformément à un texte de Clément d'Alexandrie, le sacrifice d'un bélier était lui aussi nécessaire [300].

On notera la variation sémantique qui s'opère entre 176 et 241 [301]. Dans le premier cas, l'expression *fecit* est de règle, alors qu'en 241, mais peut-être antérieurement (n° 10), c'est l'indication *tauropolium accepit* (ou *acceperunt*) qui est utilisée (sauf à propos de la décision de l'*ordo* qui "fait célébrer" un taurobole) ; cette dernière mention n'offre pratiquement pas d'exemple en Gaule en dehors de Lectoure [302] et pourrait traduire l'enracinement d'une communauté métroaque active, capable de créer (ou de codifier) ses propres formulaires. On passe donc de la mention d'un sacrifice accompli (avec prélèvement des *vires* animales) pour le bénéfice des dédicants à une implication plus directe – physique et morale – de ces derniers qui "reçoivent" personnellement, et pas seulement symboliquement [303], le sang des victimes remplissant le *cernus* brandi au-dessus d'eux par le prêtre. Cette implication plus grande se retrouve sans doute dans la mention, qui n'apparaissait pas en 176, des noms probables des deux personnages (duovirs?) qui ont, au nom de l'*ordo*, assumé l'accomplissement d'un taurobole en 241, pour la sauvegarde du couple impérial.

Que le taurobole ait été associé à un sacrifice animal est indiqué par la mention des victimes offertes par le fidèle *(hosti(i)s suis)* ou par celle de la consécration des *vires tauri* (n° 13 et 14) : c'est une preuve supplémentaire de la place mineure réservée à un éventuel criobole. Or, à une exception près [304], c'est seulement à Lectoure que la première expression est utilisée, très librement, révélant encore une fois la vitalité d'une communauté religieuse qui choisit ses propres modes d'expression des rites. Bien entendu, le prix de l'animal offert ne peut convenir qu'à un public non seulement évolué mais aussi aisé. En effet, nous ne pensons pas, malgré Duthoy [305], que les auteurs des tauroboles du mois d'octobre 176 et, surtout, ceux du mois de décembre de 241 se seraient contenté de sacrifier un seul animal dont le sang les aurait tous régénérés [306].

---

[300] GRAILLOT, *Cybèle*, p. 156.

[301] Nous suivons Turcan dans sa critique de la description des trois époques du rite telles qu'a tenté de les décrire Duthoy ; cf. J.-B. RUTTER, "The Three Phases of the Taurobolium", *Phoenix*, 22, 1968, p. 226-231, qui proposait un rythme différent et a été critiqué par G. THOMAS, "Magna Mater and Attis", *ANRW*, II, Principat, 17,3, Berlin-New York, 1984, p. 1522-1523.

[302] A Narbonne, *CIL*, XIII, 4325 ; à Utique, *AE*, 1961, 201 (cf. DUTHOY, *Vallée du Rhône*, p. 79-80 et 85). Ces deux documents sont datés du troisième siècle, le second de 235-238.

[303] Dans ce sens TURCAN, *Vallée du Rhône*, p. 84, contre Duthoy.

[304] Die, *CIL*, XIII, 1567 (245 ap. J.-C.). L'expression convient mieux à des victimes de petite taille, et l'on attendrait normalement la mention de *victima(e)* ; cf. DUTHOY, *Taurobolium*, p. 67-68.

[305] *Taurobolium*, p. 101.

[306] *CIL*, XII, 1567, montre bien qu'il y a eu, dans le même moment sacrifice de trois taureaux.

Le caractère simultané de la majorité des tauroboles [307] avec en 176 et 241 intervention –
indirecte ou directe – des autorités municipales, devait démultiplier la valeur et l'efficacité
(aux yeux des contemporains) du rite, impressionner les participants et les spectateurs,
amplifier la dévotion à l'empereur et à l'empire, renforcer l'attachement de tous à la
sauvegarde de la *res publica* en 176, de la *ciuitas* en 241 dont le *status* est l'un des enjeux
de la cérémonie : nous ne pouvons que regretter l'absence d'autres documents qui nous
auraient permis de vérifier les rapports, voire la confusion entre Cybèle et la Tutèle de la ville,
attestée ailleurs en Gaule. Il n'y a sans doute pas alors une simple juxtaposition de pratiques
individuelles mais une forme de communion civique et religieuse englobant l'ensemble des
élites municipales (représentées au sein de l'*ordo* ou/et participant à l'accomplissement du
rite taurobolique), de telle sorte qu'il est difficile de trancher entre l'hypothèse selon laquelle,
à Lectoure, le culte de Cybèle avait donné une vigueur supplémentaire au culte des
souverains et celle selon laquelle, et inversement, le loyalisme à l'égard de ces derniers avait
donné un élan supplémentaire au culte rendu à la Grande Mère [308].

Deux documents (n° 13 et 14) donnent quelques autres indications sur les rites pratiqués
puisqu'ils font référence non seulement aux *uires* du taureau, qu'il ne faut sans doute pas
seulement entendre dans un sens symbolique, mais aussi dans leur nature physique [309], mais
aussi à leur consécration après qu'elles eurent été prélevées puis enterrées, peut-être à
l'emplacement de l'autel [310]. Bien que les deux textes ne soient pas datés, ils ont toutes les
chances, nous l'avons vu plus haut, d'être contemporains, si l'on tient compte de l'identité des
formulaires et de leur présentation (mise en page et écriture). Si bien que l'on peut se
demander si nous ne sommes pas encore une fois mis en présence d'une duplication donnant
plus d'éclat (et d'efficacité) au rite accompli. Par ailleurs, ce sont deux individus indiquant une
nomenclature et une filiation de type pérégrin qui sont concernés, ce qui ne nous conduit
cependant pas à vouloir mettre en évidence de prétendues influences des traditions
indigènes qui auraient favorisé de telles adhésions et de telles pratiques. On notera enfin que
ces deux textes indiquent l'engagement personnel (*proprie*) des deux personnages qui
précisent aussi que les deux tauroboles ont eu lieu *publice*. Faut-il pour autant suivre
Graillot [311] qui inclut ces deux monuments parmi les tauroboles accomplis *pro salute
imperatoris*, ce qui impliquerait qu'il ne faudrait pas seulement comprendre "en public", mais
"à titre public", "officiellement"? Nous ne le pensons pas, car les deux textes, pourtant
détaillés, ne font aucune allusion à une telle dimension idéologique et, par exemple, le texte

---

[307] Nous ne suivrons pas l'affirmation de Graillot, *Cybèle*, p. 169-170, selon laquelle des raisons
d'économies auraient pu conduire à de telles célébrations simultanées et donc à concentrer sur un seul
jour la présence de tout un clergé qu'il suppose venu de l'extérieur.

[308] Contre cette dernière vue, défendue par Turcan, *Narbonnaise*, p. 492, pourrait jouer le fait que
Gordien III n'a, semble-t-il, pas marqué de faveur particulière envers cette divinité.

[309] TURCAN, *Narbonnaise*, p. 493.

[310] TURCAN, *Vallée du Rhône*, p. 65 ; cf. *loco uires conditae*, à Valence, en 245, *CIL*, XII, 1567.
Notons encore l'association de cette même expression *vires excepit* à la mention de la *consecratio* de
l'autel décoré de la représentation d'une tête de taureau à Lyon en 160 (*CIL*, XIII, 1751).

[311] *Cybèle*, p. 159-160, n. 2.

narbonnais où l'adverbe est utilisé mentionne expressément la communauté : *ex stipe conlata, celebrarunt publice Narbon(enses)* [312].

Un dernier texte, daté de 239, exprime mieux que tout autre l'engagement personnel des adeptes (n° 15). Tout d'abord, il mentionne l'implication d'une *Valeria Gemina* qui, deux ans plus tard est concernée par la célébration d'un taurobole, preuve de son zèle et de son attachement à la divinité. En second lieu, et surtout, il nous indique que cette dernière a recueilli les *uires* non plus d'un taureau mais d'un personnage, *Eutyches* [313] dont il faut penser, nous l'avons suggéré, qu'il a sacrifié volontairement sa virilité et qu'il est ainsi devenu galle. Enfin l'émasculation volontaire est intervenue à un moment fort du calendrier liturgique, le 24 mars, ce qui permettait d'assimiler le personnage concerné à Attis même (*Valeria Gemina* jouait-elle alors le rôle de Cybèle? Était-elle l'épouse d'*Eutyches*?).

Cette évocation des rites sanglants nous permet de prendre le contre-pied d'une opinion récemment émise par Aupert et Turcan [314] qui, à partir de l'analyse d'un Attis funéraire, mutilé et sanglant découvert à Saint-Bertrand-de-Comminges, ont voulu opposer le goût du sang lié à des mentalités propres aux populations du piémont pyrénéen à des formes plus adoucies de manifestations du culte métroaque qui auraient caractérisé notamment les Lactorates. Or, dans le cas de la cité convène, il ne s'agit que d'une représentation ; par ailleurs, le seul document épigraphique concernant le culte dans cette zone est d'une parfaite banalité, puisqu'il s'agit d'un simple texte votif [315]. Alors qu'à Lectoure nous avons souligné l'implication très forte, personnelle, d'individus, souvent des notables, de prêtres en place, d'un galle dans des pratiques qui ne relevaient pas simplement d'un engagement symbolique, mais d'un vécu personnel et collectif intense.

Enfin, si nous ne pouvons exclure qu'un bienfait impérial puisse être à l'origine des monuments dédiés en 176, nous retenons tout à fait le rapprochement [316] entre les tauroboles datés du 8 décembre 241 et la date de célébration des premières cérémonies de ce type à Lyon, en 160 [317] ; malgré l'écart chronologique, la coïncidence mérite d'être relevée et témoigne de l'impact que les premières cérémonies lyonnaises ont eu dans la naissance et le développement du culte à Lectoure (rien n'indique, cependant, que le rite de la veillée, *mesonyctium*, ait pris place ici).

---

[312] *CIL*, XII, 4321.

[313] Nom fréquent parmi les adeptes du culte, par exemple à Lyon, cf. TURCAN, *Vallée du Rhône*, p. 54 ; nous ne sommes pas convaincus, pour des raisons que nous avons exprimées plus haut, par ce dernier qui voit en lui un "esclave apparemment", *Narbonnaise*, p. 493.

[314] P. AUPERT, R. TURCAN, "Attis et Cybèle à Lugdunum Convenarum", *Aquitania*, XIII, 1995, p. 190 et 192.

[315] *CIL*, XIII, 83.

[316] Qui a échappé à Étienne ; cf. TURCAN, *Vallée du Rhône*, p. 126.

[317] *CIL*, XIII, 1751.

Les autres cultes

Aussi bien dans le chef-lieu de la cité que sur son territoire [318], d'autres cultes ont été pratiqués, cultes qui ont laissé des traces épigraphiques ou non et que nous devons rappeler pour mieux saisir le panorama religieux local [319].

C'est ainsi que Jupiter, qui est invoqué sous tous les aspects de sa personnalité complexe [320] à Lectoure comme dans le reste de la cité où le dieu classique, est abondamment représenté [321] selon des canons qui obéissent directement à des influences romaines, alors qu'au nord de la Garonne, des traits celtiques vivaces marquent l'iconographie du dieu [322]. Paradoxalement, les deux témoignages épigraphiques conservés, provenant de Lectoure même, concernent un dieu en partie marqué par des traditions locales [323]. En effet c'est à *Ioui* qu'un voeu est adressé par une femme, une pérégrine, dont seul le nom unique, à consonance indigène, est indiqué (n° 1), alors qu'un second texte indique que IOM est invoqué, mais *pro salute* (n° 2), par des individus portant gentilice mais sans doute d'extraction locale.

Les témoignages figurées concernant de multiples divinités abondent à Lectoure comme dans le territoire de la cité. Ils représentent des dieux du panthéon classique, notamment Apollon [324], Hercule ou Bacchus [325], Mercure [326] Vénus [327] ou des divinités gréco-orientales telles Dionysos [328], Sérapis, Isis, Anubis [329], mais ceux qui intéressent des dieux liés à la

---

[318] Sur les découvertes récentes de *fana* ruraux, notamment à Nauton et En Bordes, par C. Petit, voir SRA Toulouse, DRAC Midi-Pyrénées, *Bilan Scientifique Midi-Pyrénées*, 1995, p. 125.

[319] Sur l'emplacement de temples à Lectoure, voir ci-dessus, p. 25-26.

[320] G. FABRE, Les divinités "indigènes" en Aquitaine méridionale sous l'Empire romain, *Religio Deorum. Actas del coloquio Culto y Sociedad en Occidente (Tarragona, 1988)*, Sabadell, 1992 (= FABRE, *Divinités "indigènes"*), p. 185-190.

[321] Lectoure-Caillavet : BRAEMER, *Le marbre*, p. 192 et n. 573 = *CAG, Gers,* p. 222. Lectoure : BRAEMER, *Le marbre*, p. 191. La Romieu : *CAG, Gers,* p. 138. Marsolan : BRAEMER, *Le marbre*, p. 193 et n. 576 = *CAG, Gers,* p. 229. Voir aussi PETIT, *Milieu rural*, p. 224-225.

[322] Cf. BRAEMER, *Le marbre*, p. 194.

[323] Remarquons qu'une figuration de la divinité présente à côté de l'aigle, la roue : BRAEMER, *Le marbre*, p. 193-194 et notes 578-582.

[324] Pauilhac, *CAG, Gers*, p. 175.

[325] Castéra-Lectourois, *CAG, Gers,* p. 194.

[326] Lectoure, *CAG, Gers,* p. 226 et p. 223 – autel anépigraphe – ; Empourruche, *CAG, Gers,* p. 300 ; Ligardes, *CAG, Gers,* p. 136. Divinité(s) indigène(s) assimilée(s) à Mercure : Saint-Clar, BRAEMER, *Le marbre*, p. 192-193, à Marsolan, *CAG, Gers,* p. 229 et à Terraube, *CAG, Gers,* p. 232 (s'il n'y pas confusion avec la statue de Marsolan).

[327] Lampes, parfois de fabrication locale, cf. M. LABROUSSE, "Lampes romaines du Musée de Lectoure", *Actes XIIe-XVe Congrès d'Études Régionales (Lectoure, 1959)*, Auch, 1959, p. 49, 51, 60.

[328] Empourruche, *CAG, Gers*, p. 229.

[329] Lectoure, *CAG, Gers*, p. 203. Pradoulin, *CAG, Gers*, p. 225 ; dans ce dernier cas, il s'agit de figures de moules de lampes de fabrication locale, ce qui pourrait indiquer la présence d'adeptes des cultes égyptiens.

fécondité [330] sont les plus nombreux [331]. Toutefois, aucune trace épigraphique de ces cultes, qui correspondent à une vie religieuse extrêmement riche et variée, ne nous est parvenue, ce qui accentue le caractère déséquilibré du panorama religieux local offert par nos inscriptions.

Les croyances funéraires

Le recours de certaines familles à des autels funéraires destinés à honorer leurs morts traduit, et cela n'est en rien original, la profonde dimension religieuse des rites et croyances attachés à la célébration des défunts.

L'analyse des formulaires montre que l'invocation aux dieux Mânes est de règle (sauf dans le n° 31, sans doute datable du Ier siècle). Cette invocation prend un tour exceptionnel dans cette partie de l'Aquitaine, d'une part avec la forme *D. I. M.* (n° 32), utilisée à propos d'une affranchie peut-être liée (ne serait-ce que par l'intermédiaire de ses patrons) à l'Italie et d'autre part avec la précision *et memori(a)e* qui appartient à un formulaire daté habituellement de la fin du IIe siècle ou du IIIe, qui est surtout répandu au-delà de la Garonne et en Lyonnaise et dont l'utilisation est sans doute explicable par la possible origine non locale de ses utilisateurs (n° 44) [332]. C'est sur cette même épitaphe qu'apparaît la mention tout aussi étrange en Aquitaine méridionale *sub ascia dedicauit*, bien connue par exemple à Bordeaux ou Périgueux pour nous limiter à des exemples proches (en dehors de Lyon).

Quant aux aspects plus matériels liés à la mort, ils apparaissent à travers la mention quelque peu hyperbolique d'un *tumulu(s)*, pouvant désigner un monument de quelque importance (n° 30) ou celle des conditions dans lesquelles l'épitaphe (et la sépulture) ont été réalisées : *fecere* (n° 30 ; *[c]urauit* (n° 35), *faciendum curauit* (n° 44). Le rôle des héritiers (n° 35), celui du défunt lui-même qui a pris par testament des dispositions concernant sa tombe (et sans doute ses funérailles) *[t]estamento [p]oni iussi[t]* (n° 34) ou qui a exclu que ses héritiers puissent entrer en possession de son tombeau *h.m.n.s.* (n° 46), sont parfois indiqués. Exceptionnelle en Aquitaine méridionale est la mention de *sodales* qui honorent la mémoire d'un membre de leur collège prématurément décédé (n° 30).

---

[330] Priape : Bertherette et Frans, *CAG, Gers*, p.222 et 298. Pomone : Lectoure, Braemer, *Le marbre*, p. 183 et 185. Déesse-Mère : Pauilhac, *CAG, Gers*, p. 76 . *Epona* : Lectoure, *CAG, Gers*, p. 203. Divinité féminine de la fertilité : Sainte-Mère, *CAG, Gers*, p. 250. Culte des sources : à Lectoure, La Romieu, Flamarens, *CAG, Gers*, p. 201, 138, 249 respectivement.

[331] Autres divinités ou abstractions : *Ianus Bifrons*, Lectoure, *CAG, Gers*, p. 219. *Eros* : Lectoure, H. Guiraud, *Intailles et camées de l'époque romaine en Gaule*, 48e supplément à *Gallia*, Paris, 1988, n° 910. *Genius* : Lectoure, Guiraud, *op. cit.*, n° 411. *Bonus Eventus* : Lectoure, Guiraud, *op. cit.*, n° 231.

[332] Autre exemple à Auch : *CIL*, XIII, 442.

LA SOCIÉTÉ LACTORATE : LES LEÇONS DE L'ONOMASTIQUE

Notre *corpus* est fortement marqué par une surreprésentation des éléments les plus en vue, soit dans la seconde moitié du deuxième siècle, soit vers le milieu du troisième, puisque la part des auteurs de tauroboles est prépondérante et que l'épigraphie funéraire, avant tout liée à des *villae*, semble privilégier le souvenir d'individus distingués, honorés par des autels. C'est dire que nous possédons un ensemble documentaire qui ne peut refléter l'ensemble de la société lectouroise à ces époques. Par ailleurs, on peut regretter que les nombreux portraits de *togati* recueillis aussi bien dans les campagnes qu'à Lectoure même n'aient jamais pu jusqu'ici être mis en relation certaine avec des documents inscrits : néanmoins quelques hypothèses assez vraisemblables peuvent être avancées à propos de Frans et Pareillac [333].

Il faut tout d'abord insister sur la part exceptionnelle occupée par les témoignages concernant des femmes qui figurent presque à égalité numérique avec les hommes, cette part étant particulièrement dominante, nous l'avons vu, lorsqu'on considère les seuls témoignages du culte métroaque, tant ceux de 176 que ceux de 239/241. En outre, des noms féminins apparaissent sous forme de graffiti de propriété sur un certain nombre de vases (n° 41). Il est bien entendu impossible de conclure à une exception locale qui aurait reconnu aux femmes, y compris dans un domaine qui excédait les limites de la seule religion personnelle, une position particulièrement favorable.

En ce qui concerne les statuts des individus, il apparaît qu'en 176 comme en 239/241 la grande majorité des individus indiquent leurs *tria nomina*, ce qui, au IIᵉ siècle et antérieurement à la constitution antonine, permet, si nous suivons les conclusions prudentes exprimées par A. Chastagnol [334], de distinguer les citoyens des pérégrins qui, eux, portent un nom unique et une filiation reposant sur l'indication du seul nom paternel (notons qu'aucune filiation du type *C(ai) f(ilius)* n'est donnée à propos des citoyens, ce qui peut s'expliquer par des nécessités de gagner de la place, au moins sur les autels métroaques). On doit remarquer que la distinction entre ces deux types d'individus s'exprime d'une manière subtile, mais perceptible par les contemporains : tous les autels tauroboliques ou se rapportant au culte de Cybèle datés précisément (indication de l'année consulaire et jour de l'année) indiquent des citoyens, alors que les pérégrins sont les auteurs de textes non datés ou mentionnant seulement le prêtre ayant officié, et ce à une date ayant pu être identique ou proche des dates auxquelles se rapportent les témoignages de la première catégorie (n° 9, par exemple) : nous voyons bien là une confirmation du fait, déjà indiqué que, par exemple en octobre 176, au-delà du caractère personnel de chacun des tauroboles accomplis, c'est bien avant tout la communauté civique, représentée par les familles les plus en vue, qui agit. Ceci convient au fait que les monuments métroaques concernant des pérégrins sont parfois, nous l'avons dit,

[333] Le mausolée d'Empourruche, à Frans, a livré des statues (M. LABROUSSE, "Informations archéologiques", *Gallia*, 12, 1954, p. 224, et surtout Y. LE MOAL, "Les fouilles du tombeau gallo-romain d'Empourruche, commune de Saint-Clar (Gers)", *BSAG*, 59, 1958, p. 537-549) et plusieurs morceaux d'épithaphes (n° 47-50) ; de la *villa* de Pareillac proviennent un portrait d'enfant (présenté plus haut sur la fig. 7) et deux fragments d'inscriptions funéraires (n° 51 et 52). Voir ci-dessus, p. 47 et 48.

[334] *La Gaule romaine et le droit latin*, Scripta Varia 3, Lyon, 1995 (= CHASTAGNOL, *La Gaule romaine*), p. 54 notamment.

plus petits (n° 12) ou différents par leur décor et leur matériau (n° 13 et 14) des supports utilisés par les citoyens. En 239/241 ce sont naturellement des citoyens qui sont encore en action, mais la mention de leur *praenomen* (dans le cas des hommes) relève sans doute d'un souci de solennité et de respectabilité [335] et non plus de distinction juridique par rapport à d'autres hommes libres, puisque tous ceux-ci ont eu accès à la citoyenneté.

Parmi les individus signalés, certains portent des gentilices connus bien répandus en Aquitaine méridionale et qui peuvent correspondre à des couches anciennes de citoyens et de notables ; certains de ces gentilices sont d'ailleurs attestés aussi bien en 176 qu'en 239/241. C'est le cas des *Iulii* mentionnés, nous l'avons vu, en tant que fidèles de Jupiter mais surtout de la Grande-Mère et qui sont auteurs de tauroboles en 176 et en 241 : le fait qu'à cette dernière date ils interviennent trois fois indique et la permanence de leur notabilité et le renforcement de celle-ci. A côté, d'autres gentilices impériaux sont moins bien illustrés : *Claudius, Ulpia, Aelia/us, Aurelia.* Une autre famille importante est celle des *Pompei* eux-aussi mentionnés en 176 et 241 et dont la présence par exemple dans la cité voisine d'Éauze [336] souligne le prestige dans cette partie de l'Aquitaine. Notons enfin des *Valerii*, dont nous avons signalé qu'ils représentaient l'une des familles (sinon la famille) les plus en vue de tout l'espace aquitain méridional, aux IIe et IIIe siècles.

Un certain nombre de gentilices distingués, peu ou pas représentés dans cette zone, apparaissent soit sur tel autel taurobolique (*Servilia*, n° 22 ; 241 ap. J.-C.), soit sur des autels funéraires (*Roc(ius), Turranius* : n° 28, 33), gentilices accompagnés de surnoms eux aussi distingués, *Lepid(us)* et *Quintilianus*. D'autres gentilices sont manifestement caractéristiques de la pratique largement répandue dans l'ensemble des Gaules consistant à former des *nomina* à partir de *cognomina* : *Carinius* (le personnage porte le surnom de *Carus*, n° 16), *Erotius* (n° 16), *Traianius* (n° 15 à 24), *Tucc[ius?]* (n° 34), *Verin(ia)* (n° 24) [337]. Il est possible que le nom de *Reginius* (n° 44) entre dans cette catégorie car il pourrait être formé sur le nom celtique *Regenos* [338].

Deux questions se posent. Tout d'abord, à quel moment les gentilices de ce dernier type ont-ils été adoptés? avant ou après 212? Le cas de *Traianius* semble clair et l'on peut penser que son porteur, prêtre de Cybèle en 241, pouvait descendre, par exemple, d'un soldat (ou d'un affranchi de soldat) ayant reçu la citoyenneté de Trajan. Les autres cas restent indécis,

---

[335] Il faut légèrement nuancer les remarques générales concernant l'abandon du prénom à partir du deuxième siècle : cf. par exemple R. FREI-STOLBA, A. BIELMAN, *Musée romain d'Avenches. Les inscriptions*, Lausanne, 1996, p. 100. J.-P. BOST, "Questions d'onomastique limousine", *Travaux d'Archéologie Limousine*, 17, 1997 (= BOST, *Onomastique limousine*), p. 52 n. 9 et p. 58 n. 54 précise justement que le prénom "dans certaines familles...continue à classer socialement". Pour A. Chastagnol, *ILN*, II, *Riez, Antibes, Digne*, XLIVe supplément à *Gallia*, Paris, 1992, p. 29, l'abandon systématique du prénom ne serait pas intervenu avant le milieu du troisième siècle.

[336] *CIL*, XIII, 546, 547, époque sévérienne ; 552, fin deuxième-troisième siècle.

[337] Cf. A. CHASTAGNOL, "Considérations sur les gentilices des pérégrins naturalisés romains dans les Gaules et les provinces des Alpes", *BSAF*, 1993, p. 167-183 = *La Gaule romaine*, p. 155-165 ; ID., "Aux noms du père et du fils", *Mélanges M. Le Glay*, Bruxelles, 1994, p. 407-415.

[338] Cf. BOST, *Onomastique limousine*, p. 53.

puisqu'ils ne sont attestés qu'en 241. Par ailleurs, quelle est la place des *Decknamen* définis par J.-L. Weisberger [339]? Nous pensons, à la suite notamment de J.-P. Bost [340] qui les définit comme des "gentilices de standing", que des gentilices tels *Iulius* (malgré l'attestation du *cognomen Iullus* [341]), *Pompeius, Antonius* échappent à la définition trop large de Weisberger, qui, entre autres réalités, n'a pas tenu compte de leur implantation locale, du degré de notabilité de leurs porteurs, des surnoms qui les accompagnent.

Dans cet échantillon, tronqué nous l'avons vu, il convient d'envisager la place respective des individus venus de l'extérieur et des individus plus liés au milieu local. Dans la première catégorie, on peut ranger certains personnages en raison de leur situation professionnelle : c'est le cas de l'affranchi impérial *T. Aelius Leo* ; c'est peut-être celui d'un *nummularius* inconnu et très probablement celui de *Donnia Italia*, en raison de sa dénomination et du style de son épitaphe [342]. De même, en raison de son gentilice exceptionnel, *Sarmestelia Nepotilla* nous semble (et son monument funéraire pourrait confirmer ce point) d'une origine autre qu'aquitanique [343]. Enfin le surnom du prêtre *Accius Remus* (dont par ailleurs le gentilice n'apparaît guère en Aquitaine méridionale) pourrait avoir une connotation ethnique ou simplement géographique [344] tout comme celui du potier *Saius* (n° 40).

La présence de *cognomina* grecs ne permet pas de penser que leurs porteurs étaient obligatoirement des *alieni*, dans la mesure où la plupart d'entre eux étaient des esclaves ou des affranchis auxquels leurs maîtres avaient pu imposer de tels surnoms, y compris dans le cas où il étaient des *vernae* : *Hygia, Nice, Philetus, Soter(icus)*. On peut cependant penser que l'affranchie de *Donnia Italia, Donnia Calliste*, avait peut-être suivi ses patrons à Lectoure, qu'*Aelia Nice* avait un rapport avec un membre de la *familia Caesaris* (*T. Aelius Leo?*), que *Pompeia Philumene,* auteur du premier taurobole, les prêtres de 176, *Zminthius* (plutôt un oriental ou affranchi d'oriental) et *Paccius* étaient peut-être plus ou moins récemment installés ici, eux-mêmes ou leurs patrons. Le cas du galle *Eutyches*, comme ceux du prêtre *Traianius Nundinius* ou du notable *Erotius Festus* paraissent plus difficiles à interpréter, parce qu'ils appartiennent à une époque où le culte de Cybèle avait un caractère moins exotique qu'au siècle antérieur [345]. Enfin le *signum* et le surnom de *Luminatius Gregorius* (n° 30) pourraient révéler une origine orientale.

La place des individus d'origine locale se laisse déduire entre autres de certains surnoms à forte connotation aquitaine, mais qui apparaissent aussi en milieu de tradition celtique, tels

---

[339] *Die Namen der Ubier*, Cologne, 1968 (= WEISBERGER, *Namen der Ubier*), p. 127-132.

[340] *Onomastique limousine*, p. 57-59.

[341] Cf. WEISBERGER, *Namen der Ubier*, p. 176-177.

[342] Nous serons plus réservés à propos de *Viator Sabini fil.* que *CIL* voulait, sur un simple rapprochement onomastique, lier à Die, cf. *CIL*, XII, 1516.

[343] Mais on peut difficilement penser à une origine ibérique de ce surnom, origine suggérée par J.-B. KEUNE, Lactora, *RE*, XII, Munich, 1924, col. 364.

[344] Rôle d'un Trévire dans l'essor du culte de Mithra dans la cité voisine d'Éauze (*CIL*, XIII, 542 ; cf. 558).

[345] L'élément servile se reconnaît peut-être aussi à tel surnom à consonance latine porté ici par des individus pouvant avoir le statut d'affranchis : *Florus* (n° 2), *Flora* (n° 21).

Iullus, [Iu]llin[us, a], Taurinus, Titulla : plusieurs de ceux-ci figurent sur des graffites. Mais certains surnoms apparemment latins pourraient d'ailleurs indiquer une telle origine locale, ainsi *Oppidana*, en considérant aussi qu'une *Saturnina* était fille d'un *Taurinus*, alors que d'autres surnoms présentant un faciès celtique conviendraient aussi bien à des immigrés de plus ou moins fraîche date qu'à des représentants de familles d'origine celtique mais s'étant installées anciennement au sud de la Garonne : *Camulus, Catullus, Comenua, Seranus* (père d'un *Iullus*) par exemple. Il en est de même à propos du surnom abrégé *Mag( )* (n° 41-3), gravé après cuisson sur le fond d'une coupelle en sigillée et qui pourrait correspondre au début d'un des nombreux noms à consonance celtique commençant par ces trois lettres.

Il apparaît donc que Lectoure, possible centre de l'administration fiscale, lieu d'une activité bancaire (?), foyer actif du culte de Cybèle, présente au cours des IIe et IIIe siècles un ensemble de personnages en vue [346] qui ne différent guère de ceux que d'autres cités d'Aquitaine méridionale, telles Auch et Éauze, ont livrés, mais à propos desquels, malheureusement (si l'on excepte un document mutilé concernant un personnage qui aurait été honoré comme un des *primarii* de la cité, n° 28), aucun *cursus* municipal (et à plus forte raison équestre), aucune carrière militaire n'ont été à ce jour découverts. Par ailleurs, aucun exemple de relation familiale entre membres de l'aristocratie locale n'a été relevé et le seul type de solidarité connu concerne un collège funéraire. Surtout, il faut insister sur ce point, l'absence de fouilles de nécropoles ne nous permet pas de connaître, comme par exemple à Auch, des individus moins distingués parmi lesquels les traditions onomastiques de l'Aquitaine ancienne seraient mieux révélées.

LECTOURE ET LES EMPEREURS. LES RAISONS D'UN LOYALISME RÉAFFIRMÉ

Nous avons pu relever que le lien unissant les *Lactorates* à la famille des Antonins est très fort et est révélé de façon éclatante par l'hommage public rendu en 176 à Marc-Aurèle (et par celui que reçoit en même temps Faustine divinisée, s'il s'agit bien de l'épouse de ce dernier, qu'il soit public ou privé), hommage renforcé par la célébration, peut-être à la même date, d'un taurobole au nom de l'*ordo* ; par la mention d'une *Aelia Nice*, sans doute une affranchie pouvant être liée à la *familia Caesaris* comme *Aurelia Oppidana*, toutes les deux signalées, nous l'avons vu plus haut, sur des documents datant de 176 ou des environs de cette année ; surtout par la présence de *T. Aelius Leo*, affranchi par Antonin le Pieux et procurateur, plutôt que d'*Augusti* successifs (Antonin, Marc-Aurèle et L. Verus), d'un empereur et d'une impératrice (Antonin et Faustine I).

---

[346] La part des surnoms latins ou latinisés est prédominante ; on ajoutera à ceux que les documents sur pierre nous offrent ceux qui correspondent à des graffites : il s'agit de *cognomina* tels *[F]ideli[s]*, *Pia, V(e)nusta* évoquant des qualités physiques et morales et convenant majoritairement à des individus libres (I. KAJANTO, *Latin Cognomina*, Helsinki, 1965, réed. Rome, 1982 (= KAJANTO, *Cognomina*),p. 254, 251 et 283, respectivement).

Si l'on examine les documents épigraphiques officiels provenant de la cité d'Éauze, on note que, sous les Sévères, cette dernière affirme à plusieurs reprises son loyalisme envers les empereurs [347], alors qu'aucun hommage de ces années ne provient de Lectoure. Faut-il penser que l'on ait affaire à un "chassé-croisé" entre deux "rival cities", pour reprendre une expression chère à R. Syme, du type de celui qui a marqué la concurrence entre Vienne et Lyon ou Tarragone et Barcelone et que Lectoure aurait partagé la disgrâce de Lyon sous les Sévères (mais dans ce cas elle aurait cherché, comme cette dernière, à se faire pardonner elle aussi à travers des hommages répétés)?

Quoi qu'il en soit, le règne de Gordien III atteste une éclatante fidélité de Lectoure, ce dont témoigne la rafale de tauroboles réalisés en 241, et dont le plus remarquable est réalisé, au nom de l'*ordo*, pour la sauvegarde de l'empereur et de son épouse et pour le maintien de la cité des Lactorates, association qui avait aussi eu cours à Lyon en 160 [348], mais surtout, nous l'avons dit, en 194 et 197, dans des moments d'inquiétude et de difficultés traversés par la métropole gauloise (c'est par ailleurs le *status* de la cité rivale de Vienne qui est évoqué sans doute vers ces deux dernières dates) [349].

Pourquoi ce vibrant hommage auquel les élites de la ville prennent part? On pourra écarter l'existence d'un rapport particulier que révèlerait la présence d'*Antonii* liés ou se sentant liées à la famille impériale. Mais il faut probablement accorder une importance plus grande aux liens que Gordien Ier, gouverneur de l'Aquitaine, avait pu établir avec les notables de la province et dont témoigne, au moment de l'affrontement avec Maximin, une inscription que l'on a longtemps crue africaine et qui provient de la muraille de Bordeaux où elle fut remployée [350]. Or cet hommage est d'autant plus remarquable qu'il constitue un *unicum* en Occident. Il paraît donc légitime de considérer que la fidélité manifestée à l'égard du grand-père par les notables d'au moins une partie de l'Aquitaine a pu, peu après, se reporter sur son petit-fils Gordien III. Notons, par ailleurs, que la présence de Timésithée à la tête de la procuratèle de Lyonnaise et Aquitaine, puis son accession au statut de beau-père de l'empereur ont pu jouer un rôle dans la manifestation du zèle des notables lectourois, zèle peut-être encouragé par les représentants locaux de l'administration impériale, membres de

---

[347] *CIL*, XIII, 544-545 ; *ILTG*, 139, 140 ; Le Noheh *et alii*, *Autel votif*, passim ; M. Labrousse, "Recherches archéologiques à Éauze (1948-1949)", *BSAG*, 52, 1951, p. 201-213 ; J.-M. Pailler, D. Schaad, "Éauze antique", *Le trésor d'Éauze. Bijoux et monnaies du IIIe siècle après J.-C.*, Toulouse, 1992, p. 2.

[348] *CIL*, XIII, 1751.

[349] *CIL*, XII, 1827.

[350] *CIL*, XIII, 593 ; cf. L. Maurin, *CIL*, VIII, 12521 et l'enceinte romaine de Bordeaux, *Aquitania*, 5, 1987, p. 123-132. Notons la découverte, sur le site de la villa de Chiragan (Haute-Garonne) d'un portrait sculpté masculin du type Gordien 1er et d'une tête de Sabinia Tranquillina (conservés au Musée St Raymond à Toulouse).

la *familia Caesaris*. Enfin, on ne peut totalement exclure que la cité ait bénéficié d'une faveur, par exemple fiscale [351].

Mais ce ne sont là que des hypothèses. Nous devons en effet tenir compte des hasards de la conservation des documents et nous rappeler que toutes les cités (et celles de l'Aquitaine ne devaient pas déroger à cette pratique) devaient presque mécaniquement affirmer leur loyalisme aux empereurs à travers des hommages épigraphiques célébrant les nouveaux empereurs et les grands moments de leur règne.

On remarquera au passage, le caractère un peu surprenant de la forme prise par l'hommage lectourois, un taurobole officiel, amplifié, nous l'avons dit, par huit tauroboles engageant des personnes privées, alors que l'*Histoire Auguste* (*Vita Gord.*, XXIV, 2) se fait l'écho de diatribes contre les *spadones* (ce qu'étaient les galles, dont celui qui devint tel, à Lectoure, précisément en 239) contenues dans une lettre de Timésithée (sans doute inventée, il est vrai [352]) adressée à l'Empereur. C'est assurément la preuve de la force du culte métroaque au sein de la cité.

---

[351] Sur ce point de la politique impériale, voir X. LORIOT, "Les premières années de la grande crise du IIIe siècle : de l'avènement de Maximin le Thrace (235) à la mort de Gordien III (244)", *ANRW*, II, 2, Berlin-New York, 1975, p. 732.

[352] Voir A. CHASTAGNOL, *Histoire Auguste,* (éd. et trad.), Paris, 1994, p. 700.

APPENDICE :
CARACTÉRISATION DES MATÉRIAUX

Nous avons indiqué (p. 69) que nous avons demandé au Professeur A. Alvárez Pérez (Département de Géologie de l'Université Autonome de Barcelone) de procéder, sans qu'il ait pris connaissance préalablement de notre texte et de nos propositions de rapprochement et de datation des monuments, à la caractérisation et à la comparaison d'une quinzaine d'échantillons prélevés sur divers supports. Son étude a reposé sur l'analyse de lames minces au moyen d'un microscope à lumière polarisée ; elle a bénéficié de la base de données constituée par notre collègue et par M. Mayer à l'occasion de plusieurs enquêtes menées sur les carrières de Saint-Béat.

Il apparaît en effet que tous les marbres dolomitiques proviennent de la zone du bassin supérieur de la Garonne, ce qui ne constitue pas une surprise. En ce qui concerne les rapprochements proposés, on notera l'homogénéité de la série des autels datés de 176 (n° 4 et 25 ; 26 et 7), ainsi que celle de la série produite en 239-241 (n° 15, 16, 20).

Un premier élément discordant par rapport à nos propres propositions est fourni par le rapprochement suggéré entre le n° 15, datant précisément de 239, et le n° 11 dont nous verrons que le formulaire, notamment, conduit à le rapprocher plutôt des autels tauroboliques datant de 176. Par ailleurs, plusieurs monuments non datés seraient à mettre en relation, d'après la nature de leur matériau, avec des supports datant très précisément de 239 (n° 27 et 34 à rattacher au n° 15) ou de 241 (n° 32 à rattacher au n° 20). Nous ne sommes, cependant, pas persuadés qu'il faille placer ces trois supports à une date aussi avancée, même si nous n'avons pas totalement exclu de les situer au début du troisième siècle. C'est donc avec précaution que ces analyses des marbres, si utiles par ailleurs, doivent être accueillies.

Quant aux échantillons de calcaires analysés, ils correspondent à des matériaux dolomitiques d'extraction locale et traduisent une remarquable homogénéité pouvant correspondre soit à l'exploitation continue d'une même carrière, soit à des provenances différentes, mais liées à des prélèvements réalisés sur des formations géologiques du même type. En fait, nous pensons que les carrières exploitées à l'époque romaine devaient être proches de l'oppidum qui est constitué par un puissant banc calcaire. On peut, d'ailleurs, observer en plusieurs endroits, tout autour de l'agglomération actuelle, des traces d'extraction de blocs de grandes dimensions : certaines pourraient être antiques, en particulier celles qui se trouvent sur l'à-pic du nord-ouest de la ville [353].

Numéro catalogue	Numéro Alvárez	Datation	Caractérisation des marbres	Parentés N° catalogue
4	005	176	Marbre dolomitique. Grains épais. Hétérogranulation. Texture granoblastique. Intense microgranulation intergranulaire. Macles abondantes et déformées.	25
7	007	176?	Marbre dolomitique. Grains épais. Macles déformées. Début de microgranulation entre les bords des grains.	26
11	014		Marbre dolomitique	15
14	016		Marbre dolomitique	15
15	004	239	Marbre dolomitique. Grains épais à moyens. Texture granoblastique. Macles abondantes et déformées. Intense microgranulation.	11, 14, 16, 27, 34
16	011	241	Marbre dolomitique	15
20	008	241	Marbre dolomitique	32
25	001	176?	Marbre dolomitique. Hétérogranulaire. Texture porphyroblastique. Macles abondantes et déformées. Début de microgranulation intergranulaire. Petits grains très arrondis de quartz d'origine détritique.	4
26	015	176 ou avant	Marbre dolomitique	7
27	009		Marbre dolomitique	15
Numéro catalogue	Numéro Alvárez	Datation	Caractérisation des marbres	Parentés N° catalogue

[353] Elles présentent des caractéristiques d'une extraction ancienne, telles que J.-Cl. Bessac les décrit à propos des carrières du Bois des Lens près de Nîmes : J.-Cl. BESSAC, *La pierre en Gaule narbonnaise et les carrières du Bois des Lens (Nîmes). Histoire, archéologie, ethnographie et techniques*, suppl. *JRA*, 16, Ann Arbor, 1996, p. 204-247.

Numéro catalogue	Numéro Alvárez	Datation	Caractérisation des marbres	Parentés N° catalogue
32	006		Marbre dolomitique. Grains moyens avec d'abondantes plaques résiduelles de grains très gros. Macles déformées et rompues. Microgranulation très développée. Dans certaines zones, apparaissent des grains déformés et orientés.	20
34	013		Marbre dolomitique	15

			Caractérisation des calcaires	
1	002		Calcaire dolomitique. Grains très fins (micrites). Abondantes vacuoles dont quelques-unes sont remplies de microcristaux de calcite	13
13	003		Calcaire dolomitique. Biomicrites avec restes non indentifiés de fossiles. Taches d'oxyde de fer. Vacuoles remplies de microcristaux.	1, 23, anép.
23	012	241	Calcaire dolomitique local	13
Anép. Inédit	010		Calcaire dolomitique, avec restes non identifiés de bivalves	13

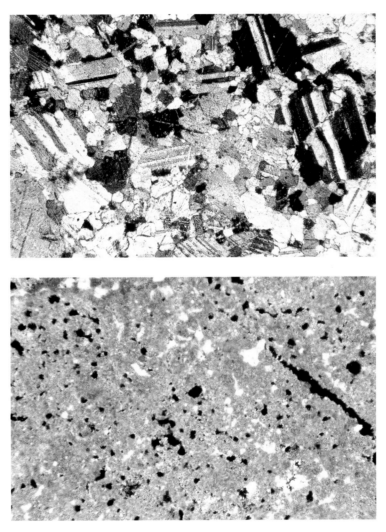

Fig. 17 : Les matériaux des autels de Lectoure
(macro-photographies de lames minces avec grossissement 50 fois).
17-1 : marbre de Saint-Béat du piédestal de Marc Aurèle (*ILA, Lactorates*, n° 25)
17-2 : calcaire dolomitique de l'autel de Severus (*ILA, Lactorates*, n° 13).

ABRÉVIATIONS - BIBLIOGRAPHIE

J.-F. ANGÉLY, "Les limites de la 'cité des Agenais'", *Revue de l'Agenais*, 94, 1968, p. 85-98.

ANGÉLY, *Agenais*.

J.-F. ANGÉLY, "Les limites du royaume des Nitiobriges", *Revue de l'Agenais*, 71, 1944, p. 1-23.

ANGÉLY, *Nitiobriges*.

F. DE BELLEFOREST, *La cosmographie universelle de tout le monde*, Paris, 1575.

BELLEFOREST, *Cosmographie*.

P. BONNARD, "L'ancienne cathédrale de Lectoure", *Congrès archéologique de France, Gascogne*, Paris, 1970, p. 194-224.

BONNARD, *Cathédrale*.

J.-P. BOST, "Questions d'onomastique limousine", *Travaux d'Archéologie Limousine*, 17, 1997, p. 51-62.

BOST, *Onomastique limousine*.

J.-P. BOST, "P. Crassum... in Aquitaniam proficisci jubet : Les chemins de Crassus en 56 av. J.-C.", *Hommage à R. Étienne*, REA, 88, 1-4, 1986, p. 21-39.

BOST, *P. Crassum*.

F. BRAEMER, *Le marbre des Pyrénées dans la sculpture antique*, thèse inédite, Paris, 1969.

BRAEMER, *Le marbre*.

Bulletin de la société archéologique, historique, littéraire et scientifique du Gers.

BSAG.

J. LAPART et C. PETIT, *Le Gers, Carte archéologique de la Gaule, 32,* Paris, 1993. — *CAG, Gers.*

B. FAGES, *Le Lot-et-Garonne, Carte archéologique de la Gaule, 47,* Paris, 1995. — *CAG, Lot-et-Garonne.*

E. CAMOREYT, Manuscrit inédit, conservé dans la coll. L. Barbé à Lectoure, 3 carnets. — CAMOREYT, *Carnets.*

E. CAMOREYT, "Note explicative d'un plan de fouilles opérées à l'emplacement de l'ancienne Lactora", *BACTH*, 1900, p. 10-13. — CAMOREYT, *Note.*

E. CAMOREYT, "Objets antiques avec marques de fabricant, inscriptions et autres signes, trouvés à Lectoure", *RG*, 34, 1893, p. 5-21, 127-133, 413-433, 503-511. — CAMOREYT, *Objets*, I.

E. CAMOREYT, "Objets antiques avec marques de fabricant, inscriptions et autres signes, trouvés à Lectoure", *RG*, 35, 1894, p. 99-114, 188-195, 355-365, 427-442. — CAMOREYT, *Objets*, II.

E. CAMOREYT, *L'emplacement de l'oppidum des Sotiates, RG*, 23, 1882, p. 249-256, 342-352, 421-434, et *RG*, 24, 1884, p. 166-175 et 448-456. — CAMOREYT, *Oppidum des Sotiates.*

E. CAMOREYT, *La ville des Sotiates, étude de géographie historique*, Auch, 1897. — CAMOREYT, *Ville des Sotiates.*

J. CARCOPINO, *Des Gracques à Sulla. Histoire romaine*, II, 1, Paris, 1932. — CARCOPINO, *Des Gracques à Sulla.*

F. CASSASSOLES, *Notices historiques sur la ville de Lectoure*, Auch, 1839. — CASSASSOLES, *Notices historiques.*

M. J. VERMASEREN, *Corpus Cultus Cybelae Attidisque,* EPRO 50, V, Leyde, 1986. — *CCCA*, V.

CHAUDRUC DE CRAZANNES, "Dissertation sur le taurobole et sur les inscriptions tauroboliques de Lectoure", *MSAF*, 3, 1837, p. 121-180. — CHAUDRUC DE CRAZANNES, *Taurobole.*

Inscriptiones trium Galliarum et Germaniarum Latinae, XIII, 1, 1. *Inscriptiones Aquitaniae et Lugdunensis.* Ed. O. Hirschfeld, Berlin, 1899 ; XIII, add. 4, *Addenda ad partes primam et secundam.* Ed. O. Hirschfeld, H. Finke, Berlin, 1916. — *CIL*, XIII.

J. CLÉMENS, "Les 'Oscidates Campestres'", *Revue de l'Agenais*, 106, 1980, p. 91-96. — CLÉMENS, *Oscidates Campestres.*

J. CLÉMENS, "Lomagne, Condomois et Agenais d'après la Vie de saint Antoine de Lialores", *BSAG*, 82, 1981, 252-261. — CLÉMENS, *Saint Antoine de Lialores.*

G. COURTÈS, "La cathédrale St-Gervais et St-Protais", *Sites et monuments du Lectourois*, Auch, 1974, p. 40-64. — COURTÈS, *Cathédrale*.

E. DESJARDINS, *Géographie de la Gaule romaine*, Paris, 1878. — DESJARDINS, *Géographie*.

S. DEYTS, *Images des dieux de la Gaule*, Paris, 1992. — DEYTS, *Images*.

DU CHOUL, *Discours de la religion des anciens romains*, Lyon, 1556 ; 2ᵉ éd., Lyon, 1581. — DU CHOUL, *Discours*.

R. DUTHOY, *The Taurobolium. Its Evolution and Terminology*, EPRO 10, Leyde, 1969. — DUTHOY, *Taurobolium*.

P.-M. DUVAL, "A propos du milliaire de Cn. Domitius Ahenobarbus trouvé dans l'Aude en 1949", *Gallia*, 7, 1949, 207-231. — DUVAL, *Milliaire*.

É. ESPÉRANDIEU, R. LANTIER, *Recueil général des bas-reliefs, statues et bustes de la Gaule romaine*, Paris, 1907-1966. — ESPÉRANDIEU, *Bas-reliefs*.

É. ESPÉRANDIEU, *Inscriptions antiques de Lectoure*, Auch-Paris, 1892. — ESPÉRANDIEU, *Lectoure*.

R. ÉTIENNE, "L'Aquitaine gallo-romaine", *Histoire de l'Aquitaine. Documents*, Toulouse, 1973, p. 34-77. — ÉTIENNE, *Documents*.

R. ÉTIENNE, "La chronologie des autels tauroboliques de Lectoure", *BSAG,* 60, 1959, p. 35-42 = *En passant par l'Aquitaine*, Bordeaux, 1995, p. 285-295. — ÉTIENNE, *En passant*.

D. E. EVANS, *Gaulish Personal Names. A Study of some Continental Celtic Formations*, Oxford, 1967. — EVANS, *Personal Names*.

G. FABRE, "Les divinités 'indigènes' en Aquitaine méridionale sous l'Empire romain", *Religio Deorum. Actas del Coloquio Internacional de Epigrafía : culto y sociedad en Occidente (Tarragona, 1988),* Sabadell, 1992, p. 185-190. — FABRE, *Divinités "indigènes"*.

M. GAYRAUD, *Narbonne antique, des origines à la fin du IIIᵉ siècle*, Paris, 1981. — GAYRAUD, *Narbonne*.

J. GORROCHATEGUI CHURRUCA, *Estudio sobre la onomástica indígena de Aquitania*, Bilbao, 1984. — GORROCHATEGUI, *Estudio*.

H. GRAILLOT, *Le culte de Cybèle Mère des Dieux, à Rome et dans l'Empire romain*, Paris, 1912. — GRAILLOT, *Cybèle*.

A. HOLDER, *Alt-celtischer Sprachschatz*, 3 vol., Leipzig, 1896-1913. — HOLDER, *Sprachschatz*.

B. FAGES et L. MAURIN, *Inscriptions Latines d'Aquitaine*, I, *Nitiobroges*, 1991. — ILA, *Nitiobroges*.

H. DESSAU, *Inscriptiones Latinae Selectae*, Berlin, 1892 (rééd., Chicago, 1979). — ILS.

P. WUILLEUMIER, *Inscriptions latines des Trois Gaules*, XVII° supplément à *Gallia*, Paris, 1963 (rééd. 1984).

ILTG.

C. JULLIAN, *Histoire de la Gaule*, Paris, 8 vol., 1906-1926 (2e éd., Paris, 1993, due à C. Goudineau).

JULLIAN, *Gaule.*

I. KAJANTO, *The Latin cognomina*, Helsinki, 1965 (réed., Rome, 1982).

KAJANTO, *Cognomina.*

M. LABROUSSE, "Les temps gaulois et gallo-romains", *Pays du Gers, cœur de la Gascogne*, Pau, 1988, p. 72.

LABROUSSE, *Temps gaulois et gallo-romains.*

M. LABROUSSE, *Toulouse antique des origines à l'établissement des Wisigoths, Paris*, 1968.

LABROUSSE, *Toulouse.*

J. LAPART, *Les cités d'Auch et d'Éauze de la conquête romaine à l'indépendance vasconne (56 avant J.-C. - VIIe siècle après J.-C.). Étude archéologique et toponymique*, thèse inédite, Toulouse, 1985.

LAPART, *Auch et Éauze.*

M. LARRIEU, *La cité des Lactorates. Inventaire archéologique*, ouvrage inédit, 2 vol., 1970 (manuscrit conservé au Service Régional de l'Archéologie de Midi-Pyrénées).

LARRIEU, *Inventaire.*

Y. LE MOAL, "Les fouilles du tombeau gallo-romain d'Empourruche, commune de Saint-Clar (Gers)", *BSAG*, 59, 1958, p. 537-549.

LE MOAL, *Empourruche.*

Chr. LE NOHEH, P. RIFA, D. SCHAAD, "Note sur un autel votif découvert à Éauze (Gers)", *Aquitania*, 9, 1991, p. 269-275.

LE NOHEH *et alii, Autel votif.*

F. LOT, *Recherche sur la population et la superficie des cités remontant à la période romaine*, Paris, 1953.

LOT, *Population.*

M. MASSON, *Statistique de l'arrondissement de Lectoure*, Auch, 1836.

MASSON, *Statistique.*

L. MAURIN, "Remparts et cités dans les trois provinces du Sud-Ouest de la Gaule au Bas-Empire (dernier quart du IIIe siècle-début du Ve siècle)", *Villes et agglomérations urbaines antiques du Sud-Ouest de la Gaule. histoire et archéologie (Deuxième colloque Aquitania, Bordeaux, 1992)*, 6e suppl. *Aquitania*, Bordeaux, 1992, p. 365-389.

MAURIN, *Remparts.*

P. MESPLÉ, "Les remparts de Lectoure. La Hountélie", *Sites et monuments du Lectourois*, Auch, 1974, p. 27-39.

MESPLÉ, *Rempart, Hountélie.*

A. Mócsy, *Nomenclator provinciarum Europeae Latinarum et Galliae Cisalpinae*, Dissertationes Pannonicae, ser. III, vol. 1, Budapest, 1983.   Mócsy, *Nomenclator.*

C. Petit, *Le milieu rural dans l'Aquitaine méridionale entre Garonne et Pyrénées pendant l'Antiquité et le Haut Moyen Age*, thèse inédite, Bordeaux, 1997.   Petit, *Milieu rural.*

Revue de Comminges.   RC.

Revue de Gascogne.   RG.

R. Sablayrolles, J.-L. Schenck, *Les autels votifs*, Collections du Musée archéologique départemental de Saint-Bertrand-de-Comminges, I, 1987.   Sablayrolles et Schenck, *Les autels.*

J.-L. Schenck, "Métamorphisme et métamorphoses, essai d'identification d'un atelier de taille : les *marmorarii* de Saint-Béat", *Les marbres blancs des Pyrénées, Approches scientifiques et historiques*, Saint-Bertrand-de-Comminges, 1995, p. 169-196.   Schenck, *Métamorphisme.*

H. Solin, *Die griechischen Personennamen in Rom, ein Namenbuch*, 3 vol., Berlin-New York, 1982.   Solin, *Griechischen Personennamen.*

H. Solin, *Die stadtrömischen Slavennamen. Ein Namenbuch*, Forschungen zur antiken Sklaverei, Beiheft 2, Stuttgart, 1996.   Solin, *Stadtrömischen Sklavennamen.*

H. Solin, O. Salomies, *Repertorium nominum gentilium et cognominum Latinorum*, 2e éd., Hildesheim, 1994.   Solin, Salomies, *Repertorium.*

W. Spickermann, *"Mulieres ex voto". Untersuchungen zur Götterverehrung von Frauen im römischen Gallien, Germanien und Rätien (1-3. Jahrhundert n. Chr.)*, Bochumer Historische Studien, Alte Geschichte Nr 12, Bochum, 1994.   Spickermann, *Mulieres.*

R. Turcan, *Les religions de l'Asie dans la vallée du Rhône*, EPRO 30, Leyde, 1972.   Turcan, *Vallée du Rhône.*

R. Turcan, "Les religions orientales en Gaule Narbonnaise", *ANRW*, II, Prinzipat, 18, 1, 1986, p. 456-518.   Turcan, *Narbonnaise.*

Villes et agglomérations urbaines antiques du Sud-Ouest de la Gaule. histoire et archéologie (Deuxième colloque Aquitania, Bordeaux, 1992), 6e suppl. *Aquitania*, Bordeaux, 1992.   *Villes du Sud-Ouest.*

F. R. Walton, *Diodorus of Sicily*, éd. Loeb, Londres, 1967.   Walton, *Diodorus.*

J. WHATMOUGH, *The Dialects of Ancient Gaul*, Harvard, 1970.

WHATMOUGH, *Dialects*.

L. WIERSCHOWSKI, *Die regionale Mobilität in Gallien nach den Inschriften des 1. bis 3. Jahrhunderts n. Chr.*, Historia Einzelschriften 91, Stuttgart, 1995.

WIERSCHOWSKI, *Mobilität*.

J.-L. WEISBERGER, *Die Namen der Ubier*, Cologne, 1968.

WEISBERGER, *Namen der Ubier*.

PRINCIPES DE PUBLICATION

Division géographique : Suivant les principes adoptés par L. Maurin dans le second fascicule des *Inscriptions Latines d'Aquitaine* [1], les inscriptions découvertes à *Lactora* (aujourd'hui Lectoure), la capitale de la cité des Lactorates, sont présentées en premier lieu, suivies des quelques documents concernant l'*Instrumentum domesticum* et provenant des fouilles de Pradoulin ; en second lieu apparaissent les textes épigraphiques du territoire, localité par localité, selon un classement alphabétique pour la commodité du lecteur. Un texte très lacunaire, appartenant peut-être à une borne milliaire, est donnée à la fin du *Corpus*.

Ordre des inscriptions : Les inscriptions sont classées selon l'ordre traditionnel suivant :

1. Inscriptions sacrées (ordre alphabétique des divinités).

2. Inscriptions impériales (ordre chronologique des empereurs).

3. Autres inscriptions non funéraires.

4. Épitaphes.

---

[1] L. MAURIN, avec la collaboration de M. THAURÉ et Fr. TASSAUX, *Inscriptions Latines d'Aquitaine (ILA). Santons*, Bordeaux, 1994.

Les références aux inscriptions de la cité des Lactorates renvoient ici à ce *corpus* sous la forme *ILA, Lactorates,* n° 1, etc.

Présentation des inscriptions : Dans la mesure du possible, chaque notice est présentée selon les normes de la base de données PETRAE, réalisée par A. Bresson et D. Roux, au Centre Pierre Paris de l'Université Michel de Montaigne de Bordeaux, mais toutes les informations de la base ne sont pas reproduites, seules les rubriques effectivement remplies apparaissent dans le texte.

La rédaction de chaque notice est fondée sur le plan suivant :

1. Numéro dans la publication en caractères gras, avec entre parenthèses le numéro PETRAE qui est un numéro absolu : 16 désigne les Gaules, 1 la province d'Aquitaine, 7 la cité de Lectoure, la dernière partie étant constituée par le numéro de l'inscription. Le numéro dans la publication se retrouve dans le lemme bibliographique, à l'indication *ILA, Lactorates.* Viennent ensuite le lieu de découverte du document et une présentation succincte du texte, qui tient lieu de titre (en caractères gras).

2. Description de la pierre : indication de la nature du support et du matériau, état de conservation du monument, éléments de décoration ...

3. Date, circonstances, lieu et contexte local de découverte ; lieu et institution de conservation du monument avec indication (éventuelle) du numéro d'inventaire dans le musée ou la collection.

4. Dimensions du monument, en centimètres, dans l'ordre suivant : hauteur, largeur, épaisseur.

5. Description du champ épigraphique, avec la (ou les) face(s) du support où se trouve le champ, les dimensions (éventuellement).

6. Datation du texte.

7. Commentaire sur la mise en page, définition de l'écriture et commentaire sur la forme et la qualité des lettres (s'il y a lieu).

8. Bibliographie : sauf exception, on ne donne pas la bibliographie antérieure au *CIL.* Conformément aux principes établis par L. Robert, les lemmes sont génétiques : les éditions secondaires (sans révision du support) sont indiquées entre parenthèses à la suite de l'édition principale dont elles dépendent. Viennent ensuite les commentaires importants relatifs au texte par ordre chronologique.

9. Dimension des lettres : indications de la hauteur minimum et de la hauteur maximum et, s'il y a lieu, indication par ligne des hauteur de lettres et d'interlignes.

10. Texte : on donne d'abord ligne par ligne, avec alignement à gauche, le texte en capitales avec les signes séparatifs. Cet état majuscule exclut toute tentative de reproduire la forme des lettres authentiques et ne prétend donc pas rendre l'aspect de l'inscription sur la pierre, mais il permet de se faire clairement une idée de ce qui a été lu et doit être considéré comme un état de l'information scientifique. Selon la méthode utilisée par L. Robert, la numérotation des lignes a été faite quatre par quatre, ce qui assure une plus grande lisibilité.

On transcrit ensuite, ligne par ligne, avec alignement à gauche, l'inscription en minuscules, sans redonner les signes séparatifs, mais avec la ponctuation ordinaire d'un texte littéraire latin. Seules les majuscules correspondant à des noms propres sont notées. Lorsqu'il s'agit de simples fragments impossibles à restituer, le texte est seulement reproduit en capitales. Vient ensuite l'apparat critique, où on ne donne ordinairement pas les lectures antérieures au *CIL*, sauf lorsqu'elles paraissaient mériter quelque considération, notamment pour les inscriptions aujourd'hui perdues.

11. Traduction : on a renoncé à essayer de donner une traduction quasi impossible des fragments reproduits en capitales.

Illustration : En raison de l'extraordinaire intérêt des autels lectourois, fréquemment datés avec une très grande précision, un effort particulier a été fait pour la représentation photographique des supports et de leur décor. Outre celle de la face antérieure qui porte l'inscription, les photographies du couronnement, des côtés latéraux et parfois de la face arrière sont fréquemment données : le flanc droit (face 2) est toujours placé à droite et le flanc gauche (face 3) à gauche.

Les illustrations correspondent généralement à des réductions au dizième à l'exception de celles des petits fragments de plaques, du sceau de potier et des graffites sur céramique.

Signes critiques :

[   ]   Restitution de lettres disparues

(   )   Résolution d'abréviation

[   ]   Érasure

{   }   Suppression de lettres gravées par erreur

<   >   Inclusion de lettres qui n'étaient pas présentes sur la pierre

⌐   ⌐   Lettres corrigées d'après une copie ou un manuscrit peu fiable

+   Lettre non identifiable

[. . .]   Lacune non restituable de longueur déterminée : chaque point indique une
               lettre manquante

[---] Lacune de longueur indéterminée dans une ligne ou ligne manquante, mais certaine

--- Ligne(s) manquante(s) non restituable(s) en nombre indéterminé

· Point de séparation

𝕭 *Hedera*

ẹṭ Lettre pointée : lettre qui ne se lit pas entièrement sur la pierre

'Aug' Lettres en ligature

<u>sodales</u> Lettres disparues à l'époque moderne, mais attestée par une source indiscutable.

INSCRIPTIONS DU CHEF-LIEU DE CITÉ

1 (16/1/17/1). L<small>ACTORA</small> (L<small>ECTOURE</small>). **Vœu d'une femme à Jupiter.**

Support : Autel. *Matériau :* Calcaire. *État du monument :* Assez bon, malgré des traces de coups à la partie droite du fût. Calcaire dolomitique local, présentant de nombreuses irrégularités que le travail de préparation n'a pas permis de masquer, même en façade. *Décor :* Corniche et base sommairement moulurées en fort débordement sur les quatre côtés. A la partie supérieure, deux bandeaux lisses et un *focus* en relief (13 cm de diamètre) pourvu d'un renflement central. Les faces latérales et postérieure sont grossièrement épannelées.

— *Lieu de déc. :* Lectoure. *Cond. déc. :* En mars 1881, au pied du mur situé au nord du jardin public, là-même où avait été découvert en 1877 *ILA, Lactorates,* n° 2. *Lieu de conserv. :* Lectoure. *Inst. de conserv. :* Musée de Lectoure. *N° inv. :* 30. *H. supp. :* 61,5. *Autres mesures ou remarques :* Couronnement : 6/29/25 ; corniche : 10/32,5/26 ; fût : 35/22/19 ; base : 10,5/34/27,5.

— *Champ ép. Descript. :* La face inscrite présente de nombreuses irrégularités dues au matériau. *Dimensions :* 35/22. *H. marge sup. :* 4. *H. marge inf. :* 15. *État de conserv. du champ épigr. :* Passable ; un enlèvement à droite et des coups pourraient donner l'illusion d'un point entre S et L l. 3, et d'un trait entre T et I, l. 2.

Datation du texte : 50/150. *Justif. dat. :* Simplicité du formulaire et de la dénomination. 150-250 selon Spickermann, *Mulieres,* p. 122, ce qui correspond en gros à la fourchette dans laquelle il place toutes les inscriptions de Lectoure qu'il a retenues. *Style écr. :* Capitale carrée, mais avec une certaine tendance à l'actuaire : A et M aux second(s) traits plus hauts ; L et T aux traits horizontaux courts et ondulés (c'est par erreur que Camoreyt indique que le second T est "réduit à sa haste verticale"). Ponctuation triangulaire. La mise en page n'est guère heureuse : le texte est déporté vers le haut du champ ; les lignes sont assez bien centrées en largeur, sauf la dernière, un peu trop à droite.

Éd. : CIL, XIII, 502, (et XIII, 4, p. 6) ; *CAG, Gers,* p. 214 ; *ILA, Lactorates,* 1, photos du support.

H. min. l. : 4. *H. max. l. :* 5. *Ligne 1 :* 5. *Ligne 2 :* 4,5. *Ligne 3 :* 4,5. *Interlignes 1/2 :* 2. *Interlignes 2/3 :* 2,5.

IOVI	Ioui
TITVLLA	Titulla
V·S·L·M	u(otum) s(oluit) l(ibens) m(erito).

Apparat crit. : Ligne 2 : contrairement aux indications de Camoreyt et du *CIL*, les T ne dépassent pas en hauteur, le trait supérieur du second T est seulement relevé vers la droite, de manière à éviter le premier trait du V qui suit.

A Jupiter, Titulla a accompli son vœu de bon gré et à juste titre.

Remarques: La désignation sous cette forme du dieu, dépourvu de ses qualificatifs "romains", laisse entendre que sous ce théonyme doit se cacher une divinité topique protectrice, selon un processus connu ailleurs en Aquitaine méridionale (à Saint-Bertrand-de-Comminges : *CIL*, XIII, 233, 240 ; à Marignac, *CIL*, XIII, 45. Voir Fabre, *Divinités "indigènes"*, p. 185-190). La dédicante porte un surnom de tradition locale, connu notamment chez les Convènes (en particulier à propos d'un hommage à Jupiter, *CIL*, XIII, 11005 ; voir aussi *CIL*, XIII, 40, 113 ; G. Fouet, "Vestiges du sanctuaire gallo-romain et de la nécropole de Corneilhan à Sarrecave", *RC*, 82, 1969, p. 153-169 ; *Titullinus, CIL*, XIII, 440 à Auch ; *Tituluxsa, CIL*, XIII, 471 à Gimont), mais aussi au nord de la Garonne (cf. Mócsy, *Nomenclator*, p. 291) ; par ailleurs, sa dénomination est réduite à ce surnom sans indication de filiation. La lourdeur des formes du support, la médiocre qualité du matériau et la simplicité extrême du texte contribuent à faire de ce document issu d'un atelier local le témoin d'un milieu encore assez peu romanisé.

2 (16/1/17/2). LACTORA (LECTOURE). **Vœu (?) à Jupiter Très Bon Très Grand.**

Matériau : Calcaire local (seul cas où *CIL* précise, à tort, qu'il s'agit d'un marbre de Saint-Béat). *État du monument:* Fragment dont on ne peut exclure qu'il ait appartenu à un autel et qui correspond à la partie droite du support.

— *Cond. déc. :* En 1877, "dans les substructions d'un mur romain qui, au Moyen Age, servait encore de rempart" (d'après Robert, *Cinq inscriptions*, p. 4), mur situé au nord du jardin public, au même endroit où fut découvert l'autel précédent (*ILA, Lactorates*, n° 1) et en même temps qu'une statue du dieu. *Lieu de conserv.:* Lectoure. *Inst. de conserv.:* Musée de Lectoure. *N° inv.:* 29. *Dimensions:* 50 max./39 max./21 max.

— *Champ ép. Descript.:* Incomplet. Mauvais, les lettres sont très *evanidae*, notamment à droite. *Dimensions:* 50/39.

Datation du texte : 1/100. *Justif. dat.:* Gentilice et T au-dessus de la ligne. *Style écr.:* Capitale carrée. Lettres assez élancées (les traits horizontaux des T, le dernier trait des R, la base des E et L sont relativement courts ; les M sont redressés ; S avec base écrasée).

Éd.: CIL, XIII, 503, cf. XIII, 54* qui semble s'en inspirer ; *CAG, Gers*, p. 214 ; *ILA, Lactorates*, 2, photo du support.

H. min. l.: 2,5. *H. max. l.*: 6,2. *Ligne 1*: 4. *Ligne 2*: 5,2. *Ligne 3*: 6,2. *Ligne 4*: 5,5. *Ligne 5*: 4,5. *Interlignes 1/2*: 2,5. *Interlignes 2/3*: 2,5. *Interlignes 3/4*: 2,3. *Interlignes 4/5*: 2,5.

```
        [ . ]OM
        [ . . . . . ]VTEMIVĻ
        [ . . ?]·FLORI
   4    [ . . . . . ]TVRNIVSĻ
        [ . . . . . ]·IAMONITA
        [---]
```

```
        [I(oui)] O(ptimo) M(aximo)
        [pro sal]ute M(arci) Iul(ii)
        [M(arci) f(ilii)?] Flori
   4    [M(arcus) Iul(ius) Sa]ţurnius ]ibertus)
        [et ...]·ia Monita
        [---]
```

Apparat crit.: L. 2 : [PRO SAL]VTEM IVL[I] (*CIL*). L. 3 : ELORI (*CIL*). L. 4 : CL (*CIL*).

A *Jupiter très Bon très Grand, pour le salut de Marcus Iulius Florus (fils de ? affranchi de ?), Marcus Iulius Saturnius ou Satur‹n›inus, son affranchi, et...ia Monita.*

Remarques : L'invocation de Jupiter en tant que dieu salutaire n'est pas sans équivalent dans l'Aquitaine méridionale (*CIL*, XIII, 37, 310 ; alors qu'à Saint-Bertrand-de-Comminges il est invoqué en tant que *Iuppiter Salutaris*, par un personnage qui se dit *gravi infirmitate libera[tus]* (*CIL*, XIII, 240 = Sablayrolles-Schenck, *Les autels*, 12) et ceci prend d'autant plus de relief que ce sont surtout des divinités "indigènes" qui sont ainsi invoquées (Eriappus/ Erriape, Garr(is), Idiate, Lahe) ; le dieu est d'ailleurs concurrencé par un Mars fortement adapté à des traditions locales (par exemple à Aire-sur-l'Adour). Si l'on suit les indications de Camoreyt, Lectoure aurait possédé un sanctuaire de Jupiter, sans doute lié à un culte ancien et où auraient été admises différentes épiclèses et configurations de la divinité : une statue acéphale en calcaire, conservée au musée, le représente assis, portant une tunique dégageant l'épaule droite et le bas des jambes, touchant de la main droite un aigle, mais accompagné de la roue. Une présentation classique aurait cohabité avec une tradition plus locale, plus aquitaine, établissant un lien plus direct avec une divinité éminemment plastique et dont l'action protectrice a pu récupérer celle d'un dieu guérisseur local.

L'identité des trois personnages concernés doit être précisée ou rétablie en tenant compte de la répartition exacte du texte subsistant sur la pierre, la lacune de six lettres inaugurant la seconde ligne devant servir de référence. Nous pensons que la troisième ligne devait comporter une filiation ou à la rigueur une pseudo-filiation du type *M. fil.* (ou *lib.*), car le retrait vers la gauche du surnom du défunt exclut que cette ligne ait été trop chargée, et que la quatrième portait les prénom, *nomen* abrégé et début du surnom du deuxième personnage ; nous ne pensons pas qu'il y ait eu un C en fin de ligne, alors qu'un L semble se remarquer. Au début de la partie conservée de la cinquième ligne, on relève un arrondi qui pourrait correspondre à la panse d'un P ou d'un B.

Saturnius peut répondre à une mauvaise lecture de la minute pour *Saturninus*, mais un tel nom n'est pas inconnu en Aquitaine et les surnoms en forme de pseudo-gentilices ne sont pas rares. *Monita* est bien un surnom, attesté, et l'on repoussera la proposition gratuite de Mommsen rapportée par *CIL* "ad indubia monita". Quant au bénéficiaire, *Florus*, né libre ou d'origine servile, il porte un surnom (mis en valeur par des lettres plus hautes que celles réservées aux noms du dédicant et, surtout de la dédicante) qui est peu répandu en Aquitaine méridionale (*CIL*, XIII, 154, pérégrin).

3 (16/1/17/3). LACTORA (LECTOURE). **Premier taurobole lectourois en l'honneur de la Grande Mère.**

État du monument : Il devait s'agir d'un autel.

— *Lieu de déc. :* Lectoure. *Cond. déc. :* Inconnues, avant 1556. "A l'un des boleverts de la cité de Lectore" (Du Choul) ; "in uno propugnaculorum civitatis" (Gruter) ; l'autel se trouvait donc en réemploi dans un des deux bastions extérieurs, édifiés à l'avant du rempart afin de protéger la porte de l'est.

Lieu de conserv. : Perdu (lors de la démolition du rempart, d'après Chaudruc de Crazannes et Espérandieu).

Datation du texte : 160/176. *Justif. dat. :* Sans doute postérieur à 160 (date du premier taurobole lyonnais) et peut-être antérieur au 18/10/176. Puisqu'il s'agit du premier taurobole effectué à Lectoure, il a probablement précédé la première série des tauroboles réalisés en 176 ; sinon il est, au plus tard, contemporain de ceux-ci.

Éd. : DU CHOUL, *Discours*, p. 86 et p. 96 ; *CIL*, XIII, 504 ; *ILS*, 4121 ; DUTHOY, *Taurobolium*, p. 44, 103 ; *CCCA*, 5, p. 84-85, 222 ; *CAG, Gers*, p. 214 ; *ILA, Lactorates*, 3.

Comm. : ÉTIENNE, *Documents*, CLXX, traduction seule.

	MATRIDEVM		Matri Deum
	POMP·PHILVMENE		Pomp(eia) Philumene
	QVAE·PRIMA·LECTORE		quae prima L\<a\>ctor\<a\>e
4	TAVROBOLIVM	4	taurobolium
	FECIT		fecit.

Apparat crit. : Division du texte différente selon les éditions (Du Choul) ; POM PHILVMEN'AE' (*Id.*) ; QV'AE' (*Id.*) ; LECTORE (*Id.*). Nous adoptons la version donnée par Espérandieu (et *CIL*), d'après le manuscrit de la Bibliothèque de Lectoure aujourd'hui perdu.

MATRI DEVM POMP. PHILVMENAE
QVAE PRIMA LECTORE TAVROBO
LIVM FECIT.

Du Choul, *Discours*, 1556

MATRI DEVM POMP. PHILVMENÆ QVÆ
PRIMA LECTORE TAVROBOLIVM FECIT.

Du Choul, *Discours*, 1581

A la Mère des dieux, Pompeia Philumene qui, la première, à Lectoure, a fait un taurobole.

Remarques : Ce document essentiel, sans doute authentique (même si le qualificatif *prima* pourrait indiquer une fabrication savante à partir du surnom *Prima* indiqué sur le texte n° 4 ; par ailleurs, la graphie *taurobolium* apparaissant uniquement ici, il peut s'agir d'une ultracorrection d'érudit), appelle en premier lieu des remarques formelles. La répartition du texte en cinq lignes, retenue notamment par *CIL*, ne reprend pas celle, improbable, indiquée par Du Choul, le premier éditeur, mais ne correspond pas à celle que l'on pourrait attendre si l'on se réfère à la série la plus anciennement datée des autels tauroboliques locaux : par exemple la formule *tauropolium fecit* n'y figure jamais, lorsqu'elle est développée entièrement, sur une seule ligne (le seul parallèle est fourni par *ILA, Lactorates*, 5, lui aussi perdu). Par ailleurs, jamais à Lectoure la divinité n'est nommée d'une manière aussi complète. Enfin il semble surprenant, à moins de penser que le monument ait été incomplètement conservé, ce que nous n'excluons pas, qu'un acte religieux aussi novateur n'ait pas été daté.

L'auteur de cet acte privé appartient à une famille qui a manifesté son attachement à cette divinité jusque sous Gordien III (*ILA, Lactorates*, 21) et dont le gentilice doit être développé en *Pomp(eia)*, même si le développement *Pomp(onia)* n'est pas tout à fait à exclure (cf. L. Maurin *et alii*, *ILA, Santons*, 64) : la fréquence du premier gentilice en Aquitaine méridionale (voir *supra*, p. 104) nous fait pencher pour la première solution ; mais on ne peut oublier que des *Pomponii* ont joué un rôle important dans l'essor du culte de Cybèle au sein de la cité des Pétrucores (*CIL*, XIII, 11042). Il n'est pas surprenant qu'une femme ait assumé une responsabilité fondatrice, puisque ce sont des femmes qui, nous l'avons vu, en majorité interviennent dans la célébration des tauroboles, leur rôle étant exclusif en 176. Remarquons que, comme plusieurs des intervenantes de cette première série, *Philumene* porte un surnom à consonance grecque (nominatif indiqué à la mode semi-grecque), exceptionnel au sud de la Garonne (Hirschfeld, *CIL*, XIII, 393 "invente" une presqu'homonyme), mais fréquent chez les individus de statut ou d'origine servile (cf. Solin, *Griechische Personennamen*, p. 893, et

Stadtrömischen Sklavennamen, p. 459-460) : elle pourrait donc avoir été une affranchie (cf. Spickermann, *Mulieres*, p. 158-159, n° 2). Il est regrettable que nous ne puissions exactement savoir à quel moment se situe ce document, entre 160, date du taurobole fondateur célébré à Lyon, et 176, celle des tauroboles lectourois suivants.

4 (16/1/17/4). LACTORA (LECTOURE). **Taurobole réalisé par Antonia Prima.**

Support : Autel. *Matériau :* Marbre (*caract. :* marbre de Saint-Béat). *État du monument :* Autel avec socle et couronnement. *Pulvillus* gauche détruit à l'arrière, *pulvillus* droit détruit à l'avant. Corniche endommagée aux angles et repiquée sur la face antérieure.

Bords antérieurs du fût endommagés. La partie antérieure gauche de la base est détruite (et donc la première partie de la dernière ligne de l'inscription). *Ornement(s) :* Moulure. *Décor :* Couronnement pourvu de deux *pulvilli* présentant une rosette sur la face antérieure et encadrant un *focus* circulaire (16 cm de diamètre). Une zone moulurée, en débord sur les quatre faces, orne la partie supérieure et la partie inférieure du fût. Le champ épigraphique est pourvu d'un cadre mouluré. Sur la face latérale droite est figurée en relief une tête de bélier (hauteur 25,5 cm), dont les yeux sont indiqués par des incisions ; les cornes sont stylisées en volutes (photographie inversée dans S. Deyts, *Images des dieux de la Gaule*, Paris, 1992 (= S. Deyts, *Images*, p. 129). Sur la face latérale gauche, restes d'une tête de bovin (hauteur 30 cm), martelée ; les naseaux étaient indiqués. La face arrière est lissée.

— *Lieu de déc. :* Lectoure. *Cond. déc. :* Lectoure, dans le chœur de la cathédrale de Saint-Gervais ; lors des travaux de réfection du chœur de la cathédrale, vers 1540 (*Gallia Christiana ; Livre Blanc ;* voir *supra*, p. 60-62). *Lieu de conserv. :* Lectoure. *Inst. de conserv. :* Musée de Lectoure. *N° inv. :* 12. *H. supp. :* 77. *Autres mesures ou remarques :* Couronnement : 6/36/20. Corniche : 7,5/44/28. Fût : 43,5/34/19. Base : 19,5/43,5/28.

— *Champ ép. Descript. :* Inscrit dans un cadre mouluré ; lissé. Les deux dernières lignes sont gravées hors du champ. *Dimensions :* 31/22. *H. marge sup. :* 1,5. *État de conserv. du champ épigr. :* Bon.

Datation du texte : 18/10/176. *Justif. dat. :* Mention du jour et de l'année consulaire. *Style écr. :* Ce document traduit à l'extrême les difficultés rencontrées pour faire rentrer le texte dans un cadre inadapté, les deux dernières lignes étant gravées hors du champ (la septième sur la bande séparant le cadre mouluré de la mouluration inférieure du fût ; la dernière sur la base même). Ceci a conduit à utiliser deux types d'écriture et de mise en page. Les six premières lignes relèvent d'une capitale régulière (malgré un module légèrement variable aux lignes 5 et 6), marquée par l'ampleur parfois excessive de certaines lettres (C dépassant le demi-cercle et dont la partie supérieure est à peine courbe ; O très amples et parfois non circulaires, l. 6), et le désir de répartir correctement le texte en largeur (recours à des points, l. 2). Les lignes suivantes sont de plus en plus marquées par une tendance à l'actuaire (P initial non fermé, G sans barrette, l. 9 ; K avec traits en biais restreints, l. 10) ; le manque de place, qui a aussi conduit à couper de manière peu heureuse le surnom du premier prêtre et à utiliser in extremis, l. 10, des ligatures et des petites lettres, a, en outre, coexisté avec un certain relâchement qui fait que la septième ligne ne suit pas une direction horizontale. Tilde sur le numéral (l.10). Ponctuation triangulaire avec pointe vers le haut aux huit premières lignes, puis avec pointe vers le bas, l. 10.

Éd.: *CIL*, XIII, 505 ; *ILS*, 4123 ; Espérandieu, *Bas-reliefs*, 1058 ; Duthoy, *Taurobolium*, p. 44, 104 ; *CCCA*, 5, p. 85, 223 ; *CAG*, *Gers*, p. 214-215 ; *ILA*, *Lactorates*, 4, photos du support.

Comm.: Étienne, *Documents*, CLXXI, traduction ; Spickermann, *Mulieres*, p. 158-159, 3 ; Deyts, *Images*, p. 129, tête du bêlier donnée à l'envers ; Étienne, *En passant*, p. 288, fig. 24.

H. min. l.: 1,5. *H. max. l.*: 3,2. *Ligne 1*: 3,2. *Lignes 2/3*: 3. *Lignes 4/6*: 3,2. *Ligne 7*: 2,1. *Ligne 8*: 1,7. *Ligne 9*: 1,8. *Ligne 10*: 2,4. *Interlignes 1/3*: 1. *Interlignes 3/6*: 0,8. *Interlignes 6/7*: 1,2. *Interlignes 7/8*: 0,8.

```
    SACRVM
    ·M·M·
    ANT·PRIMA
4   TAVROPO
    LIVM·FEC·
    HOST·SVIS
    SACERDOTIB·ZM
8   INTHIO·PROCLIANIET
    PACIO·AGRIPPAE
    [ . . . . . . . . . . . . . . . ]O·ÙII·COS·XV·K·NO'VE'MB
```

Sacrum
M(agnae) M(atri)
Ant(onia) Prima
4   tauropo-
lium fec(it)
host(iis) suis
sacerdotib(us) Zm-
8   inthio Proc(u)liani (liberto) et
Pacio Agrippae (liberto)
[Pollione II et Apr]o ÙII co(n)s(ulibus) XV k(alendas) No'ue'mb(res).

Consacré à la Grande Mère. Antonia Prima a fait un taurobole avec ses propres victimes, Zminthius, (affranchi) de Proculianus, et Pacius, (affranchi) d'Agrippa étant prêtres, sous le deuxième consulat de Pollio et d'Aper, le quinzième jour avant les calendes de novembre.

Remarques : Le premier prêtre, qui joue un rôle déterminant dans toute la série des tauroboles de 176, porte un surnom à consonance microasiatique (cf. Strabon, XIII, 1) qui pourrait expliquer son implication dans la célébration de ce culte et qui est tout à fait exceptionnel même dans les milieux serviles (Mócsy, *Nomenclator*, ne cite que cet exemple ; aucun cas dans Solin, *Die städtrömischen Sklavennamen*). Le second *sacerdos* porte lui aussi un *cognomen* rare sous cette forme. Quant à leurs deux maîtres ou patrons, ils portent deux surnoms représentant d'anciens *praenomina* (Kajanto, *Cognomina*, p. 175-176) et caractérisant plutôt des hommes libres (on notera la graphie simplifiée du premier surnom, alors que la forme *Proculianus*, à propos du même personnage, est attestée par ailleurs). La question du statut exact des deux prêtres se pose : faut-il voir en eux, en vertu d'une lecture "littérale", deux esclaves dont l'un aurait reçu postérieurement la liberté (voir *infra ILA, Lactorates*, 9), ou bien faut-il penser que leur statut d'affranchi n'a pas été précisé par manque de place ? Cette seconde hypothèse, que nous soutenons, s'accorderait bien avec le fait que les *sacerdotes* indiqués dans de telles inscriptions ne sont jamais des esclaves. Quant à la femme, elle appartient à une famille représentée notamment dans la cité des Convènes (où elle est en vue) ; elle porte un surnom fréquent en Aquitaine méridionale parmi les pérégrins (*CIL*, XIII, 178, 282, 380, 396, 472, 487).

5 (16/1/17/5). LACTORA (LECTOURE). **Taurobole réalisé par Aurelia Oppidana.**

Support : Autel.

— *Lieu de déc. :* Inconnu. *Cond. déc. :* Inconnues ; étant donné que cette inscription ne fut jamais encastrée dans les piliers de la halle comme la quasi-totalité des autres autels (ni Sanloutius, ni l'auteur du *Codex Lactoras*, ni celui du *Mémoire historique de la ville de Lectoure* ne l'y ont vue), il est probable qu'elle n'a pas été trouvée, en même temps que ceux-ci, dans le chœur de la cathédrale Saint-Gervais. *Lieu de conserv. :* Perdu.

Datation du texte : 18/10/176 ap. J.-C. *Justif. dat. :* Indication du jour et des consuls de l'année.

Éd. : CIL, XIII, 506 ; DUTHOY, *Taurobolium*, p. 44-45, 105 ; *CCCA*, 5, p. 85, 224 ; *CAG, Gers*, p. 157 ; *ILA, Lactorates*, 5.

Comm. : ÉTIENNE, *Documents*, CLXXII ; SPICKERMANN, *Mulieres*, p. 158 et 160, 4.

```
        S·M·D
        AVRELIA·OPPIDANA
        TAVROPOL'I'VM·FECIT
    4   HOSTIS·SVIS·SACERD
        ZMINTHIO·PROCVLIANI
        ETPACIO·AGRIPPAE
        POLLIONEII·ET·APRO·II
    8   COS·XV·K·NOV
```

S(acrum) M(atri) D(eum)
Aurelia Oppidana
tauropol'iu'm fecit
4   hosti(i)s suis sacerd(otibus)
Zminthio Proculiani (liberto)
et Pacio Agrippae (liberto)
Pollione II et Apro II
8   co(n)s(ulibus) XV k(alendas) Nou(embres).

Apparat crit. : On peut se demander si la répartition des lignes retenue par *CIL*, d'après Tersanus, est la bonne dans la mesure où sur les autres inscriptions datées de 176, la formule *tauropolium fecit* n'est jamais contenue sur une seule ligne.

L. 2 : OPPIDIANA (Espérandieu). L. 8 : COSS (id.).

Consacré à la Mère des Dieux, Aurelia Oppidana a fait un taurobole avec ses propres victimes, Zminthius, (affranchi) de Proculianus, et Pacius, (affranchi) d'Agrippa, étant prêtres, sous le second consulat de Pollio et d'Aper, le quinzième jour avant les calendes de novembre.

Remarques : Le formulaire contient une particularité : la formule initiale n'apparaît pas sur les autres monuments contemporains, alors qu'elle est régulièrement utilisée sur les monuments lectourois du IIIe siècle ; faut-il pour cela conclure à une interpolation? On notera aussi que la ligature dans *tauropolium*, attestée dans des textes plus récents (*ILA, Lactorates*, 16 et 23), est absente des documents datés de 176.

6 (16/1/17/6). LACTORA (LECTOURE). **Taurobole fait par deux femmes.**

Support : Autel. *Matériau :* Marbre (*caract. :* marbre de Saint-Béat). *État du monument :* Endommagé à la partie supérieure (*pulvilli, fastigia*, partie postérieure de la corniche), à la partie postérieure du fût (listel gauche) et à la partie inférieure (à gauche et aux angles de la mouluration inférieure) ; le relief ornant la face latérale droite a été martelé. La face arrière semble montrer un reste de rosette, signe possible que c'était là la face principale prévue à l'origine. Restes de peinture moderne sur les lettres. *Ornement(s) : Pulvilli*, rosette, *foculus, fastigia*. *Décor : Pulvilli* (avec rosette stylisée en façade et à la face postérieure) entourant un *foculus* circulaire en relief et deux *fastigia* (à l'avant et à l'arrière). Corniche (en surplomb sur les quatre faces) et base du fût (sur les quatre côtés) moulurées. Sur la face latérale droite, dans un cartouche quadrangulaire en creux (9,5 x 15), représentation, martelée, d'un bélier en pied, dont l'identification est assurée grâce au dessin donné par le manuscrit de Bordeaux (fig. 8, p. 56) et par Chaudruc de Crazannes. Sur la face latérale gauche, dans un cartouche du même type (hauteur : 15), tête de taureau (15 x 12) aux yeux exorbités (trace de travail au ciseau et à la gradine). Sur la face postérieure, dans un cartouche en creux allongé en hauteur et terminé en voûte vers le haut (30 sur 20), représentation d'un autel (hauteur : 11) avec rouleaux et base : ceci pouvait conférer à ce monument un caractère exceptionnel au sein du corpus lectourois puisque, apparemment, il était le seul de ces autels dont on est sûr qu'il pouvait être vu aussi par l'arrière.

— *Lieu de déc. :* Lectoure. *Cond. déc. :* Dans le chœur de la cathédrale Saint-Gervais ; lors des travaux de réfection du choeur de la cathédrale, vers 1540 (*Gallia Christiana ; Livre Blanc* ; voir supra, p. 60-62). *Lieu de conserv. :* Lectoure. *Inst. de conserv. :* Musée de Lectoure. *N° inv. :* 15. *H. supp. :* 68 max. *Autres mesures ou remarques :* Couronnement : 9,5 max/26/19,3 ; corniche : 5,5/32/26 ; fût : 33,5/25,2/19,5 ; base : 19,5/32,5/29,5.

— *Champ ép. Descript.:* Réparti sur le fût non mouluré et sur la face antérieure de la base. *Dimensions:* 33/19,5. *H. marge sup.:* 1,5. *H. marge inf.:* 1,2. *État de conserv. du champ épigr.:* Bon (malgré les coups qui affectent les débuts des lignes 3 à 5).

Datation du texte: 18/10/176 . *Justif. dat.:* Indication du jour et mention consulaire. *Style écr.:* Capitale carrée marquant une très nette tendance à l'actuaire : M et V avec angle inférieur arrondi ; P et R dont le trait arrondi déborde à gauche de la haste verticale ; L et G terminés par une barrette très souple. Le fait que le A de l. 6 soit présenté sans barre horizontale, incite à penser qu'à la troisième ligne, l'*ordinator* avait prévu une ligature AN, non traduite sur la pierre. Les deux dernières lignes ont été rédigées sur la base (peut-être par une autre main) en caractères moins réguliers, plus anguleux, même si les caractéristiques indiquées ci-dessus se retrouvent (M, V, N, D). Des lignes de guidage en haut et en bas des lettres (sur le champ proprement dit) assuraient l'horizontalité et la régularité des six premières lignes. La densité du texte explique l'allongement des lettres en hauteur (O très ovales) et le fait que certaines d'entre elles se touchent à la base (RO, l. 6), ce qui ne va pas sans effet élégant (COS, l. 6). L'appréciation portée par *CIL* ("litteris malis") nous paraît donc pour le moins discutable. La ponctuation, abondante, utilise des *hederae* à corps non évidé, à pointe (tournée vers le bas) et à queue sinueuses. La dernière ligne de la partie du texte gravée sur le fût a bénéficié d'un encadrement combinant palmettes et *hederae* alternées. Les points, triangulaires, ne sont pas évidés, sauf dans les deux dernières lignes inscrites sur la base.

Les six premières lignes sont assez équilibrées en largeur ; les entités du texte sont assez bien individualisées et les deux coupures des mots tout à fait convenables.

Éd.: CIL, XIII, 507 ; *ILS*, 4122 ; Duthoy, *Taurobolium*, p. 45, 106 ; *CCCA*, 5, p. 85-86, 225 ; *CAG, Gers*, p. 218 ; *ILA, Lactorates*, 6, photos du support.

Comm. : ÉTIENNE, *Documents,* CLXIII ; DEYTS, *Images,* p. 126 ; SPICKERMANN, *Mulieres,* p. 158 et 160, 5.

H. min. l. : 2,9. *H. max. l. :* 4. *Lignes 1/6 :* 4. *Ligne 7 :* 3,3. *Ligne 8 :* 3. *Interlignes 1/2 :* 1,4. *Interlignes 2/4 :* 1,5. *Interlignes 4/5 :* 1,3. *Interlignes 5/6 :* 0,8. *Interlignes 7/8 :* 0,5.

```
          ✿M✿DEVM✿
          IVL·VALENTINA
          ET·HYGIA·SILNAE·
4         [ . ]AVROPOLIVM·FE
          CERVNT·XVKNOV·
          ✿(palme)POLL✿ET·APRO'CO'S(palme)✿
          SACERDOTEZ'MV'N
8         THIOPROCVLIANI
```

```
          M(atri) Deum
          Iul(ia) Valentina
          et Hygia Sil<a>nae (serua)
4         [t]auropolium fe-
          cerunt XV k(alendas) Nou(embres)
          Poll(ione) et Apro 'co'(n)s(ulibus)
          sacerdote Z'mu'n-
8         thio Proculiani (liberto).
```

Apparat crit. : L. 3 : HVGIA (*CAG, Gers*) ; SILANA (Étienne), SIL[A]NAE (Duthoy, *CCCA*).

A la Mère des Dieux, Iulia Valentina et Hygia, esclave (ou affranchie) de Silana, ont fait un taurobole le quinzième jour avant les calendes de novembre, sous le (second) consulat de Pollio et d'Aper, Zminthius, (affranchi) de Proculianus, étant prêtre.

Remarques : Des deux femmes auteurs du sacrifice, l'une pourrait appartenir à la couche la plus anciennement romanisée des Lactorates (cf. une autre *Valentina* sur *ILA, Lactorates,* 12), alors que la seconde, qui porte un surnom à consonance grecque (inconnu ailleurs dans notre région), est une esclave ou une affranchie d'une femme portant un surnom latin à connotation distinguée. L'hypothèse selon laquelle *Valentina* aurait été convertie par *Hygia* est invérifiable (Graillot, *Cybèle,* p. 174), mais le rôle d'éléments serviles ou d'origine servile et d'individus (le plus souvent les mêmes) marquant une dénomination à la grecque est encore une fois à souligner.

On relèvera la possible graphie *Zmunthius*, sans doute plus proche du nom originel (*Zmynthius?*) au lieu de *Zminthius* indiqué sur les autres textes.

L'indication simplifiée des consulats (puisque leur itération n'est pas mentionnée) s'explique par le manque de place et ne revêtait aucun caractère de gravité puisque cette précision apparaissait sur d'autres autels exactement contemporains et qui figuraient dans le même lieu.

7 (16/1/17/7). LACTORA (LECTOURE). **Taurobole des Lactorates en l'honneur de la famille impériale.**

Support : Autel. *Matériau :* Marbre (*caract. :* marbre de Saint-Béat). *État du monument :* Brisé en quatre fragments jointifs. A la partie antérieure, les bandeaux sont endommagés, la corniche est détruite, ainsi que la base qui a été consciencieusement rebaissée en vue d'un remploi. La partie postérieure est très endommagée, ainsi que la face gauche. *Ornement(s) : Focus*, rosette, corniche, moulure. *Décor :* A la partie supérieure, deux rouleaux lisses, pourvus en façade de rosettes à pétales. *Focus* circulaire en fort relief (diamètre : 14). Corniche en surplomb sur les quatre faces (moulurée sur au moins trois de celles-ci) et base moulurée sur au moins trois côtés, débordant sur les quatre faces. Sur la face latérale droite, une tête de bêlier en relief, de forme allongée, présentant des yeux stylisés et des cornes se terminant en rouleau et reposant sur les oreilles. Sur le flanc gauche, une tête de taureau en relief, d'un dessin allongé, avec des yeux stylisés et des cornes dessinant une forme de croissant et collées aux oreilles. Traces de travail à la gradine.

— *Lieu de déc. :* Lectoure. *Cond. déc. :* Dans le chœur de la cathédrale Saint-Gervais ; lors des travaux de réfection du chœur de la cathédrale, vers 1540 (*Gallia Christiana ; Livre Blanc ;* voir *supra*, p. 60-62). *Lieu de conserv. :* Lectoure. *Inst. de conserv. :* Musée de Lectoure. *N° inv. :* 18. *H. supp. :* 93. *Autres mesures ou remarques :* Couronnement : 15/50/34. Corniche : 8,2/57/38. Fût : 43,7/50/33,2. Base 26/60 max/ 35 max.

— *Champ ép. Descript.* : Inscrit sur le fût et pourvu d'un encadrement mouluré. Il n'est pas exclu qu'une date ait figuré sur la partie antérieure du socle de l'autel. *Dimensions* : 30,3/37,2. *H. marge sup.* : 1,7. *H. marge inf.* : 3. *État de conserv. du champ épigr.* : Traversé de gauche à droite par une large fracture ; la partie droite de la mouluration est endommagée.

Datation du texte : En (ou vers) 176. *Justif. dat.* : Formulaire, décors latéraux. *Style écr.* : Lettres capitales carrées, aux empattements et aux extrêmités des traits horizontaux (T) bien marqués. Les biseaux en sont plus ouverts à la fin du texte qu'au début. Certains caractères larges (A, M, N, V) alternent avec d'autres plus grêles (E, O allongés en hauteur, R dont la panse est resserrée et le dernier trait raide). Le trait intermédiaire des E est rejeté vers le haut ; le C de la dernière ligne adopte le dessin d'un G. La verticalité n'est pas toujours de mise (L, l. 1 ; premier I, l. 4) ; les M sont parfois mal équilibrés (l. 2 et 3). Peinture moderne au fond sur lettres.

Le texte est assez bien réparti en hauteur et les deux coupures (l. 2/3 et 5/6) ne le dénaturent pas. Les premières lettres à gauche ainsi que les dernières des lignes 2,3,4,6 sont alignées, et l'utilisation de petites lettres à mi-hauteur permet à la ligne 5 de ne pas rompre vraiment cet aplomb. Mais la première ligne est, sans raison, déportée vers la gauche. Par ailleurs, les lettres sont assez espacées, parfois de façon excessive (l. 2-4).

La ponctuation, sous forme de points lancéolés, n'a pas été utilisée pour combler les espaces vides (l. 1) ; on notera le souci de faciliter la compréhension du texte qui a conduit à utiliser un signe à la cinquième ligne, afin de bien séparer les deux T, l'un final, l'autre initial.

Éd. : *CIL*, XIII, 520 ; *ILS*, 4125 ; Duthoy, *Taurobolium*, p. 118, 48 ; *CCCA*, 5, p. 92, 238 ; *CAG, Gers*, p. 218, et pl. VI p. 216 ; *ILA, Lactorates*, 7, photos du support.

Comm. : Étienne, *Documents*, CLXXXVI.

Lignes 1/3 : 3,8. Lignes 4/5 : 3,6. Ligne 6: 3,7. Interlignes 1/3 : 1,2. Interlignes 3/6 : 1,1.

PROSALVTE		pro salute
ETINCOLVMI		et incolumi-
TATEDOMVS		tate Domus
4 DIVINAER·P	4	Diuinae R(es) P(ublica)
LACTORAT·TAV		Lactorat(ium) tau-
ROPOL·FECIT		ropol(ium) fecit
---		---

Pour le salut et la sauvegarde de la maison divine, la république des Lactorates a fait un taurobole...

Remarques : L' état de conservation du monument invite à considérer le texte comme complet à la partie supérieure. La mention de la Grande Mère n'apparaît pas : faut-il penser qu'en raison de la localisation du monument et de la relative abondance des autres témoignages épigraphiques cette précision ne s'imposait pas? Faut-il incriminer une certaine timidité de l'*ordo* de 176 à propos d'un culte d'introduction encore récente? Avouons notre perplexité. Ce document correspond à un des deux tauroboles officiels réalisés en hommage aux empereurs par les autorités lactorates (voir également *ILA, Lactorates*, 16). La principale difficulté tient à l'absence d'une mention datée, celle-ci ayant pu disparaître lors de l'abaissement postérieur de la base : on imagine mal en effet qu'un tel acte solennel et se rapportant à un tel rite n'ait pas été daté ; à moins de supposer qu'il ait été réalisé en même temps qu'une autre série de tauroboles et (ou) que d'autres actes officiels. La simplicité du formulaire, le recours à l'expression *tauropolium fecit*, la figuration sur les flancs de l'autel de deux têtes animales (alors que sur les tauroboles du temps de Gordien III, un seul animal est figuré, et exceptionnellement) et le style de celles-ci, le recours non à des ligatures mais à des petites lettres à mi-hauteur de la ligne 5, tous ces arguments poussent à placer cet hommage dans l'ambiance des tauroboles de 176. Faut-il pour autant penser qu'il leur est directement contemporain et que, par ailleurs, il est un prolongement des deux hommages rendus à Marc-Aurèle et, peut-être, à son épouse Faustine divinisée? Ou faut-il penser qu'il est lié à un événement tel la promotion de Commode?

La formulation et le rite utilisés pour rendre hommage à la *domus divina* représentent dans l'Aquitaine méridionale un *unicum*. Il faut rappeler que deux autres mentions seulement de la famille impériale (dans cette partie de la province d'Aquitaine, la formule *in h(onorem) d(omus) d(ivinae)* est inconnue en dehors de l'inscription sévérienne métroaque d'Éauze et à condition d'accepter la restitution de Schaad ; voir M.-Th. Raepsaet-Charlier, *Dis deabusque sacrum. Formulaire votif et datation dans les Trois Gaules et les deux Germanies*, Paris, 1993, p. 9-11) peuvent être relevées, dont une à Lectoure même (*ILA, Lactorates*, 16 daté de 241, avec aussi *pro salute* ; mais il y est question, nous le verrons, de la *tota domus divina*) et une autre dans la cité voisine d'*Elusa* (*CIL*, XIII, 546) où elle est invoquée directement (inscription purement honorifique où la colonie d'Éauze et son *ordo* sont eux aussi honorés).

La mention de la *res publica*, qui place Lectoure à un rang moins prestigieux que celui d'Éauze (mais voir les remarques de Chastagnol, déjà signalées p. 50, qui était enclin à attribuer un statut privilégié à notre cité), semblerait indiquer que Lectoure était en tout état de cause une cité de droit latin à cette date.

La chronologie des mentions de la *d.d.* dans les autres régions gauloises concerne la deuxième moitié du deuxième siècle et la première partie du troisième, ce qui ne contredit pas notre proposition de datation.

8 (16/1/17/8). LACTORA (LECTOURE). **Taurobole accompli par Aelia Nice.**

Support : Autel. *Matériau :* Marbre (*caract. :* marbre de Saint-Béat). *État du monument :* Corniche détruite à droite, endommagée en façade et à l'arrière. Relief de la face latérale droite martelé. *Ornement(s) : Pulvilli, focus,* corniche, moulure. *Décor :* A la partie supérieure, *pulvilli* lisses, présentant en façade une rose à cinq pétales répartis autour d'un bouton central, encadrant un *focus* circulaire (diamètre : 11) ; corniche moulurée (sauf à l'arrière) et mouluration faisant la liaison entre le fût et le socle (à l'arrière il s'agit d'un simple pan coupé). La surface de la partie postérieure est travaillée à la gradine (sauf une bande périphérique traitée au ciseau), alors que les trois autres faces du fût ont été lissées. La face latérale droite présente une tête de bélier en relief, avec oreilles et cornes en forme de tores, mais sans figuration des yeux ou des naseaux (16 cm). La face latérale droite portait une tête de taureau (24 cm) en relief, aux cornes haut dressées, mais elle a été martelée.

— *Lieu de déc. :* Lectoure. *Cond. déc. :* Dans le chœur de la cathédrale Saint-Gervais; lors des travaux de réfection du chœur de la cathédrale, vers 1540 (*Gallia Christiana ; Livre Blanc ;* voir supra, p. 60-62). *Lieu de conserv. :* Lectoure. *Inst. de conserv. :* Musée de Lectoure. *N° inv. :* 6. *H. supp. :* 78. *Autres mesures ou remarques :* couronnement : 16,5/28,5/19 ; corniche : 7/34/27 ; fût : 33/28,3/19 ; base : 21/37/27.

— *Champ ép. Descript.:* Champ en creux, pourvu d'un encadrement rectiligne. La première ligne du texte prend place sur la face antérieure du couronnement. *Dimensions:* 28/24,5. *H. marge sup.:* 2. *H. marge inf.:* 0,5. *État de conserv. du champ épigr.:* Bon.

Datation du texte : En 176 ou vers 176. *Justif. dat.:* Mention d'un prêtre connu par ailleurs. *Style écr.:* Capitale carrée se rapprochant par moment de l'actuaire (M, l. 2 et 5 ; premier trait de V, l. 1 et 4), aux empattements assez peu marqués. L'orientation des lettres est souvent changeante (notamment O, l. 4 et 6), leur emprise est parfois excessive (Vet M, l. 5) ; les S sont anguleux (et celui de la l. 6 est plus petit, sans qu'ait pu jouer le manque de place) ; F et E avec second trait horizontal déporté vers le haut. La fin de la sixième ligne semble "tomber" vers la droite. La ponctuation, peu abondante, est indiquée par des points triangulaires, dont l'un (l. 2) est de dimension importante et n'a pas été évidé. La dernière ligne du texte a été gravée très irrégulièrement, sous la forme de lettres mal calibrées, et comporte trois ligatures, ce qui n'est pas habituel à Lectoure à cette date.

L'*ordinatio* aboutit à un certain alignement des lettres à gauche et à droite. Les mots sont correctement coupés selon une pratique déjà observée ici (*tauropo/lium ; fe/cit*).

Éd.: *CIL*, XIII, 508 ; ESPÉRANDIEU, *Bas-reliefs*, 1058 ; DUTHOY, *Taurobolium*, p.45, 107 ; *CCCA*, 5, p.86, 226 ; *CAG, Gers*, p.218, et p. 220 pl. VIII ; *ILA, Lactorates*, 8, photos du support.

Comm.: ÉTIENNE, *Documents*, CLXXIV, traduction seulement ; SPICKERMANN, *Mulieres*, p.158, et p. 160 n° 6.

H. min. l.: 0,7. *H. max. l.:* 3,5. *Lignes 1/5 :* 3,2. *Ligne 6:* 3,4. *Ligne 7:* 3,5. *Ligne 8:* 1,5. *Interlignes 1/7:* 0,8. *Interlignes 7/8:* 1,5.

```
      SACRVM
      M·M
      AEL·NICE
 4    TAVROPO
      LIVMFE
      CITHOS
      TISSVIS
 8    SACERDOTZMIN'TI'O PROC'LI'A'NI'
```

                                    Sacrum
                                    M(agnae) M(atri)
                                    Ael(ia) Nice
            4   tauropo-
                                    lium fe-
                                    cit hos-
                                    ti(i)s suis
            8   sacerdot(e) Zmin't(h)i̓o Proc(u)'li̓a̓ni̓'.

   Apparat crit. : L. 1 et 2 données ensemble (Duthoy) ; l. 2 *hedera* (*CIL*) ; l. 3 AELIVS (Étienne) ; l. 8 point (*CIL*).

   Consacré à la Grande Mère, Aelia Nice a fait un taurobole avec ses propres victimes, Zmint(h)ius, (affranchi) de Proc(u)lianus, étant prêtre.

   Remarques : Encore une fois, c'est une femme, et porteuse d'un surnom à consonance grecque (inconnu hors de Lectoure, au sud de la Garonne et que l'on retrouve parmi les fidèles de 241 : *ILA, Lactorates*, 19), qui est concernée. Son gentilice indique qu'elle aussi ou appartient ou bien est agrégée à la *familia Caesaris* (voir aussi *ILA, Lactorates*, 29). Le nom du prêtre, dont le statut reste encore imprécis, est indiqué sous une forme simplifiée en raison du manque de place, puisque le H a été omis ; l'omission du premier V dans le surnom de son maître ou patron est peut-être due à la même raison, mais peut tout aussi bien correspondre à une prononciation locale aboutissant à une suppression de vocale, bien connue ailleurs.

9 (16/1/17/9). LACTORA (LECTOURE). **Taurobole fait par Marciana.**

   Support: Autel. *Matériau :* Marbre (*caract. :* marbre de Saint-Béat). *État du monument: Pulvillus* droit abimé en façade et à l'arrière ; *fastigia* arasés ; corniche endommagée aux angles et en façade. Les angles inférieurs de la base sont entamés ; les marges latérales du fût (surtout à gauche) ont été

partiellement détruites. *Ornement(s): Pulvilli, focus*, corniche, moulure. *Décor :* A la partie supérieure, *pulvilli* cylindriques présentant un triple lien médian et, en façade, un disque circulaire avec bouton central. Au centre de la face supérieure, un *focus* circulaire très en relief (diamètre : 11 cm). Corniche en relief au-dessus des quatre faces du fût ; la partie supérieure de la base présente une mouluration sur trois côtés, alors qu'à l'arrière a été ménagé un simple pan coupé. La partie arrière a été traitée à la gradine et, à sa périphérie, au ciseau, tandis que les trois autres faces du fût ont été lissées (voir aussi *ILA, Lactorates*, 8). La face latérale droite portait une tête de bélier qui a été martelée (hauteur : 20 cm) ; la face latérale gauche est ornée d'une tête de taureau en relief, stylisée (hauteur : 26 cm) : les yeux sont sommairement indiqués, les cornes forment comme un croissant (l'extrêmité de la corne droite est légèrement entamée).

— *Lieu de déc.* : Lectoure. *Cond. déc.* : Dans le chœur de la cathédrale Saint-Gervais ; lors des travaux de réfection du chœur de la cathédrale, vers 1540 (*Gallia Christiana ; Livre Blanc* ; voir *supra*, p. 60-62). *Lieu de conserv.* : Lectoure. *Inst. de conserv.* : Musée de Lectoure. *N° inv.* : 10. *H. supp.* : 83,5. *Autres mesures ou remarques* : Couronnement : 16,2/36,3/24,7 ; corniche : 6,7/45,5/33,5 ; fût : 37,5/37/24,7 ; base : 22,5/46/33,3.

— *Champ ép. Descript.* : Champ épigraphique carré délimité par un encadrement mouluré (un biseau fait le lien entre le champ et la mouluration périphérique). La première ligne du texte a été gravée sur la face antérieure du couronnement (voir aussi *ILA, Lactorates*, 8). *Dimensions* : 26,7/26,7. *H. marge sup.* : 2,2. *H. marge inf.* : 2,6. *État de conserv. du champ épigr.* : Bon.

Datation du texte : 176 après J.-C., ou aux environs de cette date (nous ne croyons pas qu'il faille descendre jusqu'en 200, comme Spickermann n'en écarte pas la possibilité). *Style écr.* : Lettres capitales carrées régulières (sauf à la ligne 7), étirées en hauteur en raison de la densité du texte (O et A étroits) ; R avec une panse petite, mais un dernier trait courbé et allongé ; F et E présentant des traits horizontaux assez souples dont le second est déporté vers le haut. Traces de peinture moderne sur les lettres.

La mise en page est convenable, malgré le retrécissement du champ épigraphique en largeur dû à l'entaille trop large faisant transition avec la zone moulurée entourant celui-ci : on a donc dû recourir à l'utilisation de petites lettres finales aux lignes 6 et 7 et à une ligature l. 4 qui mordent plus ou moins sur l'encadrement. Par manque de place, la dernière ligne a été gravée en caractères nettement plus petits, ce qui crée un effet d'autant plus malheureux que l'on a coupé le nom du patron de l'officiant ; en outre cette même ligne est décalée vers la gauche, sans raison. Ponctuation triangulaire peu marquée.

Éd. : CIL, XIII, 509 ; *ILS*, 4124 ; DUTHOY, *Taurobolium*, p. 45, 108 ; *CCCA*, 5, p. 86-87, 227 ; *CAG, Gers*, p. 218, et p. 221, pl. IX ; *ILA, Lactorates*, 9, photos du support.

Comm. : ÉTIENNE, *Documents*, CLXXV ; SPICKERMANN, *Mulieres*, p. 158, et p. 161 n° 7.

H. min. l. : 1,2. *H. max. l. :* 3,4. *Ligne 1 :* 3,4. *Ligne 2 :* 2,7. *Lignes 3/4 :* 2,5. *Ligne 5 :* 2,4. *Lignes 6/7 :* 2,5. *Ligne 8 :* 1,5. *Interlignes 1/2 :* 0,8. *Interlignes 2/4 :* 1. *Interlignes 4/5 :* 0,8. *Interlignes 5/6 :* 1,4. *Interlignes 6/7 :* 0,8.

	SACRVM·M·M			Sacrum M(agnae) M(atri)
	MARCIANA			Marciana
	MARCIANI·F			Marciani f(ilia)
4	TAVROPOLI'VM'		4	tauropoli'um'
	FECIT·HOSTIS			fecit hosti(i)s
	SVIS·SACERDO			suis sacerdo-
	TEZMINTIOPRO			te Zmint(h)io Pro-
8	CVLIANILIB		8	culiani lib(erto).

Apparat crit. : L. 1 donnée en deux lignes (*ILS*) ; l. 8 point (*CIL*).

Consacré à la Grande Mère. Marciana, fille de Marcianus, a fait un taurobole avec ses victimes, le prêtre étant Zmint(h)ius, affranchi de Proculianus.

Remarques : L'inscription, qui offre la formule d'invocation à la divinité la plus courante ici et à cette date, est due encore une fois à une femme ; c'est la seule, dans cette première série de textes, à ne pas mentionner de gentilice mais une filiation de type pérégrin, ce qui indiquerait que des individus issus du milieu local ont eux aussi été concernés par la première phase du culte à Lectoure (même si les initiateurs ont été des femmes originaires d'ailleurs, comme le sugère avec vraisemblance Spickermann). Elle-même et son père portent un surnom massivement porté par des individus de naissance libre (Kajanto, *Cognomina*, p. 150) et fréquent en Gaule (Mócsy, *Nomenclator*, p. 178 ; à Auch, *CIL*, XIII, 433 ; cf. aussi, 133 : il s'agit de pérégrins).

Nous sommes en présence du seul texte qui indique le statut d'affranchi du prêtre (dont le surnom est indiqué sans H, alors que celui de son patron est donné en entier) ; cela veut-il dire que les autres documents où il apparaît sans cette précision seraient antérieurs à son affranchissement? Mais nous avons dit que le manque de place devait expliquer la brièveté des indications le concernant. Par ailleurs, c'est l'unique fois où, dans la série des années 176, le nom de ce *sacerdos* n'a pas été gravé "en catastrophe" ; en effet, même si la dernière ligne est rédigée en caractères plus petits, elle a été incluse dans la minute primitive.

10 (16/1/17/10). Lactora (Lectoure). **Taurobole fait par Aprilis et Saturnina.**

Support: Autel. *Matériau:* Marbre (*caract.:* marbre de Saint-Béat). *État du monument:* Corniche écornée aux angles, arasée ou presque détruite sur les faces latérales et à l'arrière ; base écornée aux angles, retravaillée à l'arrière ; partie gauche de l'encadrement mouluré abîmée. *Ornement(s):* Corniche, moulure. *Décor :* Corniche et base pourvues d'une mouluration (à l'arrière, la base pouvait être reliée au fût par un simple pan coupé). Le couronnement, dépourvu de *focus*, comporte deux rouleaux lisses dotés chacun d'un cordon central et présentant en façade

une rosette à six pétales en forme de cercles entourant un bouton central. Le flanc droit était orné d'une imposante patère sans manche, qui a été martelée (diamètre : 14) ; le flanc gauche présente un vase à libations en assez fort relief (hauteur : 14) avec une anse en angle droit terminée par deux pseudo-volutes ; ces éléments de décor semblent proches de ceux qui figurent sur les flancs de l'autel *ILA, Lactorates,* 32. La face arrière a été lissée comme les autres.

— *Lieu de déc.:* Lectoure. *Cond. déc.:* Dans le chœur de la cathédrale Saint-Gervais ; lors des travaux de réfection du chœur de la cathédrale, vers 1540 (*Gallia Christiana ; Livre Blanc* ; voir *supra* p. 60-62). *Lieu de conserv.:* Lectoure. *Inst. de conserv.:* Musée de Lectoure. *N° inv.:* 16. *H. supp.:* 62,5. *Autres mesures ou remarques:* Couronnement : 10,5/24/19,3. Corniche : 5/27,5 max/23 max. Fût : 30,5/24,5/19,5. Base 16/32/26,5.

— *Champ ép. Descript.:* Présentant une surface plutôt irégulière, il est pourvu d'un encadrement mouluré. *Dimensions:* 23,5/17,3. *H. marge sup.:* 0,3. *H. marge inf.:* 0,6. *État de conserv. du champ épigr.:* Bon, malgré un certain nombre de coups et d'éclats qui affectent plusieurs lignes (3, 4, 7, 9,10 notamment).

Datation du texte : Après 176 et sans doute pas plus tard que le début du troisième siècle (nous nous écartons, par exemple de Spickermann, qui propose la fourchette 176/250 et nous rejoignons *CCCA*). *Justif. dat.:* Formulaire, écriture, support et décoration. *Style écr.:* Capitale carrée ; R avec dernier trait souple et allongé, P avec panse élégamment fermée, O proche de la forme d'un cercle ; A, M, N sans emprise excessive, les barres des T et E ne sont pas très allongées, et même la barre inférieure des E est absente. On remarque qu'à la ligne 3, les lettres centrales ont tendance à être plus courtes.

La mise en page veut imposer un alignement du corps du texte au début et à la fin de lignes. Mais la ligne initiale et les trois dernières sont déportées soit vers la gauche, soit vers la droite ; la forme assez insolite du H, dont la première haste est plus longue, s'explique sans aucun doute par le repentir du graveur qui a voulu remplir une espace vide initial, à hauteur des lignes 9 et 10. Par contre, on peut se demander si le surnom du prêtre, oublié dans un premier temps (le prénom et le gentilice sont presque centrés par rapport à l'ultime ligne), n'a pas été rajouté et, par manque de place, peu heureusement abrégé ; et par conséquent, le point initial de cette même ligne aurait été ajouté après coup pour tenter d'équilibrer la présentation. On notera l'assez élégante utilisation d'un petit I final (l. 6), alors que l'on n'a eu recours qu'à une seule ligature nécessaire (l. 7, où les lettres après le A sont diminuées par rapport aux précédentes, afin de loger le verbe en entier), la ligature finale de la ligne 4 répondant plutôt à un souci d'élégance. La ponctuation est marquée par des points lancéolés élégants et discrets.

Éd.: CIL, XIII, 521 ; DUTHOY, *Taurobolium*, p. 48, 119 ; *CCCA*, 5, p. 92-93, 239 ; *CAG, Gers*, p. 218, et pl. VIII et IX, p. 220-221 ; *ILA, Lactorates*, 10, photos du support.

Comm.: ÉTIENNE, *Documents*, CLXXXVII.

H. min. l.: 1. *H. max. l.:* 2,2. *Ligne 1:* 2,2. *Ligne 2:* 1,7. *Ligne 3:* 1,8. *Lignes 4/5:* 1,7. *Ligne 6:* 1,8. *Lignes 7/10:* 1,7. *Ligne 11:* 1,2. *Interlignes 1/2:* 0,6. *Interlignes 2/4:* 0,5. *Interlignes 4/6:* 0,4. *Interlignes 6/9:* 0,5. *Interlignes 9/10:* 0,4. *Interlignes 10/11:* 0,3.

	SACR	Sacr(um)
	M M	M(agnae) M(atri)
	APRILISREPENTI	Aprilis Repenti-
4	NI·FIL·ETSAT'VR'	ni fil(ius) et Sat'ur'-
	NINA·TAVRINI	nina Taurini
	FIL·TAVROPOLI	fil(ia) tauropoli-
	VM·ACCEPER'VNT'	um acceper'unt'
8	SACERDOTE·	sacerdote
	·L·ACCIO·REM	L(ucio) Accio Rem(o)
	HOSTIIS	hostiis
	SVIS	suis.

Apparat crit. : L. 4 FIL(ia) (*CCCA*).

Consacré à la Grande Mère, Aprilis, fils de Repentinus, et Saturnina, fille de Taurinus, ont reçu le taurobole, avec leurs victimes, Lucius Accius Remus étant prêtre.

Remarques : Ce texte se rappoche des textes tauroboliques de 176 par la formule d'invocation de la divinité, (*ILA, Lactorates*, 4 ; voir aussi *ILA, Lactorates*, 8 et 9), mais s'en sépare puisqu'à la formule *tauropolium fecit* se substitue ici l'expression *tauropolium accepit* qui sera régulièrement utilisée dans les textes plus tardifs datés de 239 et 241.

Un autre élément d'évolution par rapport à la première vague des tauroboles est représenté par la mention du prêtre qui n'est plus *Zminthius*, mais un personnage qui apparaît ici pour l'unique fois : son gentilice, à consonance celtique (Holder, *Sprachschatz*, I, col. 16) est inconnu par ailleurs en Aquitaine (Mócsy, *Nomenclator*, p. 2) et est attesté rarement dans les provinces gauloises (cf. B. Rémy, *I.L.Alpes*, I, *Alpes Graies*, Chambéry-Grenoble, 1998, p. 46). Si l'on donne à son surnom une consonance ethnique (malgré Espérandieu, *Lectoure*, p. 61, n° 26 ; cf. *CIL*, XIII, 1091, chez les Santons), il pourrait s'agir d'un individu originaire de la cité des Rèmes, ce qui pourrait ouvrir une piste sur le rôle joué en Aquitaine aux IIe-IIIe siècles par des individus originaires du nord-est de la Gaule et des confins germaniques (peut-être un autre cas à Lectoure, *ILA, Lactorates*, 46 ; à Bordeaux, *CIL*, XIII, 628 notamment, Périgueux, mais aussi Éauze).

Particulièrement intéressant est le fait que, contrairement à ce qui caractérisait les textes de 176, ce ne sont plus seulement des femmes qui sont concernées : on peut raisonnablement penser qu'il s'agit ici d'un couple dont l'élément masculin est cité en premier (nous ne suivons pas *CCCA* qui voit en *Aprilis* une femme, alors qu'il s'agit massivement d'un surnom masculin, (Kajanto, *Cognomina*, p. 219), inconnu ailleurs en Aquitaine méridionale, tout comme *Repentinus*). D'autre part, ce ne sont pas des porteurs de gentilices, mais des pérégrins, dont le mode de dénomination et de filiation, ainsi que la consonance des surnoms (*Taurinus*, connu dans les zones celtisées, est en vogue sur le piémont pyrénéen et en Gascogne, en dehors même de Lectoure : *CIL*, XIII, 212, 223, 301, 338, 385, 483, 485 ; Gorrochategui, *Estudio*, p. 278, n° 354 ; Mócsy, *Nomenclator*, p. 283 ; voir aussi *Taurus* ; alors que *Saturnina* est exceptionnel) traduisent une pénétration du rite taurobolique dans un milieu qui, si l'on tient compte de l'onomastique, n'était peut-être pas entièrement d'origine locale. On remarquera que nous avons sur ce texte l'unique exemple conservé à Lectoure de la graphie *hostiis* (mot qui apparaît pour l'unique fois séparé de la mention *tauropolium fecit* ou *accepit*), qui n'aurait de répondant que dans un texte perdu (*ILA, Lactorates*, 5) où aurait été utilisé un I long, texte daté de 176.

Ces divers indices nous confortent dans l'opinion que ce texte, postérieur à 176, a pu être réalisé à la fin du second siècle.

11 (16/1/17/11). Lactora (Lectoure). **Taurobole fait par Severa.**

Support: Autel. *Matériau:* Marbre (*caract.:* marbre de Saint-Béat). *État du monument:* A la partie supérieure, le rouleau droit a été détruit, le rouleau gauche cassé, les angles de la corniche et sa face antérieure ont été endommagés, sa partie arrière entièrement arasée. Les angles de la base ont été  entamés, ainsi que les arêtes antérieures du fût. Les flancs du fût ont été lissés et l'arrière du fût seulement épannelé. *Ornement(s):* Corniche, moulure. *Décor :* Corniche et base moulurées sur trois côtés (pan coupé à l'arrière de la base). Rouleaux stylisés lisses ; *focus* circulaire en fort relief (diamètre : 11 cm).

— *Lieu de déc.:* Lectoure. *Cond. déc.:* Dans le chœur de la cathédrale Saint-Gervais ; lors des travaux de réfection du chœur de la cathédrale, vers 1540 (*Gallia Christiana ; Livre Blanc ;* voir *supra,* p. 60-62). *Lieu de conserv.:* Lectoure. *Inst. de conserv.:* Musée de Lectoure. *N° inv.:* 7. *H. supp.:* 80. *Autres mesures ou remarques:* Couronnement : 13,5/38,5/18 ; corniche : 6/46,5/22 ; fût : 38/38/18 ; base : 22,5/46,5/26.

— *Champ ép. Descript.:* Sur la face principale du fût ; pourvu d'un encadrement mouluré. La première ligne est inscrite sur le bandeau de l'attique. *Dimensions:* 24,5/23,5. *H. marge sup.:* 3,1. *H. marge inf.:* 1,6. *État de conserv. du champ épigr.:* Convenable, malgré plusieurs coups qui affectent notamment la deuxième ligne.

Datation du texte : 176/200. *Justif. dat.:* Nous nous écartons encore une fois de la chronologie trop basse de Spickermann (176-250). Formulaire, écriture. *Écriture:* Capitale carrée. *Style écr.:* Lettres aux empattements bien marqués, à l'emprise tantôt large (l. 1 et 2), tantôt plus resserrées. E et F avec barre intermédiaire déplacée vers le haut. L'effort de mise en page est peu réussi dans la mesure où le texte est déporté vers le bas du champ, où la dernière ligne, gravée en caractères plus petits, n'est pas centrée. Le recours, pour un texte très bref, à des ligatures, à des abréviations et à une coupure de mots, tient en particulier au fait que la hauteur des lettres est excessive par rapport aux dimensions du champ. On notera aussi l'oubli d'une lettre (S, à la ligne 4) mais la minute aurait pu indiquer HOST. Ponctuation lancéolée. Lettres peintes à l'époque moderne (voir la photographie de l'état actel, *supra,* fig. 11, p. 000).

Éd.: CIL, XIII, 523 ; Duthoy, *Taurobolium,* p. 49, 121 ; *CCCA,* 5, p. 93, 241 ; *CAG, Gers,* p. 219 ; *ILA, Lactorates,* 11, photos du support.

Comm.: Étienne, *Documents,* CLXXXIX ; Spickermann, *Mulieres,* p. 159, et p. 164 n° 17.

H. min. l.: 1,5. *H. max. l.:* 4,3. *Ligne 1:* 4,3. *Lignes 2/3:* 3,7. *Ligne 4:* 3,5. *Ligne 5:* 3,7. *Ligne 6:* 2. *Interlignes 2/3 :* 1,4. *Interlignes 3/4 :* 1,4. *Interlignes 4/5 :* 1,2. *Interlignes 5/6 :* 0,9.

```
       SACRVM
       M·M
       SEVERAQ'VAR'
  4    'TI'·F·T'AV'R'IP'OL·
       FECITHOTS
       SVIS
```

```
       Sacrum
       M(agnae) M(atri)
       Seuera Q'uar'-
  4    'ti' f(ilia) t'au'r'ip'ol(ium)
       fecit ho<s>t<i(i)>s
       suis.
```

Apparat crit. : L. 1 : S(acrum) (*CCCA,* V) ; l. 4 : TAVROPOL (Duthoy, *CCCA,* V).

Consacré à la Grande Mère, Severa, fille de Quartus, a fait un taurobole avec ses victimes.

Remarques: Le formulaire utilisé s'apparente à ceux qui furent utilisés en 176, à l'exception de la mention de la date et du prêtre qui auraient pu être identiques, et que l'on aurait pu omettre si ce taurobole, comme le suivant (*ILA, Lactorates,* 12) s'était déroulé en même temps que ceux de la série du 18 octobre 176. Les maladresses, relevées à propos de l'insertion du texte dans le champ épigraphique, pourraient aussi jouer en faveur de cette approche chronologique : elles pourraient correspondre à une période de tâtonnement de l'atelier local. On remarquera que l'abréviation du terme même désignant le taurobole n'apparaît que deux autres fois à Lectoure et précisément en 176 (*ILA, Lactorates,* 7 et 12). Notons également que nous trouvons ici l'unique occurrence de *tauripol(ium),* au lieu de *tauropolium* régulièrement attesté. L'auteur de la consécration est encore une femme : il s'agit d'une pérégrine, dont le surnom est, nous l'avons dit, familier à Lectoure, tout comme celui de son père (cf. *ILA, Lactorates,* 34).

12 (16/1/17/12). LACTORA (LECTOURE). **Taurobole fait par Valentina.**

Support: Autel. *Matériau:* Marbre (*caract.:* marbre de Saint-Béat). *État du monument:* Brisé en deux morceaux à peu près jointifs. La partie antérieure de la corniche est en partie détruite ainsi que l'angle arrière droit ; il en est de même de la partie postérieure du couronnement. L'angle antérieur droit de la base manque. *Décor :* Corniche et base moulurées sur trois

côtés (à l'arrière, pan coupé en haut et en bas du fût). Les flancs du fût ont été traités à la gradine, tout comme l'arrière. Le couronnement présente deux rouleaux pourvus d'un cordon médian entre deux renflements ; il a été doté en façade d'un décor de rosettes à quatre pétales complété, au-dessous de celles-ci, sur chaque côté du bandeau d'attique, par un alignement vertical de cinq perles.

— *Lieu de déc.:* Lectoure. *Cond. déc.:* Dans le chœur de la cathédrale Saint-Gervais ; lors de travaux de réfection du chœur, vers 1540 (*Gallia Christiana ; Livre Blanc* ; voir *supra*, p. 60-62). *Lieu de conserv.:* Lectoure. *Inst. de conserv.:* Musée de Lectoure. *N° inv.:* 17. *H. supp.:* 52. *Autres mesures ou remarques:* Couronnement : 10/22/12,4 ; corniche : 5,7/29/19,5 ; fût : 21/21,5/11,3 ; base : 14,5/28,5 max/19,5.

— *Champ ép. Descript.:* Correspond à la face principale du fût ; non encadré. La première ligne prend place sur le bandeau d'attique. *Dimensions:* 21/21,5. *H. marge sup.:* 2. *H. marge inf.:* 1,3. *État de conserv. du champ épigr.:* Affecté par la brisure du monument (ligne 6) et par des coups (ligne 5) ou éclats (lignes 2 et 3).

Datation du texte : 176/200. *Justif. dat.:* Spickermann n'exclut pas, à tort selon nous, que ce texte puisse dater du milieu du IIIe siècle (176/250). Formulaire, écriture. *Style écr.:* Capitale carrée ; lettres de forme irrégulière, aux espacements inégaux ; la verticalité et l'horizontalité des traits, aux extrémités nettement marquées, sont mal observées ; on notera un certain souci d'élégance dans l'utilisation répétée de grands T. La mise en page est équilibrée en largeur (recours à un point final pour occuper un vide, ligne 4) et les diverses composantes du texte sont parfaitement individualisées (le nom du père est – par hasard ou volontairement? – mis en valeur), sans que l'on ait recouru à des coupures de mots.

Éd.: CIL, XIII, 524 ; DUTHOY, *Taurobolium*, p. 49, 122 ; *CCCA*, 5, p. 93-94, 242 ; *CAG, Gers*, p. 219, et pl. IX, p. 221 ; *ILA, Lactorates*, 12, photos du support.

Comm.: ÉTIENNE, *Documents*, CXC ; SPICKERMANN, *Mulieres*, p. 159, 18.

H. min. l.: 2,4. *H. max. l.:* 3,1. *Ligne 1:* 2,6. *Ligne 2:* 2,8. *Ligne 3:* 3,1. *Lignes 4/5 :* 2,8. *Ligne 6:* 2,6. *Interlignes 2/3 :* 1,1. *Interlignes 3/4 :* 1. *Interlignes 4/5 :* 0,6. *Interlignes 5/6 :* 1.

	M M	M(agnae) M(atri)
	VALENTINA	Valentina
	'VA'LENTISF	'Va'lentis f(ilia)
4	T'AV'ROPOL·F·	4 t'au'ropol(ium) f(ecit)
	HOSTISSVIS	hosti(i)s suis
	[.]T'VA'LERIAF'IL'	|e|t 'Va'leria f'il'(ia)

Apparat crit. : L. 5 ET (Duthoy).

A la Grande Mère. Valentina, fille de Valens, a fait un taurobole avec ses victimes, en compagnie de sa fille Valeria.

Remarques : La mère est une pérégrine dont le surnom, dérivé de celui de son père (*Valens* apparaît, semble-t-il, ici pour l'unique fois au sud de la Garonne), se retrouve à propos d'une femme auteur d'un taurobole célébré en 176 (*ILA, Lactorates,* 6 : *Iulia Valentina*), mais rien ne justifie une assimilation des deux personnages (comme ne l'exclut pas Vermaseren). La fille porte un nom unique mais qui est en fait un gentilice (celui de son père vraisemblablement) : elle serait à relier à une famille qui plus tard, en 239 et 241, a joué un rôle important dans le développement du culte. Le formulaire utilisé (invocation de la divinité, mention du taurobole) implique sans doute une datation antérieure au troisième siècle (*ILA, Lactorates,* 11 présente la même absence de la mention de la date et du prêtre).

13 (16/1/17/13). LACTORA (LECTOURE). **Taurobole et consécration des parties génitales d'un taureau.**

Support : Autel. *Matériau :* Calcaire (*caract. :* calcaire dolomitique local ("ara marmorea", indique, à tort, *CIL*)). *État du monument :* Couronnement presque entièrement détruit ; corniche abattue à l'arrière et écornée aux angles ; base abattue à la face antérieure. *Ornement(s) :* Corniche, moulure. *Décor :* Corniche et base moulurées sur les quatre côtés. A la partie supérieure se reconnaissent les traces de deux rouleaux à cordon médian avec enroulement. La face principale est décorée de deux rameaux de lierre en relief, symétriques et sinueux, partant du bas du fût, se rejoignant sous la corniche et encadrant le champ épigraphique. Les faces latérales et postérieure du fût ont été traitées pour être lisses, mais l'irrégularité du matériau laisse place à de nombreux trous.

— *Lieu de déc. :* Lectoure. *Cond. déc. :* Dans le chœur de la cathédrale Saint-Gervais ; lors des travaux de réfection du chœur de la cathédrale, vers 1540 (*Gallia Christiana ; Livre Blanc* ; voir *supra*, p. 60-62). *Lieu de conserv. :* Lectoure. *Inst. de conserv. :* Musée de Lectoure. *N° inv. :* 19. *H. supp. :* 78,5. *Autres mesures ou remarques :* Couronnement : 5,8 max/34,5/32,5 ; corniche : 15/43/32 ; fût : 48,3/ 34,5/27 ; base : 15,8/42/30 max.

— *Champ ép. Descript. :* Légèrement bombé, délimité par un listel, présentant des cassures et des trous (de section arrondie, donc travaillés). *Dimensions :* 36/22. *H. marge sup. :* 1. *H. marge inf. :* 1,7. *État de conserv. du champ épigr. :* Convenable, malgré de nombreux coups, des éraflures et les trous circulaires qui l'affectent.

Datation du texte : 150/200. *Justif. dat. :* Deuxième moitié du deuxième siècle (et plutôt dernier quart, comme *ILA, Lactorates*, 14). Formulaire et écriture. *Style écr. :* Capitale carrée ; lettres aux empattements et terminaisons des traits horizontaux nettement marqués ; les queues des R (nettement formés sur des P) et du Q sont élégamment allongées ; B avec panse inférieure plus importante. I long à la ligne 2 (cf. les I longs inaugurant le gentilice *Iulia : ILA, Lactorates*, 18, 19) et *apex*, ligne 3. La mise en page permet, ce qui n'est pas fréquent à Lectoure dans ce type de texte, de mettre en valeur le nom du personnage et sa filiation ; l'occupation du champ en hauteur et en largeur est équilibré, grâce notamment à l'emploi heureux de petites lettres (en particulier à la dernière ligne), alors que l'utilisation de ligatures est exceptionnelle. La ponctuation, faite de points lancéolés est assez abondante, ce qui a contribué sans doute à contraindre le graveur à mordre sur la bordure du champ en fin de lignes (l. 3, 4, 7), alors que le E final, l. 4, n'a pas été indiqué. Les éléments du texte sont bien individualisés et les coupures des mots, limitées à deux, n'en compliquent pas la compréhension. La parenté formelle avec le texte 14 est évidente (*apex* sur le 1er I, ligne 3). Lignes de guidage. Les lettres ont été peintes à l'époque moderne.

Éd. : CIL, XIII, 522 ; DUTHOY, *Taurobolium*, p. 48, 120 ; *CCCA*, 5, p. 93, 240 ; *CAG, Gers*, p. 218-219, et pl. VII, p. 217 ; *ILA, Lactorates*, 13, photo du support.

Comm. : ÉTIENNE, *Documents*, CLXXXVIII.

H. min. l. : 2,5. *H. max. l. :* 3,8. *Ligne 1 :* 3,8. *Ligne 2 :* 3,7. *Lignes 3/ 4 :* 3,3. *Ligne 5 :* 2,8. *Lignes 6/7 :* 2,9. *Ligne 8 :* 3. *Interlignes 1/2 :* 1,6. *Interlignes 2/3 :* 1,2. *Interlignes 3/4 :* 1,3. *Interlignes 4/5 :* 1,5. *Interlignes 5/6 :* 1,1. *Interlignes 6/7 :* 1,2. *Interlignes 7/8 :* 1,4.

```
    SEVERVS
    IVLLI·FIL·
    VIRES·T'AV'RI
4   QVOPROP'RI'
    PERTAVROPO
    LIVM·PVB·FAC
    TVM·FECERAT
8   CONSACRAVIT
```

```
        Seuerus
        Iulli fil(ius)
        uires t'au'ri
   4    quo prop'ri'<e>
        per tauropo-
        lium pub(lice) fac-
        tum fecerat
   8    consacrauit.
```

Severus, fils de Iullus, a consacré les parties génitales du taureau avec lequel il a fait personnellement un taurobole public.

Remarques : Le personnage, qui porte un surnom connu à Lectoure, est un pérégrin et sans doute d'extraction locale, ce que le surnom de son père laisse bien entendre (*CIL*, XIII, 178, 471, 474 ; à Bordeaux une *Iullina* dévote de Cybèle, *CIL*, XIII, 573) : nous sommes donc avant 212. Le soin apporté à la préparation du monument et à la gravure du texte démontre que le calcaire n'est pas dévalué par nature par rapport au marbre, et qu'il existe un atelier local traitant convenablement ce matériau et les textes qu'il supporte. Par ailleurs, la participation au culte n'est pas réservée aux seuls notables porteurs de gentilice, mais se traduit, ainsi que l'indique ce formulaire original (identique sur *ILA, Lactorates*, 14), par une implication personnelle (sur la portée de *proprie*, voir l'introduction, p. 98) dans un acte qui, par ailleurs, prend une dimension publique. Et au-delà des formes habituelles du taurobole, la consécration des *vires* de l'animal implique certainement un enfouissement en liaison avec l'autel (voir p. 98-99).

14 (16/1/17/14). Lactora (Lectoure). **Taurobole et consécration des *vires* d'un taureau.**

Support : Autel. *Matériau :* Marbre (*caract. :* marbre de Saint-Béat). *État du monument :* Corniche endommagée aux angles et sur le côté gauche ; base affectée à gauche (notamment aux angles) ; décor latéral gauche érasé. *Ornement(s) :* Corniche, moulure. *Décor :* Corniche et base moulurées sur les quatre côtés ; fût lisse à l'arrière. A la partie supérieure, deux bandeaux lisses, soulignés à la base, à droite et à gauche, par un sillon. Sur le flanc droit du fût, une torche (glaive, à tort, selon *Revue Épigr.*, III, 60, 1891, p. 66, n° 842 ; Espérandieu, *Lectoure*, n° 15, p. 36 et *CAG, Gers*, alors que *CIL* hésite) en net relief, avec deux anneaux au sommet du manche (hauteur : 41, 5 cm), la flamme placée au sommet ; le même décor (même hauteur) était représenté sur le côté opposé, mais il a été martelé.

— *Lieu de déc.* : Lectoure. *Cond. déc.* : Dans le chœur de la cathédrale Saint-Gervais ; lors des travaux de réfection du chœur de la cathédrale, vers 1540 (*Gallia Christiana ; Livre Blanc* ; voir *supra*, p. 60-62). *Lieu de conserv.* : Lectoure. *Inst. de conserv.* : Musée de Lectoure. *N° inv.* : 11. *H. supp.* : 82. *Autres mesures ou remarques* : couronnement : 10,2/29,5/22 ; corniche : 4,5/35/28,5 ; fût : 48,5/29,5/22 ; base : 18/35/28,5.

— *Champ ép. Descript.* : Confondu avec le fût, dépourvu de tout encadrement. *Dimensions* : 48,5/29,5. *H. marge sup.* : 2,5. *H. marge inf.* : 6,5. *État de conserv. du champ épigr.* : Bon, malgré le mauvais état de l'arête gauche du fût et un éclat à la fin de la ligne 4.

Datation du texte : Deuxième moitié (et plutôt dernier quart) du deuxième siècle. *Justif. dat.* : Formulaire, écriture. *Style écr.* : Capitale carrée qui présente des caractères identiques à ceux du texte jumeau (*ILA, Lactorates*, 13) qui a été préparé par le même *ordinator* (seule différence *factum* est abrégé ici, ligne 6), a été gravé par la même main et offre la même régularité et élégance en ce qui concerne les lettres (Q et R notamment), utilise de nombreux *apices* au dessin très souple (l. 1 : A ; l. 2 : 1er I ; l. 3 : 1er I ; l. 4 : 1er O ; l. 7 : 1er E ; l. 8 : O, 2e A) et recourt à une ponctuation lancéolée abondante. La même clarté dans la mise en page des divers éléments du texte se retrouve. A noter qu'ici le nom du personnage (l. 1) est bien mis en valeur par des lettres plus grandes. On notera aussi qu'aucune ligature n'a été utilisée et que l'on a joué avec beaucoup d'habileté avec des lettres *minutae* (notamment à la dernière ligne où l'on a adopté une solution un peu différente de celle qui avait été choisie à cette même dernière ligne dans le cas du texte jumeau). Restes de lignes de guidage. Il s'agit d'une des plus belles réussites de l'atelier de gravure local.

Éd. : *CIL*, XIII, 525 ; *ILS*, 4129 ; DUTHOY, *Taurobolium*, p. 49, 123 ; *CCCA*, 5, p. 94, 243 ; *CAG, Gers*, p. 219, et pl. VIII, p. 220 ; *ILA, Lactorates*, 14, photos du support.

Comm. : ÉTIENNE, *Documents*, CXCI.

H. min. l. : 2,8. *H. max. l.* : 4,5. *Ligne 1* : 4,5. *Ligne 2* : 3,5. *Lignes 3/4* : 3,2. *Ligne 5* : 3. *Lignes 6/8* : 2,8. *Interlignes 1/2* : 2,8. *Interlignes 2/8* : 1,9.

	VIATOR·		Viator
	SABINI·FIL·		Sabini fil(ius)
	VIRES·TAVRI		uires tauri
4	QVOPROPRIE	4	quo proprie
	PERTAVROPO		per tauropo-
	LIVM·PVB·FACT		lium pub(lice) fact(um)
	FECERAT		fecerat
8	CONSACRAVIT	8	consacrauit.

Apparat crit. : Lignes 5-6 données ensemble (Duthoy) ; l. 8 : premier *apex* omis, 'TI' (*CIL*).

Viator, fils de Sabinus, a consacré les parties génitales du taureau avec lequel il avait fait en personne un taurobole public.

Remarques : Le personnage est un pérégrin, peut-être originaire d'une autre région de la Gaule, comme pourrait le suggérer son surnom exceptionnel en Aquitaine méridionale (Mócsy, *Nomenclator*, p. 310 : abondant en Italie, en Pannonie et en Narbonnaise ; peut-être un Voconce, selon une hypothèse risquée de *CIL*, acceptée par Wierschowski, *Mobilität*, p. 93, 289, 294). En outre, le surnom du père est inconnu en Aquitaine méridionale.

15 (16/1/17/15). Lactora (Lectoure). **Consécration à la Grande Mère par Valeria Gemina.**

Support : Autel. *Matériau :* Marbre (*caract. :* marbre de Saint-Béat). *État du monument : Fastigia* détruits ; *pulvillus* gauche très endommagé ; angles de la corniche détruits ou atteints ; relief de la face 3 martelé. *Ornement(s) : Pulvilli*, moulure. *Décor :* A la partie supérieure, *pulvilli* cylindriques, lisses, présentant un lien médian et, en façade, une rosette à six pétales ; le profil longitudinal des bandeaux n'est pas rectiligne. La base est moulurée sur trois côtés, alors qu'à l'arrière le passage du fût à la base est marqué par un pan coupé. La face 2 porte une patère en relief, avec un bouton central et un manche orienté vers le haut et se terminant par une pointe en forme de cœur renversé (22 cm de hauteur ; 12 cm de diamètre). Sur la face 3 figurait un vase à libations (hauteur 21 cm) qui a été martelé.

— *Lieu de déc.:* Lectoure. *Cond. déc.:* Dans le chœur de la cathédrale Saint-Gervais ; lors des travaux de réfection du choeur de la cathédrale, vers 1540 (*Gallia Christiana ; Livre Blanc ;* voir *supra,* p. 60-62). *Lieu de conserv.:* Lectoure. *Inst. de conserv.:* Musée de Lectoure. *N° inv.:* 4. *H. supp.:* 91. *Autres mesures ou remarques:* Couronnement : 15,5/35/20 ; corniche : 6/41 max /27 ; fût : 45/35/20,2 ; base : 24/41,7/27,3.

— *Champ ép. Descript.:* L. 1 gravée sur le couronnement ; l. 2-10 gravées sur la face antérieure du fût. *Dimensions:* 45/35. *H. marge sup.:* 1,5. *H. marge inf.:* 1,3. *État de conserv. du champ épigr.:* Bon.

Datation du texte : 24 mars 239. *Justif. dat.:* Indication du jour et mention des consuls. *Style écr.:* Lettres capitales carrées, assez peu profondément gravées, aux empattements bien marqués, tantôt larges (A, D, M, V ouverts ; C et G outrepassant un demi-cercle), tantôt étroites (E, L, et parfois T) ; R avec dernier trait allongé et tendant à toucher la lettre suivante ; S avec partie inférieure écrasée (l. 1) ; on notera la préciosité du K (l. 5), ainsi que la barrette qui termine le C (l. 5) et lui donne des allures de G. L'occupation de l'espace en largeur est convenable : les lettres initiales des lignes 2-10 sont à l'aplomb ; les coupures des mots sont correctes ; le recours aux ligatures, inclusions et petites lettres est limité aux deux dernières lignes (on notera la ligature OR).

Le texte apparaît donc comme compact (on n'a pas utilisé la face antérieure de la base) et seule la formule invocatoire est mise en valeur et par sa localisation et par le recours à des lettres plus hautes. Ponctuation sous forme de points triangulaires lancéolés. Tildes aux terminaisons obliques, au-dessus de D et N, ligne 9.

Éd.: CIL, XIII, 510 ; *ILS,* 4127 ; *CCCA,* 5, p. 87, 228 ; *CAG, Gers,* p. 218, et pl. VI p. 216 ; *ILA, Lactorates,* 15, photos du support.

Comm.: ÉTIENNE, *Documents,* CLXXVI ; SPICKERMANN, *Mulieres,* p. 158, et 161-162, n° 8.

H. min. l.: 3. *H. max. l.:* 6. *Ligne 1:* 6. *Ligne 2:* 3,4. *Lignes 3/4:* 3,5. *Ligne 5:* 3,6. *Ligne 6:* 3,4. *Ligne 7:* 3,6. *Ligne 8:* 3,4. *Ligne 9:* 3,5. *Ligne 10:* 3,1. *Interlignes 2/4:* 1,5. *Interlignes 4/5:* 1,5. *Interlignes 5/ 6:* 1,5. *Interlignes 6/7:* 1,7. *Interlignes 7/9:* 1,5. *Interlignes 9/10:* 1,3.

	S M D		S(acrum) M(atri) D(eum)
	VAL·GEMINA		Val(eria) Gemina
	VIRES·ESCE		uires esce-
4	PIT·EVTYCHE	4	pit Eutyche-
	TIS·VIIIIKAL		tis VIIII kal(endas)
	APRIL·SACER		April(es) sacer-
	DOTE·TRAIA		dote Traia-
8	NIONVNDI	8	nio Nundi-
	NIO·D̄·N̄G'OR'DI'		nio D̄(omino) n̄(ostro) G'or'di'-
	ANO·'ET'·AVI'OLA·COS		ano 'et' 'Aui'ola co(n)s(ulibus).

Apparat crit. : Points final, l. 5, et après N, l. 9 (*CIL*).

Consacré à la Mère des dieux. Valeria Gemina a recueilli les testicules d'Eutyches, le neuvième jour avant les calendes d'avril, le prêtre étant Traianius Nundinius, sous le consulat de Notre Seigneur Gordien et d'Aviola.

Remarques : La formule SMD apparaît ici pour la première fois (si, comme nous l'avons dit plus haut, nous ne tenons pas compte de *ILA, Lactorates,* 5 daté de 176, mais perdu et sans doute mal copié). Il faut très certainement voir dans ce document l'indication d'une consécration, à une date hautement symbolique, celle du *dies sanguinis,* de la virilité d'*Eutyches* en tant que galle (nous ne pensons pas qu'il s'agisse d'un esclave ; d'autres personnages portent le même surnom, à Auch, un affranchi impérial, *CIL,* XIII, 437 et *ILTG,* 137, et à Éauze, un dévôt de Mithra, *CIL,* XIII, 542 ; par ailleurs, à cette date, la perte de la citoyenneté ne peut sans doute plus intervenir à titre de sanction à l'encontre du personnage volontairement émasculé). Cette consécration fournit la preuve d'un approfondissement de la dévotion à cette divinité accueillie une soixantaine d'années plus tôt à Lectoure. *Eutyches* aurait joué le rôle d'Attis, *Valeria Gemina* se serait pour sa part assimilée à Cybèle, ce que le verbe utilisé laisserait entendre. On notera que le prêtre, contrairement à ses prédécesseurs de l'année 176, porte les *duo nomina* et en particulier un gentilice formé, à la mode gauloise, sur un surnom : faut-il voir en lui le descendant d'un personnage (un militaire?) qui aurait reçu la citoyenneté romaine sous le second empereur de la dynastie antonine (cf. H.-G Pflaum, *ZPE,* 7, 1971, p. 61 = *La Gaule et l'Empire romain,* Scripta Varia, II, Paris, 1981, p. 149 ; Kajanto, *Cognomina,* p. 157). Le surnom de ce personnage, peut-être mal transcrit, est connu sous la forme *Nundinus* à Bordeaux (*CIL,* XIII, 808 ; Kajanto, *Cognomina,* p. 221 : "Geburtscognomen").

Le personnage féminin, qui apparaît aussi sur un document taurobolique légèrement postérieur, est relié à une grande famille bien implantée dans l'ensemble de l'Aquitaine méridionale (elle-même porte d'ailleurs un surnom presque exclusivement attribué à des individus de naissance libre et peu connu par ailleurs en Aquitaine méridionale ; Kajanto, *Cognomina*, p. 294), et notamment dans la cité de Dax, famille qui, à Lectoure, était liée aux premières manifestations du culte métroaque (*ILA, Lactorates*, 12).

On notera la perte de consonnante dans *escepit* (pour *excepit*), qui pourrait correspondre à une prononciation sifflante du X.

16 (16/1/17/16). LACTORA (LECTOURE). **Taurobole fait au nom de l'*ordo*.**

Support: Autel. *Matériau:* Marbre (*caract.:* marbre de Saint-Béat). *État du monument:* Couronnement entièrement arasé ; corniche brisée aux angles antérieurs ; moulure de la base abîmée sur la face antérieure. Zone périmétrale des faces latérales et arrière travaillée au ciseau. Ce même traitement se remarque à la partie supérieure, cas unique à Lectoure, ce qui laisse supposer ou bien que le monument était pourvu d'un couronnement autonome, ou bien qu'il était surmonté par une plinthe servant à supporter une satuette (l'une ou l'autre hypothèse pouvant justifier l'absence de la mention de la divinité sur le fût inscrit). Mais il est sans doute plus probable qu'il ait été très soigneusement arasé au Moyen Age, lors de sa réutilisation comme support de table d'autel (Du Choul, *Discours*, p. 87). *Ornement(s):* Corniche, moulure. *Décor :* Corniche et base moulurées sur trois faces ; à l'arrière, pan coupé en haut et en bas. Champ épigraphique délimité par un cadre moulré. La base est pourvue de cartouches moulurés rectangulaires, deux en façade (14 x 22,3 et 14 x 22), un seul sur chaque flanc (14,7 x 21 à droite ; 13,2 x 20,5 à gauche). Sur la face de droite, patère à bouton central et à manche orienté vers le bas se terminant en triangle (hauteur : 23 cm ; diamètre du disque : 13 cm). Sur la face de gauche : tête de taureau (hauteur : 21 cm) effacée avec un soin qui tranche avec la technique utilisée dans tous les autres cas de martelage à Lectoure.

— *Lieu de déc.:* Lectoure. *Cond. déc.:* Inconnues. Du Choul, *Discours*, p. 87, indique : "Et en la dicte vile de Lectore, en un petit temple ruiné de Saint-Thomas, se voit en une colonne, qui soustient l'autel, l'épitaphe cy après mis". *Lieu de conserv.:* Lectoure. *Inst. de conserv.:* Musée de Lectoure. *N° inv.:* 2. *H. supp.:* 91,5. *Autres mesures ou remarques:* Couronnement : ?/47/18 ; corniche : 6,5/53,7/ 25,3 ; fût : 61,7/47,2/18 ; base : 23,5/54/25,5.

— *Champ ép. Descript.:* Mouluré et bombé ; le texte utilise aussi les cartouches ménagés sur la base. *Dimensions:* 52/37. *H. marge sup.:* 1. *H. marge inf.:* 0,8. *État de conserv. du champ épigr.:* Bon.

Datation du texte : 8 décembre 241. *Justif. dat.:* Indication du jour et mention des consuls. *Style écr.:* Lettres capitales carrées, à l'emprise souvent large (M, N, R ; C, D, G), surtout dans les premières lignes, et aux empattements bien marqués. N avec une première haste penchant vers la droite ; E et L avec barre inférieure plus longue ; A avec barre déplacée vers le haut ; Q avec queue élégante.

Le soin apporté à la mise en page de ce texte officiel, pour lequel des lignes de guidage ont été utilisées, apparaît dans le fait que les lettres initiales sont pratiquement à l'aplomb et que seule la ligne 10 apparaît légèrement décentrée, laissant un vide à droite. La tâche de l'*ordinator* n'était pas facile, puisqu'il devait prévoir la gravure du plus long texte non seulement de la série datée de 241 mais aussi de tout le *corpus* lectourois et même, sans doute, de tous ceux que l'Aquitaine méridionale a livrés, d'où la nécessité d'utiliser les deux caissons de la base, chacun abritant un des deux noms du prêtre ayant officié, et le recours à des lettres légèrement plus petites aux lignes 13 à 15. Mais on soulignera la maîtrise des coupures des mots et la parfaite distinction des éléments constituant le texte : bénéficiaires du taurobole, auteur de ce dernier, mention des deux consuls, mention des deux "*curatores*" puis noms du prêtre. Or l'appel à des ligatures a été somme toute limité à des formules aisément déchiffrables et les inclusions ou utilisations de petits O ne manquent pas d'élégance (de ce point de vue la ligne 12 est instructive ; noter la forme particulière de la ligature IL à la ligne 4).

Enfin la qualité du projet ressort de l'utilisation des I *longae*, sans doute pour traduire une accentuation (l. 1, 3, 4 ; dans ce dernier cas, un tel usage permet de bien distinguer le numéral de l'indication des ides), *minutae* afin de gagner de la place (l. 6 et l.3). On remarquera aussi le recours à des hastes raccourcies afin de loger le tilde surmontant le numéral à la ligne 13. Quant à la ponctuation, elle se présente sous la forme de points lancéolés assez discrets. Restes de peinture récente au fond des lettres.

Éd.: CIL, XIII, 511 ; ce texte a inspiré Beaumesnil, *CIL*, XIII, 48, et partiellement XIII, 51; *ILS*, 4126; Duthoy, *Taurobolium*, p.45-46, 109 ; *CCCA*, 5, p.87-88, 229 ; *CAG, Gers*, p.218, photo du support, et pl. VI, p. 216 ; *ILA, Lactorates*, 16, photos du support.

Comm.: Étienne, *Documents*, CLXXVII, et pl. X ; L. Lerat, *La Gaule romaine*, Paris, 1977, p. 290-291, 204 ; X. Loriot, D. Nony, *La crise de l'Empire romain 235-285*, Paris, 1977, p. 224, 184B.

H. min. l.: 1,8. *H. max. l.:* 2,7. *Lignes 1/5 :* 2,7. *Ligne 6:* 2,8. *Ligne 7:* 2,7. *Lignes 8/9 :* 2,8. *Lignes 10/12 :* 2,7. *Ligne 13:* 1,9. *Lignes 14/15 :* 1,8. *Ligne 16:* 2,2. *Interlignes 1/16 :* 0,9.

                                    [. . .]
                                    PROSALVTEIʽMPʼM
                                    AʽNTʼOʽNIʼ·GORDIAʽNIʼ·
              4   PII·FEL·AVG·ETSA
                                    BIʽNIʼAE·TRANQVʽILʼ
                                    LINAEAVG·TOTI
                                    VSQ·DOMVSDIVI
              8   NAE·PROQ·STATV
                                    CIVITAT·LACTOR
                                    TAVROPOLIʽVMʼFE
                                    CITORDOLACT
              12   D·N·GORDIANO
                                    AVGĪĪET·POʽMPʼʼEIʼʼANOʼʼCOʼS
                                    VIIDVSDEC·CVRANTIB
                                    M·EROTIO·FESTO·ET·M
              16   CARINIO·CAROSACERD
                                    TRAIʽANIʼONVNʽDIʼʼNIʼO

                                    [S(acrum) M(atri) D(eum)]
                                    pro salute Iʽmpʼ(eratoris) M(arci)
                                    Aʽntʼoʽniʼ Gordiaʽniʼ
              4   Pii Fel(icis) Aug(usti) et Sa-
                                    biʽniʼae Tranquʽilʼ-
                                    linae Aug(ustae) toti-
                                    usq(ue) Domus Diui-
              8   nae proq(ue) statu
                                    ciuit(is) Lactor(atium)
                                    tauropoliʽumʼ fe-
                                    cit ordo Lact(oratium)
              12   D(omino) n(ostro) Gordiano
                                    Aug(usto) ĪĪ et Poʽmpʼʼeiʼʼanoʼ ʽcoʼ(n)s(ulibus)
                                    VI idus Dec(embres) curantib(us)
                                    M(arco) Erotio Festo et M(arco)
              16   Carinio Caro sacerd(ote)
                                    Traiʽaniʼo Nunʽdiʼʼniʼo.

Apparat crit. : L. 1 : points (*CIL*) ; l. 2 : point final non donné (*CIL* et autres) ; l. 2 : ANTONINI (Duthoy) ; l. 4 : SABINAE (Duthoy) ; l. 12 : ligature MP non donnée.

(Consacré à la Mère des Dieux), pour le salut de l'empereur Marcus Antonius Gordien, pieux, heureux, Auguste, et de Sabinia Tranquillina, Auguste, et de toute la Maison divine, et pour le maintien de la cité des Lactorates, le conseil des Lactorates a fait un taurobole, sous le deuxième consulat de Notre Seigneur Gordien, Auguste, et celui de Pompeianus, le sixième jour avant les ides de décembre, à la charge de Marcus Erotius Festus et de Marcus Carinius Carus, le prêtre étant Traianius Nundinius.

Remarques : Alors qu'en 176, l'hommage rendu à Marc-Aurèle (et à peut-être à Faustine) apparaissait distingué de la célébration de plusieurs tauroboles privés, le présent document établit nettement le lien entre le culte impérial (englobant le couple impérial tout récemment constitué et l'ensemble de leur *domus*) et l'organisation d'un taurobole public, accompli au nom de la cité. Celle-ci est d'autant plus engagée dans cette double voie qu'elle associe son propre maintien à l'hommage impérial. Remarquons que le formulaire utilisé (associant hommage aux empereurs et évocation de la sauvegarde d'une collectivité) fut en vigueur à Lyon dès 160 (*CIL*, XIII, 1751 : sévir), puis en 190, 194, 197 (*CIL*, XIII, 1752-1754 : dendrophores ; couples de femmes), mais sans que l'*ordo* fût impliqué en tant que tel. Graillot (*Cybèle*, p. 166) a, par ailleurs, bien insisté sur les liens entre Cybèle et la Fortune/Tyché des villes. La charge de surveiller le bon déroulement des opérations, et sans doute aussi la réalisation et la gravure de l'autel qui est destiné à en garder le souvenir, sont confiées à deux personnages dans lesquels certains ont voulu voir, à tort, des prêtres (alors que la comparaison avec les autres inscriptions contemporaines conduisent obligatoirement à réserver ce titre à *Traianius Nundinius* ; Lerat, *La Gaule romaine*, p. 290-291) et d'autres les responsables d'un collège *pro salute imperatoris* (Spickermann, *Mulieres*, p. 164, n. 227). Il nous semble plus simple de penser que nous sommes en présence des *duoviri* de l'année ou, moins probablement de deux sévirs, notamment en l'absence d'autres attestations d'un collège de ce type (seulement connu à Auch, en ce qui concerne l'Aquitaine méridionale : *ILTG*, 135) ; toutefois, en faveur de cette dernière hypothèse, pourrait jouer le gentilice du premier des personnages, dérivé d'un surnom à consonance grecque très nettement marqué d'une coloration servile. Mais nous préférons penser que nous pouvons nous trouver en présence d'un descendant d'affranchi portant comme son confrère (descendant de pérégrins) un gentilice formé, à la mode "gauloise" sur un surnom (*Erotius* est exceptionnel, et *Carinius* est rare, mais plutôt attesté en Narbonnaise ; Mócsy, *Nomenclator*, p. 117 et 68 respectivement). Doit-on penser que leurs pères auraient été des bénéficiaires de l'application de la Constitution Antonine ? La solennité de l'acte accompli conduit, nous l'avons suggéré, à indiquer le prénom des deux personnages (mention qui amène à nuancer quelque peu les indications habituelles selon lesquelles cet élément de la dénomination aurait été sytématiquement négligé au troisième siècle, si ce n'est dès la fin du second). Quant au prêtre, dont le nom apparaît systématiquement sur les documents métroaques contemporains, il porte lui aussi un type de gentilice formé, cette fois, sur un *nomen* impérial (peut-on voir en lui le descendant d'un pérégrin, vraisemblablement un militaire ayant reçu la citoyenneté de

Trajan?). Il convient aussi de noter qu'au-delà de cet acte public, qui atteste la vitalité des institutions et de la vie municipales, les huit tauroboles privés accomplis le même jour par l'intermédiaire du même *sacerdos* et par des individus portant *duo* ou *tria nomina*, revêtaient un caractère d'adhésion unanime des élites locales à l'hommage rendu au nom de leur *civitas*. Quant à la date retenue, il faut d'une part, nous l'avons dit plus haut, opérer un rapprochement avec celle du premier taurobole célébré à Lyon (*CIL*, XIII, 1751), d'autre part remarquer que le second consulat impérial est seul précisé (alors que *Clodius Pompeianus* accomplissait lui aussi, cette même année, son deuxième consulat), comme si (mais on ne peut exclure tout à fait un souci de gain de place) l'on avait voulu insister avant tout sur l'honneur géré par l'empereur, selon une formule que l'Histoire Auguste elle-même a retenue ("Gordiano iam iterum et Pompeiano coss", *Vita Gordianorum*, XXIII, 5).

   Notons enfin que Du Choul, *Discours*, p. 87, attribue à Lectoure une dédicace à *Sabinia Tranquillina* qui est manifestement romaine.

17 (16/1/17/17). LACTORA (LECTOURE). **Taurobole fait par G. Iulius Secundus.**

Support: Autel. *Matériau:* Marbre (*caract.*: marbre de Saint-Béat). *État du monument: Pulvillus* droit et *fastigia* totalement détruits ; corniche endommagée aux angles (surtout arrière droit) ; bordures latérales du fût et de la base modérément atteintes. *Ornement(s): Pulvilli, fastigia, focus,* corniche, moulure. *Décor :* A la partie supérieures, deux *pulvilli* présentant un lien médian et un motif en forme de spirale en façade ; le lien continue sur la partie plate jusqu'à rejoindre un *focus* circulaire en creux (diamètre :7,5) ; restes de *fastigia* en façade et à l'arrière. Corniche moulurée surplombant les quatre faces, assez maladroitement réalisée (bords non rectilignes). Encadrement mouluré sur la face antérieure du fût. Sur la base moulurée sur trois faces (pan incliné à l'arrière), double cartouche rectangulaire à l'avant (17,5 -18 x 12-12,2) et sur les côtés (cartouches presque carrés : 10-10,2 x 10,7-10,4, à droite ; 12,5 x 10,2, à gauche). Sur la face 2, à droite, une patère à bouton central pourvue d'un manche orienté vers le bas et terminé en pointe (hauteur : 26 cm ; diamètre : 15,5 cm). Sur la face 3, à gauche, le vase à libations a été martelé (hauteur : environ 25 cm).

— *Lieu de déc.*: Lectoure. *Cond. déc.*: Dans le chœur de la cathédrale Saint-Gervais ; lors des travaux de réfection du chœur de la cathédrale, vers 1540 (*Gallia Christiana ; Livre Blanc* ; voir *supra*, p. 60-62). *Lieu de conserv.*: Lectoure. *Inst. de conserv.*: Musée de Lectoure. *N° inv.*: 13. *H. supp.*: 83. *Autres mesures ou remarques*: Couronnement : 10/33,8/19,7 ; corniche : 6,2/40,5/26,7 ; fût : 44,4/34,7/ 20,3 ; base : 20/41,7/27,7.

— *Champ ép. Descript.*: Occupe le fût, à l'intérieur d'un encadrement mouluré mais la première ligne du texte se situe sur le bandeau d'attique. *Dimensions*: 37,4/28,3. *H. marge sup.*: 1,2. *H. marge inf.*: 2,7. *État de conserv. du champ épigr.*: Bon.

Datation du texte : 8 décembre 241. *Justif. dat.*: Indication du jour et mention des consuls. *Écriture*: Capitale carrée. *Style écr.*: Lettres tendant à avoir une emprise large (C, D et G outrepassant un demi-cercle ; M et N ; V ouverts ; R présentant un dernier trait qui tend à toucher la lettre suivante, cf. l. 9) ; cependant les E, L et T sont étroits. Le texte est assez bien réparti en hauteur, mais pas en largeur : les lignes 2, 7 et 8 sont décalées vers la gauche. Les lettres initiales sont à l'aplomb (sauf à la dernière ligne). Aucune ligature ou petite lettre n'a été utilisée. Aucun élément du texte (en dehors de l'indication initiale), et notamment la dénomination du personnage, n'est mis en valeur par des lettres plus hautes. Tildes aux lignes 8 et 9 (le second est décalé à gauche par rapport au numéral qu'il surmonte). La ponctuation est marquée par des points lancéolés.

Éd.: *CIL*, XIII, 512 ; DUTHOY, *Taurobolium*, p. 46, 110 ; *CCCA*, 5, p. 88, 230 ; *CAG, Gers*, p. 218 ; *ILA, Lactorates*, 17, photos du support.

Comm.: ÉTIENNE, *Documents*, CLXXVIII ; ÉTIENNE, *En passant*, p. 289, fig. 25.

H. min. l.: 2,6. *H. max. l.*: 4,3. *Ligne 1*: 4,3. *Ligne 2*: 3,2. *Lignes 3/4*: 3. *Ligne 5*: 3,1. *Ligne 6*: 3,2. *Ligne 7*: 2,7. *Lignes 8/9*: 3. *Ligne 10*: 2,9. *Ligne 11*: 3. *Interlignes 2/3*: 1,2. *Interlignes 3/5*: 0,9. *Interlignes 5/6*: 0,8. *Interlignes 6/8*: 0,9. *Interlignes 8/9*: 1. *Interlignes 9/11*: 0,8.

	S M DEVM		S(acrum) M(atri) Deum
	G·IVL·SECVN		G(aius) Iul(ius) Secun-
	DVS·TAVROPO		dus tauropo-
4	LIVM·ACCEPIT	4	lium accepit
	HOSTIS·SVIS		hosti(i)s suis
	SACERD·TRA		sacerd(ote) Tra-
	IANIO·NVN		ianio Nun-
8	DINIO·D̄·N̄	8	dinio D̄(omino) n̄(ostro)
	GORDIANO·ĪĪ		Gordiano ĪĪ
	ET·POMIANO		et Pom<pe>iano
	COS·VIID·DEC		co(n)s(ulibus) VI id(us) Dec(embres).

Apparat crit. : L. 2 : C initial (*CCCA*).

Consacré à la Mère des dieux. Gaius Iulius Secundus a reçu le taurobole (accompli) avec ses propres victimes, Traianius Nundinius étant prêtre, sous le deuxième consulat de Notre Seigneur Gordien et celui de Pompeianus, le sixième jour avant les ides de décembre.

Remarques : Le personnage concerné est mentionné par une nomenclature complète (il a des homonymes huppés à Bordeaux, mais sans doute plus anciens : *CIL*, XIII, 577 et 596-600), preuve d'une réelle solennité religieuse et civique de son acte. Il appartient sans doute à une famille de descendants de vieux citoyens, impliquée, nous l'avons déjà dit, dès 176 et largement en 241, dans la célébration du rite taurobolique (*ILA, Lactorates,* 17 et 19 représentent le même type monumental). La formule *tauropolium accepit* exprime clairement une implication personnelle directe dans le rite sanglant, marquant publiquement le rôle actif de l'auteur du document.

Le lapicide, lisant sans doute trop rapidement une minute qui devait impliquer l'usage de ligatures (au moins MP), a maladroitement simplifié le nom du second consul, ce qui ne nuisait cependant pas à la compréhension de cette partie du texte.

18 (16/1/17/18). LACTORA (LECTOURE). **Taurobole fait par Iulia Clementiana.**

Support: Autel. *Matériau:* Marbre (*caract.:* marbre de Saint-Béat). *État du monument:* Les rouleaux ont été détruits partiellement à l'arrière et en façade ainsi que le pseudo-*fastigium* postérieur ; les quatre faces de la base, notamment à l'arrière, portent des marques de destruction. Le vase à libations, figuré sur l'un des flancs, a été martelé assez nettement. On peut se poser la question de savoir si les

traces de travail au ciseau qui affectent la partie supérieure des rouleaux appartiennent à la même phase de bûchage. Par ailleurs, il faut se demander pourquoi ce monument est le seul des autels de marbre ne possédant pas de corniche moulurée et dont la base, en façade comme sur les côtés, présente un simple profil de pan coupé : le lissage des faces antérieure et postérieure est uniforme, ce qui interdit d'attribuer ce travail à une retouche moderne. On note cependant, en façade sous le champ et sur la face droite, des restes de lignes horizontales qui auraient pu correspondre à une tentative, avortée et réparée "en catastrophe", de création de moulurations. En tout cas, tout ceci montre bien comment l'atelier a été débordé par les commandes liées à la date du 8/12/241. *Ornement(s):* Rosette, *focus, fastigia. Décor :* A la partie supérieure, deux rouleaux présentent une rosette stylisée à la partie antérieure et des cordons en relief à la partie médiane, cordons qui se prolongent en direction d'un *focus* en creux (diamètre : 10,5) ; à l'avant et à l'arrière, *fastigia* stylisés. Sur la face 2, à droite, un vase à libations martelé (hauteur : 26,5 ; diamètre : 15,5) ; sur l'autre face latérale, une patère en assez fort relief, à manche orienté vers le bas et à bouton central (hauteur : 24).

— *Lieu de déc.* : Lectoure. *Cond. déc.* : Dans le chœur de la cathédrale Saint-Gervais ; lors des travaux de réfection du chœur de la cathédrale, vers 1540 (*Gallia Christiana ; Livre Blanc* ; voir *supra*,

p. 60-62). *Lieu de conserv.* : Lectoure. *Inst. de conserv.* : Musée de Lectoure. *N° inv.* : 9. *H. supp.* : 92,5. *Autres mesures ou remarques* : Couronnement : 12,5/ 38 max /23 max ; corniche : 8/?/? ; fût : 48/39/24 ; base : 25/?/?

— *Champ ép. Descript.* : A encadrement mouluré ; donne l'impression, sans doute à tort, d'avoir été surbaissé à droite ; certains "accidents" affectant plusieurs lettres laisseraient croire qu'il a pu y avoir regravure d'un monument préexistant. Utilisation du pseudo-bandeau d'attique pour inscrire la formule initiale. *Dimensions* : 35,3/28,8. *H. marge sup.* : 0,6. *H. marge inf.* : 0,7. *État de conserv. du champ épigr.* : Bon.

Datation du texte : 8 décembre 241. *Justif. dat.* : Mention des consuls et du jour de l'année. *Écriture* : Capitale carrée. *Style écr.* : Lettres amples (C, D, N, R, T ou V très ouverts, l. 3) et aux empattements nettement marqués. La ponctuation est indiquée par des points triangulaires. Les tildes convenus surmontent les abréviations et le numéral l. 7 et 8. Les lignes 1 à 4 semblent déportées vers la gauche, et les deux dernières lignes paraissent remonter vers la droite. Les coupures des mots sont convenables, même si celle qui affecte le gentilice du prêtre n'est pas très heureuse. L'ensemble du champ est occupé en hauteur. Une seule ligature à la ligne 1, où le graveur a réellement inscrit un L au lieu d'un I. Aucun élément du texte n'est vraiment mis en valeur, même si les deux dernières lignes sont occupées par des lettres légèrement plus hautes. Notons que le I initial du texte est, comme dans le cas du texte suivant, nettement mis en valeur.

Éd. : *CIL*, XIII, 513 ; DUTHOY, *Taurobolium*, p. 46, 11 ; *CCCA*, 5, p. 89, 231 ; *CAG, Gers*, p. 218, et pl. VIII, p. 220 ; *ILA, Lactorates*, 18, photos du support.

Comm. : ÉTIENNE, *Documents*, CLXXIX ; SPICKERMANN, *Mulieres*, p. 158, et p. 162, n° 9.

H. min. l. : 2. *H. max. l.* : 5,6. *Ligne 1* : 5,6. *Lignes 2/3* : 2,3. *Ligne 4* : 2,6. *Ligne 5* : 2,3. *Lignes 6/7* : 2,7. *Ligne 8* : 2,8. *Ligne 9* : 2,9. *Ligne 10* : 2,5. *Ligne 11* : 2,8. *Interlignes 2/4* : 0,7. *Interlignes 4/5* : 1. *Interlignes 5/7* : 0,9. *Interlignes 7/8* : 1,1. *Interlignes 8/10* : 0,9. *Interlignes 10/11* : 0,7.

	·S·M·D·	S(acrum) M(atri) D(eum)
	IVL·CLEME'NT'LA	Iul(ia) Cleme'nt'<i>a-
	NA·TAVROPOLI	na tauropoli-
4	VM·ACCEPIT 4	um accepit
	HOSTIS·SVIS	hosti(i)s suis
	SACERD·TRAIA	sacerd(ote) Traia-
	NIONVNDINI	nio Nundini-
8	O·D̄·N̄·GORDI 8	o D̄(omino) n̄(ostro) Gordi-
	ANO·II̅·ET·POM	ano II̅ et Pom-
	PEIANO·COS	peiano co(n)s(ulibus)
	VI·IDVS·DEC	VI idus Dec(embres).

Apparat crit. : L. 2 CLEMENTINA (Étienne).

Consacré à la Mère des Dieux. Iulia Clementiana a reçu le taurobole (accompli) avec ses victimes, le prêtre étant Traianius Nundinius, sous le second consulat de notre Seigneur Gordien et celui de Pompeianus, le sixième jour avant les ides de décembre.

Remarques : Le texte utilise les formulaires et la mise en forme communs à tous les textes datés du même jour. Insistons sur l'indication d'un autre membre de la *gens Iulia* mise en évidence, nous l'avons dit, par trois tauroboles contemporains. Le personnage porte un surnom peu fréquent en général (Kajanto, *Cognomina*, p. 263) et exceptionnel en Aquitaine méridionale (et même dans l'ensemble des Gaules), surnom plutôt distingué.

19 (16/1/17/19). LACTORA (LECTOURE). **Taurobole fait par Iulia Nice.**

Support : Autel. *Matériau :* Marbre (*caract. :* marbre de Saint-Béat). *État du monument :* Partie arrière du rouleau de droite cassée ; arête gauche du fût en partie endommagée ; base écornée aux angles antérieurs. *Ornement(s) :* Corniche, moulure. *Décor :* Corniche et base moulurées sur trois faces, reliées à l'arrière au fût par un pan coupé ; deux cartouches moulurés rectangulaires allongés sur la face antérieure de la base (17,5 x 14,5) ; deux cartouches moulurés rectangulaires redressés sur les petits côtés de la base (13,5 x 10 à droite ; 14,5 x 9,5 à gauche). Couronnement présentant deux rouleaux, à cordon médian se dirigeant vers un *foculus* circulaire en creux de 8,5 de diamètre, et décorés sur leur extrémité antérieure par un enroulement ; restes de *fastigia* à l'avant et à l'arrière. Le flanc droit du fût présente une patère à bouton central circulaire et manche orienté vers le bas se terminant par une pointe en triangle (hauteur : 27 cm ; diamètre : 14,8). Sur la face gauche, un vase martelé dont le pied et le profil de la panse se laissent reconnaître (hauteur : 21,5). La face arrière est plane et porte des traces d'un travail régulier opéré à la gradine.

— *Lieu de déc.* : Lectoure. *Cond. déc.* : Dans le chœur de la cathédrale Saint-Gervais ; lors des travaux de réfection du chœur de la cathédrale, vers 1540 (*Gallia Christiana* ; *Livre Blanc* ; voir *supra*, p. 60-62). *Lieu de conserv.* : Lectoure. *Inst. de conserv.* : Musée de Lectoure. *N° inv.* : 8. *H. supp.* : 86,5. *Autres mesures ou remarques* : Couronnement : 13,5/37,3/21 ; corniche 6,8/44,5/27 ; fût : 41/37,5/20,3 ; base : 25/44,5/27.

— *Champ ép. Descript.* : Occupe la face antérieure du fût ; mais la formule initiale prend place sur le bandeau d'attique. Champ bombé, encadré par une mouluration. *Dimensions* : 34,2/30,7. *H. marge sup.* : 1,1. *H. marge inf.* : 1,3. *État de conserv. du champ épigr.* : Bon.

Datation du texte : 8 décembre 241. *Justif. dat.* : Mention du jour et des consuls de l'année. *Style écr.* : Capitale carrée, aux pieds bien marqués, plus profondément gravées aux deux premières lignes. Les lettres arrondies (C, D) sont plutôt larges par rapport aux autres, sauf les R dont le dernier trait, souple, a tendance à toucher ou à approcher la base des lettres suivantes. La mise en page est soignée, avec un parfait alignement des lettres initiales, et l'horizontalité est respectée. Les ligatures (l. 7 et 8) sont peu nombreuses. La formule initiale et la ligne portant la dénomination du personnage sont mises en valeur par rapport au reste du texte. On notera que les coupures de mots sont rares et correctes (l. 2 et 3) et n'affectent les dénominations ni de l'auteur du taurobole, ni de l'empereur, ni du prêtre.

Les points triangulaires, parfois lancéolés abondent. Les tildes habituels se retrouvent au-dessus de l'abréviation du titre impérial et du numéral. Comme dans le cas du monument "frère" *ILA, Lactorates*, 17, un élégant I long inaugure le gentilice de la femme concernée.

Éd. : *CIL*, XIII, 514 ; ESPÉRANDIEU, *Bas-reliefs*, 1060 ; DUTHOY, *Taurobolium*, p. 46-47, 112, (et frontispice) ; *CCCA*, 5, p. 89, 232 ; *CAG, Gers*, p. 218, et pl. VI, p. 216 (photographie) ; *ILA, Lactorates*, 19, photos du support.

Comm. : ÉTIENNE, *Documents*, CLXXX ; SPICKERMANN, *Mulieres*, p. 158, 10, et p. 163.

H. min. l.: 2,7. *H. max. l.:* 6. *Ligne 1:* 6. *Lignes 2/4 :* 3. *Ligne 5:* 3,2. *Ligne 6:* 2,9. *Ligne 7:* 2,8. *Lignes 8/10 :* 2,9. *Interlignes 2/5 :* 0,9. *Interlignes 5/6 :* 0,8. *Interlignes 6/7 :* 0,9. *Interlignes 7/8 :* 0,8. *Interlignes 8/9 :* 1. *Interlignes 9/10 :* 0,8.

·S·M·D·   S(acrum) M(atri) D(eum)
IVL·NICE·TAV   Iul(ia) Nice tau-
ROPOLIVMAC   ropolium ac-
4   CEPIT·HOSTIS   4 cepit hosti(i)s
SVIS·SACERD·   suis sacerd(ote)
TRAIANIO·   Traianio
NV'ND'INIO·D̄·N̄·   Nu'nd'inio D̄(omino) n̄(ostro)
8   G'OR'DIANO·IĪ·ET   8 G'or'diano IĪ et
POMPEIANO   Pompeiano
COS·VI·ID·DEC   co(n)s(ulibus) VI id(us) Dec(embres).

Consacré à la Grande Mère des Dieux. Iulia Nice a reçu le taurobole (accompli) avec ses victimes, le prêtre étant Traianius Nundinius, sous le second consulat de notre Seigneur Gordien et celui de Pompeianus, le sixième jour avant les ides de Décembre.

Remarques : Le formulaire reprend celui que nous avons relevé sur plusieurs autels précédents. On remarquera que cette femme appartient elle aussi à la *gens Iulia* si active ici en ce milieu du IIIᵉ siècle et qu'elle porte un surnom à consonance grecque, attesté aussi à Lectoure en 176 (*ILA, Lactorates*, 8) et qui pourrait convenir à une affranchie.

20 (16/1/17/20). LACTORA (LECTOURE). **Taurobole fait par Iunia Domitia.**

Support : Autel. *Matériau :* Marbre (*caract. :* marbre de Saint-Béat). *État du monument :* Autel, très semblable par sa structure et son décor au suivant (*ILA, Lactorates*, 21). *Fastigia* détruits, rouleaux endommagés ; corniche presque détruite à droite ; mouluration du champ endommagée à gauche ; le cartouche mouluré gauche et les angles inférieurs de la base sont partiellement détruits. Le relief de la face gauche du fût est arasé. *Ornement(s) :* Corniche, moulure. *Décor :* Corniche et base moulurées sur trois côtés ; à l'arrière, le lien avec le fût se fait sous la forme d'un pan coupé. En façade, la base présente deux cartouches moulurés rectangulaires (10,7 x 21, à droite ; 10,5 x 21, à gauche). A la partie supérieure, rouleaux lisses avec lien central et rosette en façade ; restes de *fastigia* ; *focus* circulaire en

(diamètre : 10,5) ; sur le flanc droit du fût, une patère en relief avec bouton central et manche orienté vers le bas (diamètre : 25,5) ; sur la face opposée, une tête de taureau, aux cornes dressées, qui a été martelée (hauteur : 20).

— *Lieu de déc.* : Lectoure. *Cond. déc.* : Dans le chœur de la cathédrale Saint-Gervais ; lors des travaux de réfection du chœur de la cathédrale, vers 1540 (*Gallia Christiana* ; *Livre Blanc* ; voir *supra*, p. 60-62). *Lieu de conserv.* : Lectoure. *Inst. de conserv.* : Musée de Lectoure. *N° inv.* : 5. *H. supp.* : 90. *Autres mesures ou remarques* : Couronnement : 12/41/21,5 ; corniche : 5,5/47/28,5 ; fût : 54/41,7/21,5 ; base : 18,5/47,5/28,3.

— *Champ ép. Descript.* : Pourvu d'un encadrement mouluré, bombé. Mais la première ligne prend place sur le bandeau d'attique. *Dimensions* : 43/30,5. *H. marge sup.* : 1,1. *H. marge inf.* : 1,6. *État de conserv. du champ épigr.* : Bon.

Datation du texte : 8 décembre 241. *Justif. dat.* : Indication des consuls et du jour de l'année. *Écriture* : Capitale carrée. *Style écr.* : Malgré la présence de lignes de guidage, les lettres sont assez mal gravées (traits verticaux souvent peu rectilignes, "tremblants") et présentent parfois un module irrégulier à l'intérieur d'un même ligne. La fin du texte penche vers la gauche (l. 9 et 10). Malgré l'absence de ponctuation, le recours à des petites lettres et à de nombreuses ligatures, parfois peu heureuses au plan esthétique (OR, l. 8), s'est imposé. Les coupures de mots abondent, parfois maladroites (exemples : *Nu/ndinio, Po/mpeiano*). Le manque de place a imposé, *in fine*, une abréviation mal venue du nom du mois. Tildes au-dessus de l'abréviation du titre impérial et de la numération des consulats.

Éd. : *CIL*, XIII, 515 ; Duthoy, *Taurobolium*, p. 47, 113 ; *CCCA*, 5, p. 90, 233 ; *CAG, Gers*, p. 218, et pl. VII, p. 217 ; *ILA, Lactorates*, 20, photos du support.

Comm. : Étienne, *Documents*, CLXXXI, (traduction incomplète, gentilice erroné) ; Spickermann, *Mulieres*, p. 158, et n° 11 p. 163.

H. min. l. : 2,8. *H. max. l.* : 4,3. *Ligne 1* : 4,3. *Ligne 2* : 3,6. *Ligne 3* : 3,7. *Ligne 4* : 3,8. *Ligne 5* : 3,9. *Ligne 6* : 4. *Ligne 7* : 3,6. *Ligne 8* : 3,8. *Ligne 9* : 4. *Ligne 10* : 2,9. *Interlignes 2/3* : 1,4. *Interlignes 3/4* : 1,5. *Interlignes 4/5* : 1,2. *Interlignes 5/6* : 1. *Interlignes 6/8* : 1,1. *Interlignes 8/9* : 1,4. *Interlignes 9/10* : 0,6.

S M D
IVNIADOMI
TIATAVRO
4   POLIVMAC'CE'
PITHOSTISSV
ISSACER'DO''TE'
'TR'AIANIONV
8   'ND'I'NI'ODN̄G'OR'
DIANOῙῙ'ET'PO
'MP'EIANOCOS'VI''ID''DE'

S(acrum) M(atri) D(eum)
Iunia Domi-
tia tauro-
4   polium ac'ce'-
pit hosti(i)s su-
is sacer'do''te'
'Tr'aianio Nu-
8   'nd'i'ni'o D̄(omino) n̄(ostro) G'or'-
diano ῙῙ 'et' Po-
'mp'eiano co(n)s(ulibus) 'VI' 'id'(us) 'de'(cembres).

Consacré à la Mère des Dieux. Iunia Domitia a reçu le taurobole (accompli) avec ses victimes, le prêtre étant Traianius Nundinius, sous le second consulat de notre Seigneur Gordien et celui de Pompeianus, le sixième jour avant les ides de décembre.

Remarques : Le personnage féminin porte un gentilice rare en Aquitaine méridionale (Mócsy, *Nomenclator,* p. 155) et un surnom qui est en fait un gentilice (*CIL*, XIII, 633a et 633b, mais il s'agit d'une Trévire ; cf. Mócsy, *Nomenclator*, p. 106), les deux noms ayant pu être empruntés, dans l'ordre à son père et à sa mère. Rien ne prouve ni n'exclut qu'elle soit d'extraction locale (dans ce dernier sens, Spickermann).

21 (16/1/17/21). LACTORA (LECTOURE). **Taurobole fait par Pompeia Flora.**

Support : Autel. *Matériau :* Marbre (*caract. :* marbre de Saint-Béat). *État du monument :* Rouleau droit et *fastigia* presque entièrement détruits ; angles de la corniche, partie arrière et angles inférieurs de la base endommagés. Relief du flanc droit du fût martelé. *Ornement(s) :* Corniche, moulure. *Décor :* Corniche et base moulurées uniquement en façade. La liaison avec le fût s'opère sur les autres faces par des pans coupés. Il s'agit donc d'un des travaux de préparation les plus simples de toute la série. En façade, la base présente deux cartouches rectangulaires assez grossièrement moulurés, dont les dimensions sont très proches de celles des cartouches de *ILA, Lactorates,* 20 : 11 x 20,4, à droite ; 10 x 20,5, à gauche. La face arrière et les faces latérales présentent les traces de travail habituelles sur les produits venus de Saint-Béat : une bande périphérique traitée au ciseau entourant une zone centrale traitée à la gradine. A la partie supérieure, rouleaux lisses avec lien médian et, en façade, une rosette stylisée, à six pétales ; restes de *fastigia* à l'avant et à l'arrière ; *focus* circulaire en creux (diamètre : 8 cm). Sur le flanc droit du fût, restes d'une patère, au manche orienté vers le bas (hauteur : 25 ; diamètre : 15) ; sur la face opposée, tête de taureau stylisée aux cornes dressées (hauteur : 16,5).

— *Lieu de déc. :* Lectoure. *Cond. déc. :* Dans le chœur de la cathédrale Saint-Gervais ; lors des travaux de réfection du chœur de la cathédrale, vers 1540 (*Gallia Christiana ; Livre Blanc* ; voir *supra,* p. 60-62). *Lieu de conserv. :* Lectoure. *Inst. de conserv. :* Musée de Lectoure. *N° inv. :* 1. *H. supp. :* 90. *Autres mesures ou remarques :* Couronnement : 11,7/41/ 18,6 ; corniche : 5,5/47,5/25 ; fût : 54,8/40,7/19,2 ; base : 18,5/47/25.

— *Champ ép. Descript. :* Sur la face antérieure du fût, dans un cadre mouluré ; mais la première ligne est inscrite sur le bandeau d'attique. *Dimensions :* 46/30,6. *État de conserv. du champ épigr. :* Bon.

Datation du texte : 8 décembre 241. *Justif. dat. :* Indication des consuls et du jour de l'année. *Écriture :* Capitale carrée. *Style écr. :* Lettres assez régulières, avec lignes de guidage, plutôt amples (notamment C, D, N), parfois lourdes (R final l. 8) ; les C et O sont plutôt anguleux ; la base des S est écrasée ; V élégant, l. 11. Les lettres initiales sont gravées à l'aplomb, mais les lignes 3, 5, 6 sont décalées vers la gauche. La densité du texte a conduit à graver encore une fois la dernière ligne en caractères plus petits, à limiter la ponctuation à un point en étoile (l. 5, à la fin de la première syllabe d'un mot), à utiliser des petits O (le recours à un petit A final, l. 2, n'est pas justifié par le manque de place), à recourir à de nombreuses ligatures, et même à couper les mots parfois d'une manière assez absurde (*tauropoliu/m ; b/ostis ; Nund/inio ; Po/mpeiano*). La mise en page et la gravure renforcent le parallèle avec le document précédent (*ILA, Lactorates,* 20). Tildes courts (l. 8 et 9).

Éd. : CIL, XIII, 516 ; ce texte a inspiré un faux à Beaumesnil : *CIL,* XIII, 52* ; DUTHOY, *Taurobolium,* p. 47, 114 ; *CCCA,* 5, p. 90, 234 ; *CAG, Gers,* p. 218, et pl. VII, p. 217 ; *ILA, Lactorates,* 21, photos du support.

Comm. : ÉTIENNE, *Documents,* CLXXXII ; SPICKERMANN, *Mulieres,* p. 158, et p. 163 n° 12.

H. min. l. : 1,9. H. max. l. : 4,2. Ligne 1 : 4,2. Ligne 2 : 3,7. Ligne 3 : 3,6. Ligne 4 : 3,5. Ligne 5 : 3,7. Lignes 6/8 : 3,6. Lignes 9/10 : 3,7. Ligne 11 : 2,2. Interlignes 2/4 : 1,4. Interlignes 4/5 : 1,3. Interlignes 5/7 : 1,4. Interlignes 7/8 : 0,9. Interlignes 8/10 : 0,8. Interlignes 10/11 : 0,9.

	S M D		S(acrum) M(atri) D(eum)
	POMPFLORA		Pomp(eia) Flora
	TAVROPOLIV		tauropoliu-
4	MACCEPITH	4	m accepit h-
	OSˈTIˈSSVISSA·		osˈtiˈ(i)s suis sa-
	ˈCEˈRDOˈTEˈˈTRˈA		ˈceˈrdoˈte ˈTrˈa-
	IAˈNIˈONVˈND'		iaˈniˈo Nuˈnd'-
8	IˈNIˈODN̄GOR	8	iˈniˈo D̄(omino) n̄(ostro) Gor-
	DIANOIĪˈETˈPO		diano IĪ ˈet' Po-
	ˈMPˈEIANˈOCˈOS		ˈmpˈeianˈo cˈo(n)s(ulibus)
	VIIDDEC		VI id(us) Dec(embres).

Apparat crit. : Ponctuation l. 2, 4, 11, mais pas l. 5 (*CIL*).

Consacré à la Mère des Dieux. Pompeia Flora a reçu le taurobole (accompli) avec ses victimes, le prêtre étant Traianius Nundinius, sous le second consulat de notre Seigneur Gordien et celui de Pompeianus, le sixième jour avant les ides de décembre.

Remarques : Le personnage désigné par ce texte appartient à une famille qui a joué un rôle décisif dans le développement du culte métroaque et de la pratique taurobolique à Lectoure : nous savons, grâce à *ILA, Lactorates*, 3 (s'il est authentique), que c'est *Pompeia Philumene* qui y a fait le premier taurobole. Notre *Flora*, qui porte un surnom déjà connu à Lectoure (*ILA, Lactorates*, 2) et surtout attribué à des individus de statut ou d'origine servile (Kajanto, *Cognomina*, p. 233 ; cf. *CIL*, XIII, 447, à Auch : milieu servile), pourrait être une affranchie de cette famille toujours en vue au milieu du IIIe siècle.

22 (16/1/17/22). LACTORA (LECTOURE). **Taurobole fait par Servilia Modesta.**

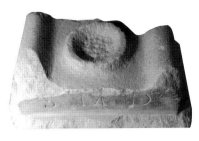

Support: Autel. *Matériau:* Marbre (*caract.:* marbre de Saint-Béat). *État du monument:* Angles et partie supérieure de la corniche, face antérieure et partie postérieure des rouleaux détruits, surtout de celui de droite. *Ornement(s):* Corniche, moulure. *Décor:* Corniche en surplomb sur les quatre côtés, moulurée uniquement sur la face principale ; base moulurée en façade, présentant un plan incliné sur les autres côtés. L'arrière et les côtés du monument présentent les formes de traitement habituels : travail à la gradine de la partie centrale et au ciseau de la bordure périphérique. A la partie supérieure, rouleaux lisses, sans lien, ornés en façade d'une rosette stylisée formée de six pétales en creux ; au centre, un *focus* à la bordure en fort relief (diamètre : 12 cm). Sur le flanc gauche du fût, dessin incisé d'une patère (hauteur : 22 cm ; diamètre : 9,5) avec manche orienté vers le haut et pourvu d'une terminaison en forme de pique (cf. 24), tandis que le flanc droit est resté nu.

— *Lieu de déc.:* Lectoure. *Cond. déc.:* Dans le chœur de la cathédrale Saint-Gervais ; lors des travaux de réfection du chœur de la cathédrale, vers 1540 (*Gallia Christiana ; Livre Blanc* ; voir *supra*, p. 60-62). *Lieu de conserv.:* Lectoure. *Inst. de conserv.:* Musée de Lectoure. *N° inv.:* 14. *H. supp.:* 76. *Autres mesures ou remarques:* Couronnement : 12/32,2/19,5 ; corniche : 4,7/38/23 ; fût : 40,8/31,8/19,5 ; base : 19,5/38,5/25,2.

— *Champ ép. Descript.:* Confondu avec la face principale du fût, dépourvu d'encadrement mouluré. La première ligne prend place sur le bandeau d'attique. La face principale du fût ayant été traitée au chemin de fer, doit-on penser qu'il y a eu réutilisation du champ épigraphique? *Dimensions:* 40,5/31,8. *H. marge sup.:* 1,2. *H. marge inf.:* 5,5. *État de conserv. du champ épigr.:* Bon, malgré quelques coups sur la bordure de droite (l. 7).

Datation du texte : 8 décembre 241. *Justif. dat.:* Indication du jour et de l'année consulaire. *Écriture:* Capitale carrée. *Style écr.:* Les lettres sont plutôt larges (C, D, M), les traits sont tantôt souples (E, l. 10), tantôt raides (D comme formés sur un E). La densité du texte a conduit à l'utilisation d'assez nombreuses ligatures et de petites lettres (en particulier C final, exceptionnel à Lectoure). La mise en page est équilibrée en hauteur, même si le dernier espacement est plus important, et en largeur, seule la ligne 3 étant décalée vers la gauche. Malgré tout les coupures des mots sont peu heureuses : l. 3/4 et 5/6, 7/8. Tildes peu marqués sur les abréviations des lignes 8 et 9. La ponctuation est rare : point lancéolé, peu profondément gravé, à la ligne finale, dont la présence s'imposait pour faciliter la lecture correcte du numéral.

Éd.: CIL, XIII, 517; Duthoy, *Taurobolium*, p. 47, 115; *CCCA*, 5, p. 91, 235; *CAG, Gers*, p. 218; *ILA, Lactorates*, 22, photos du support.

Comm.: Étienne, *Documents*, CLXXXIII, traduction; Spickermann, *Mulieres*, p. 158, et p. 163 n° XIII.

H. min. l.: 2,9. H. max. l.: 3,8. H. moy. interl.: 0,8. Ligne 1: 3,8. Lignes 2/3: 3,2. Lignes 4/6: 3,3. Lignes 7/8: 3,2. Ligne 9: 3,1. Ligne 10: 3,3.

```
   S M D
   SERVILIAMO
   DESTATAVR
4  OPOLIVMAC
   CEPITHOSTISS
   VISSACER'DO"TE'
   TRAIA'NI'ONV'ND'
8  INIODNGOR'DI'
   ANOΠETPO'MP'E
   IANOCOSVI'ID'DEC
```

S(acrum) M(atri) D(eum)
Seruilia Mo-
desta taur-
4 opolium ac-
cepit hosti(i)s s-
uis sacer'do"te'
Traia'ni'o Nu'nd'-
8 inio D̄(omino) n̄(ostro) Gor'di'-
ano Π et Po'mp'e-
iano co(n)s(ulibus) VI 'id'(us) Dec(embres).

Consacré à la Mère des Dieux. Servilia Modesta a reçu le taurobole (accompli) avec ses victimes, le prêtre étant Traianius Nundinius, sous le second consulat de notre Seigneur Gordien et celui de Pompeianus, le sixième jour avant les ides de décembre.

Remarques: L'auteur du taurobole porte un gentilice totalement inconnu en Aquitaine, mais fréquent en Narbonnaise et en Germanie, comme en Italie et en Hispanie (Mócsy, *Nomenclator*, p. 263). Il s'agirait donc d'un membre distingué de l'aristocratie locale, mais peut-être d'origine (à quel degré?) non locale. Toutefois elle porte un surnom certes massivement donné à des femmes de naissance libre, et qui, en Aquitaine méridionale, a concerné, avant Caracalla, surtout des individus de condition pérégrine (*CIL*, XIII, 156, 377, 379, 400).

23 (16/1/17/23). Lactora (Lectoure). **Taurobole fait par Valeria Gemina.**

Support : Autel. *Matériau :* Calcaire (*caract. :* calcaire local ("ara marmorea" indique à tort *CIL*)). *État du monument :* Couronnement entièrement détruit, corniche cassée aux angles, base entamée à l'angle antérieur gauche. *Ornement(s) :* Corniche, moulure. *Décor :* Corniche et base moulurées sur trois côtés, mais pan coupé à l'arrière, selon la technique de travail en vigueur sur les autels de marbre.

— *Lieu de déc. :* Lectoure. *Cond. déc. :* Dans le chœur de la cathédrale Saint-Gervais ; lors des travaux de réfection du chœur de la cathédrale, vers 1540 (*Gallia Christiana ; Livre Blanc* ; voir *supra*, p. 60-62). *Lieu de conserv. :* Lectoure. *Inst. de conserv. :* Musée de Lectoure. *N° inv. :* 20. *H. supp. :* 83. *Autres mesures ou remarques :* Couronnement? ; corniche : 10,5/48/27,5 max ; fût : 57/38/21 ; base : 14/48/29.

— *Champ ép. Descript. :* Confondu avec la face principale du fût, non mouluré ; mais la première ligne devait prendre place sur le bandeau d'attique qui a disparu et la dernière ligne est inscrite sur la base. *Dimensions :* 57/38. *H. marge sup. :* 1,3. *H. marge inf. :* 3,3. *État de conserv. du champ épigr. :* Détruit en bas, à gauche (deux dernières lignes).

Datation du texte : 8 décembre 241. *Justif. dat. :* Jour et consuls de l'année. *Écriture :* Capitale carrée. *Style écr. :* Lettres relevant de la capitale carrée, régulières, aux empattements bien marqués, souvent amples (D, C, G, M, R avec panse un peu disproportionnée) ; les V ouvrent à gauche, les panses des P sont ouvertes, les S sont un peu écrasés. Les lignes de guidage ont été bien mises à profit et l'horizontalité est de rigueur. Peinture récente sur la plupart des lettres. La mise en page est soignée : les lettres initiales sont alignées à gauche. Malgré l'utilisation probable du bandeau d'attique et celle, assurée, de la base, le lapicide a eu recours à de petites lettres (O, certes, mais aussi I et A qui apparaissent plus rarement *minutae* dans la pratique de l'atelier local) et à des ligatures. Le tout ne manque pas d'élégance et les mérites du graveur doivent être évalués en fonction de la nature irrégulière du matériau : on voit en particulier comment, à la quatrième ligne, un trou a obligé celui-ci à déporter les deux lettres liées CE vers la droite et il n'est pas exclu que le déséquilibre vers la gauche du D lié final, à la ligne 7, soit dû à la nécessité d'éviter un "accident" de la pierre. On relève les tildes habituels aux lignes 8 et 9. La ponctuation, limitée, se présente sous la forme d'un élégant point lancéolé. On notera malgré tout l'erreur des lignes 7/8 à propos du surnom du prêtre, erreur que la présence de nombreux N à ces mêmes lignes peut expliquer, ainsi que plusieurs maladresses notamment dans la coupure des noms de l'empereur et de son collègue, mais il s'agit d'un trait largement répandu dans la production de l'atelier lectourois, au milieu du IIIe siècle comme en 176.

Éd.: CIL, XIII, 518; *ILS*, 4128; Duthoy, *Taurobolium*, p. 47-48, 116; *CCCA*, 5, p. 91, 236; *CAG, Gers*, p. 218, et pl. IX p. 221; *ILA, Lactorates*, 23, photo du support.

Comm.: Étienne, *Documents*, CLXXXIV.

H. min. l.: 4. *H. max. l.:* 5. *Lignes 1/2 :* 4,2. *Lignes 3/4 :* 4,3. *Lignes 5/6 :* 4,2. *Ligne 7:* 4,4. *Lignes 8/9 :* 4,2. *Ligne 10:* 5. *Interlignes 1/2 :* 1,8. *Interlignes 2/5 :* 1,7. *Interlignes 5/6 :* 1,8. *Interlignes 7/8 :* 1,9. *Interlignes 8/9 :* 1,8.

```
       [ . . . ]                    [S(acrum) M(atri) D(eum)]
       VAL·GEMIN                    Val(eria) Gemin-
       ATAVROPOLI                   a tauropoli-
   4   ʹVMʹACʹCEʹPIT            4    ʹumʹ acʹceʹpit
       HOSTISSʹVIʹSSA               hosti(i)s sʹuiʹs sa-
       CʹERˮDOʹTETRA                cʹerˮdoʹte Tra-
       IANIONVʹNDʹ                  ianio Nuʹndʹ<in>-
   8   IODNGORD                8    io D̄(omino) n̄(ostro) Gord-
       IANOΠETPO                    iano IĪ et Po-
       [ . ]PEIANOCOS                [m]peiano co(n)s(ulibus)
       [ . . . . ]DEC               [VI id(us)] Dec(embres).
```

Apparat crit. : L. 4 : AC[C]EPIT (Duthoy) ; l. 7 : NVND[IN] (*ILS*) ; l. 11 : texte donné comme conservé en entier (*ILS*).

Consacré à la Mère des Dieux. Valeria Gemina a reçu le taurobole (accompli) avec ses victimes, le prêtre étant Traianius Nundinius, sous le second consulat de notre Seigneur Gordien et celui de Pompeianus, le sixième jour avant les ides de décembre.

Remarques: Nous avons déjà indiqué que la bénéficiaire de ce taurobole était remarquablement impliquée dans des rapports particulièrement étroits avec la divinité, puisqu'elle c'est elle qui a reçu les *vires* du galle *Eutyches*, deux années à peine auparavant (autel *ILA, Lactorates*, 15).

24 (16/1/17/24). LACTORA (LECTOURE). **Taurobole fait par Verinia Severa.**

Support : Autel. *Matériau :* Marbre (*caract. :* marbre de Saint-Béat). *État du monument :* Partie supérieure largement détruite, totalement en ce qui concerne les rouleaux, partiellement pour au moins un *fastigium.* Corniche endommagée sur toutes ses faces et plus particulièrement à l'arrière. Les angles inférieurs de la base ont été "écornés". Le décor de la face droite du fût a été martelé. *Ornement(s) :* Corniche, moulure, *fastigia. Décor :* Corniche et base moulurés sur trois faces (à l'arrière, pan coupé en haut et en bas). Restes d'un *fastigium* et de la partie terminale, en forme de pointe, d'un lien ayant dû surmonter un rouleau ; aucune trace de *focus.* La face arrière et les latéraux ont subi le type de préparation habituel avec un traitement à la gradine pour la partie centrale et au ciseau pour la bordure périphérique. Sur le flanc droit du monument, un vase à libations, avec anse en S, a été martelé (hauteur : environ 21 cm) ; sur la face opposée, une patère à bouton central et à manche orienté vers le haut, proche de ceux des patères de *ILA, Lactorates,* 15 et 22 par sa terminaison précieuse, mais légèrement différent par sa base à double anneau (hauteur : 21 cm ; diamètre : 10 cm).

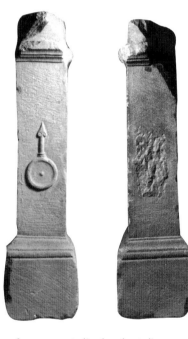

— *Lieu de déc. :* Lectoure. *Cond. déc. :* Dans le chœur de la cathédrale Saint-Gervais ; lors des travaux de réfection du chœur de la cathédrale, vers 1540 (*Gallia Christiana ; Livre Blanc* ; voir *supra*, p. 60-62). *Lieu de conserv. :* Lectoure. *Inst. de conserv. :* Musée de Lectoure. *N° inv. :* 3. *H. supp. :* 95. *Autres mesures ou remarques :* Couronnement : 11,5 max/ 44/15,5 ; corniche : 6,5/ 49,5/18 max ; fût : 52,5/43,5/16,5 ; base : 24/50/23,3.

— *Champ ép. Descript. :* Légèrement bombé et pourvu d'un encadrement mouluré. La première ligne est inscrite sur le bandeau d'attique. *Dimensions :* 37/28. *H. marge sup. :* 0,5. *H. marge inf. :* 0,8. *État de conserv. du champ épigr. :* Bon, même si la pierre est légèrement écaillée au centre et à droite de la zone inscrite.

Datation du texte : 8 décembre 241. *Justif. dat. :* Indication du jour et des consuls de l'année. *Écriture :* Capitale carrée. *Style écr. :* Lettres aux empattements marqués, aux traits souvent larges (base des E), souples (D, G, P, R). La mise en page est correcte : les lignes sont bien réparties en hauteur, avec une dernière ligne gravée en caractères plus petits, les lettres initiales sont parfaitement à l'aplomb, à l'exception des lignes 7, 9 et 11 qui présentent un léger décalage vers la gauche. Le recours à de petits O, à des ligatures et à une inclusion s'inscrit dans la pratique moyenne de l'atelier lectourois ; il en est de même des coupures maladroites de certains mots (*accep/it ; sacerdot/e*). Les tildes habituels se remarquent aux lignes 8 et 9. La ponctuation se limite à un seul signe en forme de virgule, à la deuxième ligne.

Éd. : CIL, XIII, 519 ; DUTHOY, *Taurobolium*, p. 48, 117 ; *CCCA*, 5, p. 91-92, 237 ; *CAG, Gers*, p. 218, et pl. VII, p. 217 ; *ILA, Lactorates,* 24, photos du support.

Comm. : ÉTIENNE, *Documents*, p. 158, 15, et p. 163.

H. min. l. : 1,6. *H. max. l. :* 3,6. *Ligne 1 :* 3,6. *Ligne 2 :* 3,4. *Ligne 3 :* 3,5. *Ligne 4 :* 3,6. *Ligne 5 :* 3,4. *Lignes 6/7 :* 3,5. *Ligne 8 :* 3,3. *Ligne 9 :* 3,4. *Ligne 10 :* 3,6. *Ligne 11 :* 1,9. *Interlignes 2/3 :* 1,3. *Interlignes 3/5 :* 0,8. *Interlignes 5/7 :* 0,5. *Interlignes 7/8 :* 0,4. *Interlignes 8/9 :* 0,5. *Interlignes 9/10 :* 0,3. *Interlignes 10/11 :* 0,8.

```
      [ . ] M D
      VERIN·SE'VE'
      RATAVROPO
   4  LIVMACCEP
      ITHOSTISSV
      ISSACERDOT
      ETRAIA'NI'ON
   8  VNDI'NI'OD̄N̄
      G'OR'DIANOĪĪ
      ETPO'MP'EIA'NO'
      COS VI ID DEC


      [S(acrum)] M(atri) D(eum)
      Verin(ia) Se'ue'-
      ra tauropo-
   4  lium accep-
      it hosti(i)s su-
      is sacerdot-
      e Traia'ni'o N-
   8  undi'ni'o D̄(omino) n̄(ostro)
      G'or'diano ĪĪ
      et Po'mp'eia'no'
      co(n)s(ulibus) VI id(us) Dec(embres).
```

Consacré à la Mère des Dieux. Verinia Severa a reçu un taurobole (accompli) avec ses victimes, le prêtre étant Traianius Nundinius, sous le second consulat de notre Seigneur Gordien et celui de Pompeianus, le sixième jour avant les ides de décembre.

Remarques : Le personnage concerné porte un gentilice formé, selon une pratique largement répandue dans les Gaules, sur un surnom. Mais ce gentilice est exceptionnel en Aquitaine méridionale, même si nous trouvons une homonyme chez les Convènes, (*CIL*, XIII,

393), alors qu'il est fréquent ailleurs, notamment à Lyon (*CIL*, XIII, 1901 et 1902), où sont attestés plusieurs *Verinii* ainsi qu'un *Verinus* et une *Verina* (Mócsy, *Nomenclator*, p. 307). Il pourrait résulter d'une attribution de la citoyenneté soit personnellement à un des ancêtres de cette femme, soit plus récemment en application de l'édit de Caracalla. Quant à son surnom, il était bien connu ici, plus anciennement, chez des pérégrins (*ILA, Lactorates*, 11 et 13).

25 (16/1/17/25). LACTORA (LECTOURE). Hommage rendu par les Lactorates à Marc-Aurèle.

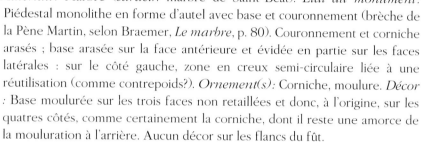

Support: Piédestal. *Matériau:* Marbre (*caract.:* marbre de Saint-Béat). *État du monument:* Piédestal monolithe en forme d'autel avec base et couronnement (brèche de la Pène Martin, selon Braemer, *Le marbre*, p. 80). Couronnement et corniche arasés ; base arasée sur la face antérieure et évidée en partie sur les faces latérales : sur le côté gauche, zone en creux semi-circulaire liée à une réutilisation (comme contrepoids?). *Ornement(s):* Corniche, moulure. *Décor :* Base moulurée sur les trois faces non retaillées et donc, à l'origine, sur les quatres côtés, comme certainement la corniche, dont il reste une amorce de la mouluration à l'arrière. Aucun décor sur les flancs du fût.

— *Lieu de déc.:* Lectoure. *Cond. déc.:* Inconnues. Le monument a été localisé à Lectoure par les antiquaires du XVIe siècle, notamment Cicereius et Scaliger, et, d'après M. Larrieu (*Inventaire*, p. 73, sans doute d'après Camoreyt), il se trouvait en réemploi dans l'ancien cloître de la cathédrale de Lectoure ; il fut ensuite transporté au château de Miramont-Latour, peut-être vers 1670, lors de la destruction du cloître en vue de l'édification du nouveau palais épiscopal. Il fut finalement donné au musée de Lectoure en 1883. *Lieu de conserv.:* Lectoure. *Inst. de conserv.:* Musée de Lectoure. *N° inv.:* 21. *H. supp.:* 130. *Autres mesures ou remarques:* Fût : 85/58/53 ; base : 34/69,5/59.

— *Champ ép. Descript.:* Confondu avec l'une des faces du fût ; pourvu d'un encadrement moluré. *Dimensions:* 66/43,5. *H. marge sup.:* 4. *H. marge inf.:* 2,2. *État de conserv. du champ épigr.:* Bon.

Datation du texte : 176. *Justif. dat.:* Titulature impériale. *Écriture:* Capitale carrée. *Style écr.:* Lettres régulières, aux empattement modérément marqués. La mise en page est rigoureuse : les lettres initiales sont alignées ; l'espace en fin de ligne est correctement occupé grâce, notamment, au recours à des points terminaux (l. 1, 3, 6). Les ligatures sont rares (l. 2, 7 ; noter une semi-inclusion, astucieuse, LA, l. 9), alors que le recours à de petites lettres à mi-corps (O, l. 2 et 9) ou en haut de ligne (l. 4 et 9) est assez bienvenu. On remarquera que les deux premières lignes sont gravées en lettres plus hautes, mettant en valeur la nature du personnage honoré et sa filiation. Peinture noire moderne au fond des lettres.

Éd.: CIL, XIII, 526 ; *CAG, Gers*, p. 219 ; *ILA, Lactorates*, 25, photos du support.

Comm.: ÉTIENNE, *Documents*, CCIX.

H. min. l.: 3,5. *H. max. l.:* 5,9. *Ligne 1:* 5,9. *Ligne 2:* 5. *Ligne 3:* 3,3. *Ligne 4:* 3,6. *Ligne 5:* 3,7. *Lignes 6/7 :* 3,8. *Ligne 8:* 3,7. *Ligne 9:* 3,9. *Interlignes 1/2 :* 3,4. *Interlignes 2/5 :* 3. *Interlignes 5/6 :* 2,7. *Interlignes 6/7 :* 2,8. *Interlignes 7/8 :* 2,6. *Interlignes 8/9 :* 3.

```
    IMP·CAES·
    DIVI·ANTO'NI''NI'
    F·DIVI·VERI·PART·
4   MAXIMI·FRATRI
    M·AVREL·ANTO
    NINO·AVG·GER·
    MANIC·SAR'MA''TI'C
8   P·M·T·P·XXX·IMP·VIII
    COS·III·P·P·LACTORAT
```

Imp(eratori) Caes(ari)

Diui Anto'ni''ni'

f(ilio) Diui Veri Part(hici)

4   Maximi fratri

M(arco) Aurel(io) Anto-

nino Aug(usto) Ger-

manic(o) Sar'ma''ti'c(o)

8   p(ontifici) m(aximo) t(ribunicia) p(otestate) XXX imp(eratori) VIII

co(n)s(uli) III p(atri) p(atriae) Lactorat(es).

Apparat crit. : L. 6, 8, 9, ponctuation incomplète (*CIL*).

A l'empereur César Marc Aurèle Antonin, fils d'Antonin divinisé, frère de Verus, grand vainqueur des Parthes, divinisé, Auguste, triomphateur des Germains, triomphateur des Sarmates, pontife suprême, doté de sa trentième puissance tribunicienne, salué huit fois empereur, consul à trois reprises, père de la patrie, les Lactorates (ont élevé ce monument).

Remarques: L'année 176 a, nous l'avons dit (*supra*, p. 105), donné l'occasion à la communauté des Lactorates d'exprimer sa fidélité envers la famille antonine en faveur de laquelle Cybèle a été invoquée et un taurobole public célébré (*ILA, Lactorates*, 7). Il est à noter que cet hommage rendu à Marc-Aurèle et celui qui concerne probablement son épouse divinisée (*ILA, Lactorates*, 26) sont sans exemple en Aquitaine méridionale et confèrent donc à ces manifestations lectouroises de loyalisme un relief particulier. La titulature impériale n'appelle aucune remarque spéciale, si ce n'est que les titres victorieux d'*Armenicus, Medicus, Parthicus*, qui apparaissent dans de nombreuses inscriptions contemporaines, sont omis sur celle-ci qui a été gravée entre le 10 décembre 175 et le 9 décembre 176.

26 (16/1/17/26). LACTORA (LECTOURE). Hommage rendu à l'impératrice Faustine (probablement Faustine II).

Support: Socle. *Matériau:* Marbre (*caract.:* marbre de Saint-Béat (brèche de la Pène Martin, selon Braemer, *Le marbre*, p. 81)). *État du monument:* Socle destiné vraisemblablement à supporter une statue : il reste des traces de fixation à la partie supérieure du monument (*CIL*, indique improprement "cippus"). Corniche abattue sur trois côtés ; partie inférieure et latérale gauche du fût et base détruites (restauration moderne au ciment). Par ailleurs, il est probable que le monument a été scié à l'arrière de haut en bas, la face postérieure étant lissée à cette occasion : mais s'agit-il d'un travail antique lié à un raté, ce qui semble peu adapté à un tel hommage, ou d'un travail médiéval lié à un remploi dans la chapelle de Garbeau? La seconde hypothèse paraît la plus vraisemblable, le bloc scié et lissé pouvant, par exemple, convenir pour une table d'autel chrétien ; de même, les sillons verticaux parallèles qui traversent la face droite du monument ne pouvaient se trouver sur le monument primitif, mais doivent également résulter des retouches effectuées lors du réemploi. *Ornement(s):* Corniche, moulure. *Décor :* Corniche moulurée au moins sur trois côtés à l'origine. En façade et en haut, deux cantons rectangulaires moulurés, de mêmes dimensions (15 x 24) ; ils occupent une position étonnante, puisque dans la pratique de l'atelier de Saint-Béat, nous l'avons dit (p. 80), ces éléments de décor se situent sur la base (et les exemples lectourois ne manquent pas) : faut-il là encore penser à un raté qui aurait entraîné ce changement d'orientation? Ces divers accidents pourraient conforter l'hypothèse (que nous ne suivons pas) d'un hommage privé, rendu hors de Lectoure et localisé sur un domaine impérial. Sur les côtés, deux cartouches moulurés superposés : l'un, en haut, a la même hauteur que les cartouches de façade (14,5 x 20 max., à droite ; 14,5 x 24 max., à gauche) ; l'autre, allongé dans le sens de la hauteur, présentait sans doute, à l'origine, la même élévation que la mouluration entourant le champ épigraphique.

— *Lieu de déc.:* Lectoure. *Cond. déc.:* Au lieu-dit Garbeau, commune de Marsolan, à 3,5 km à l'ouest de Lectoure ; en 1840, dans les ruines d'une chapelle médiévale. La pierre provient probablement de Lectoure et a été transportée en ce lieu au Moyen Age (cf. *supra*, p. 66-67). *Lieu de conserv.:* Lectoure. *Inst. de conserv.:* Musée de Lectoure. *N° inv.:* 32. *H. supp.:* 113 max. *Autres mesures ou remarques:* Couronnement : 21/59,2/23,5 max ; corniche : 12 (hauteur) ; fût : 80/59,5/25,5 max.

— *Champ ép. Descript.:* Confondu avec la face principale du fût et pourvu d'un encadrement moduré. *Dimensions:* 64/45,5. *H. marge sup.:* 4,7. *H. marge inf.:* 15,5. *État de conserv. du champ épigr.:* Bon, malgré une cassure affectant la moulure à gauche, et la disparition de la partie inférieure (néanmoins, le départ de la moulure inférieure est conservé, en bas à droite).

Datation du texte : En 141 au plus tôt ; en 176 au plus tard. *Justif. dat.:* S'il s'agit de Faustine la Jeune, ce qui paraît le plus probable, au plus tôt en 175, date de la divinisation de l'impératrice, et vraisemblablement en 176, lors de l'hommage public rendu à Lectoure à son époux ; on pourrait aussi tenir compte de la parenté des matériaux dans lesquels leurs deux monuments ont été taillés. Nous ne pensons pas que cet hommage concerne Faustine l'Ancienne, morte entre décembre 140 et juillet 141 puis divinisée. *Écriture:* Capitale carrée. *Style écr.:* Les lettres aux biseaux ouverts sont profondément gravées ; leurs empattements sont très marqués ; leur dessin n'est pas toujours maîtrisé : on note en effet des reprises de biseaux (l. 2 : A et T ; l. 3 : N). Il faut dire à la décharge du lapicide que la hauteur des caractères était exceptionnelle ici. La mise en page n'est pas très heureuse, dans la mesure où, le *cognomen* impérial ayant dû être coupé, la première partie de celui-ci a été gravée en lettres plus petites, maladresse injustifiée puisque la place ne manquait pas. Les lettres ont été peintes à une époque récente.

Éd.: CIL, XIII, 527 ; *CAG, Gers*, p. 229 ; *ILA, Lactorates*, 26, photos du support.

Comm.: ÉTIENNE, *Documents*, CCXVIII.

H. min. l.: 7,3. *H. max. l.:* 9. *Ligne 1:* 9. *Ligne 2:* 7,5. *Ligne 3:* 8,2. *Interlignes 1/2 :* 12,5. *Interlignes 2/3 :* 6,5.

DIVAE   Diuae
FAVSTI   Fausti-
NAE   nae.

A Faustine divinisée.

Remarques : C'est l'abondance des témoignages concernant l'année 176 et, surtout, l'hommage rendu à Marc-Aurèle qui ont traditionnellement conduit à identifier notre personnage avec l'épouse de cet empereur (divinisée après sa mort en 175). La principale question qui est posée par ce monument est de savoir s'il a été érigé dans un cadre public, à Lectoure, à côté du monument élevé en l'honneur de l'empereur, ou s'il représente un hommage privé rendu sur le lieu-même de la découverte, c'est-à-dire dans un domaine à la campagne. Même si nous ne nous rallions pas à cette seconde possibilité, puisque nous avons préféré opter, à l'inverse d'Espérandieu et de Hirschfeld, pour un transport de la pierre au Moyen Âge de Lectoure à la chapelle de Garbeau (voir *supra*, p. 66), il n'est pas question de passer sous silence quelques éléments en sa faveur : premièrement, les auteurs de l'hommage ne sont pas désignés, ce qui dans le cas d'une initiative de l'*ordo* local est surprenant ; deuxièmement, comme nous l'avons signalé précédemment, le monument présente des caractères "physiques" quelque peu aberrants qui conviennent assez mal à une présentation publique. Il n'est donc pas totalement interdit de supposer que ce support aurait pu prendre place sur un domaine impérial. Dans ce cas, le personnage honoré pourrait être Faustine l'Ancienne, l'affranchi *T. Aelius Leo*, le serviteur de celle-ci, et inscription serait plus ancienne que nous le pensons, puisque la divinisation de l'épouse d'Antonin le Pieux est intervenue au plus tard peu après juillet 141, datation à laquelle ne s'opposerait évidemment pas la brièveté du formulaire. Mais cette proposition nous semble passablement compliquée et nous ne la retenons pas.

27 (16/1/17/27). Lactora (Lectoure). **Don fait par un *nummularius*.**

Support : Autel. *Matériau :* Marbre (*caract. :* marbre de Saint-Béat). *État du monument :* Réduit à sa partie médiane. *Décor :* Sur le côté droit et sur le côté gauche du fût, restes d'un élément en relief non identifiable : patère ou vase à libations (?), ce qui indiquerait que le monument correspondait à un autel.

— *Lieu de déc. :* Lectoure. *Cond. déc. :* Vers 1830, le fragment était encore "encastré dans un mur de jardin, près des murailles de la ville, du côté du nord", selon Chaudruc de Crazannes, *Taurobole*, p. 176. *Lieu de conserv. :* Lectoure. *Inst. de conserv. :* Musée de Lectoure. *N° inv. :* 31. *Dimensions :* 21 max./36/18 max.

— *Champ ép. Descript. :* Confondu avec la face principale du fût et pourvu d'un encadrement mouluré. *Dimensions :* 19 max./25,5. *État de conserv. du champ épigr. :* Incomplet en haut et en bas.

Datation du texte : 101/200. *Écriture :* Capitale carrée. *Style écr. :* Lettres profondément gravées, aux biseaux largement ouverts, aux empattements nettement indiqués, marquées parfois par un certain déséquilibre vers la gauche ou la droite (M, V). La mise en page visait à mettre en valeur le(s) nom(s) du donateur et la nature de l'acte qui avait motivé l'érection du monument. Malgré l'utilisation judicieuse de petites lettres à mi-corps, la volonté d'indiquer complètement un métier peu répandu a obligé le graveur à inscrire la dernière lettre de la deuxième ligne conservée sur la moulure. Point lancéolé au début de la dernière ligne qui devait porter une formule dont les abréviations des mots la composant devaient être séparées par d'autres points. Restes de peinture moderne au fond des lettres.

Éd. : *CIL*, XIII, 529 ; *CAG, Gers*, p. 219 ; *ILA, Lactorates*, 27, photo du support.

H. min. l. : 2,6. *H. max. l.* : 4,2. *Ligne 1* : 4. *Ligne 2* : 2,7. *Ligne 3* : 4,2. *Interlignes 1/2* : 4. *Interlignes 2/3* : 4. *Interlignes 3/4* : 2,8.

---	---
[. . .]ȚIALIS	[Mar]țialis
NVMMVLARIVS	nummularius
DONVM	donum
4 ·D[· . . ·]	4 d(e) [s(uo) d(edit)]

Apparat crit. : L. 4 (*in fine*) : *d(edit)* ou *p(osuit)*.

A [---] Martialis, nummulaire, a donné de lui-même à titre de don.

Remarques : La formule finale pourrait être mise en rapport avec un don religieux. Le personnage, dont certainement la nomenclature complète devait comporter un gentilice (le caractère plutôt solennel de l'inscription semble exclure qu'il puisse être un esclave), porte un surnom peu fréquent en Aquitaine (*CIL*, XIII, 464). Il exerce une profession qui est mentionnée ici pour l'unique fois en Aquitaine méridionale et rarement dans l'ensemble gaulois (Saintes : *CIL*, XIII, 1057 = *ILA, Santons*, 71, p. 208-209). Il s'agit, selon l'étude minutieuse de J. Andreau (*La vie financière dans le monde Romain. Les métiers des manieurs d'argent (IVᵉ siècle avant J.-C.- IIIᵉ siècle ap. J.-C.)*, BEFAR, 265, 1987, p. 194 et 215-216 notamment) d'un de ces techniciens de la monnaie qui, après 100-140, assurent une activité de dépôt et même de crédit. Il est à noter que, toujours selon cet auteur, il s'agit de personnages qui sont majoritairement de condition libre et que l'on rencontre essentiellement dans des villes dotées d'un statut colonial ou municipal ou/et qui sont des centres religieux (rôle qu'il attibue à notre ville – p. 326 – à laquelle il assigne, sans doute à tort, à la suite de C. Jullian, la fonction de siège d'une assemblée des peuples aquitains). Quoi qu'il en soit, il y a là, évidemment, le signe d'un dynamisme économique certain de la cité lectouroise.

28 (16/1/17/28). Lactora (Lectoure). **Inscription en l'honneur de L. Rocius Lepidus.**

Support: Piédestal? Autel? *État du monument:* Les deux dessins donnés par le manuscrit conservé à Zurich (*Codex Lactor.*, p. 69 et 83) laissent supposer que l'on avait affaire à un monument de grande dimension, peut-être du type de celui qui fut dédié à Faustine (26) et dont la partie supérieure aurait pu être occupée par un caisson unique mouluré. Retaillé à droite, sans doute lors de sa réutilisation médiévale : sur la partie droite fut alors dégagée une colonnette à fût cannelée (en rapport avec le décor du portail de l'église?) ; par ailleurs, un évidement supprima la deuxième ligne du texte antique inscrite sur le champ épigraphique.

— *Lieu de déc.:* Lectoure. *Cond. déc.:* "A main gauche du tambour lorsqu'on entre par le grand portail dans l'église Saint-Gervais", sous un texte daté de 1254 (*Codex Lactor.*, p. 68-69, 81-83). Trouvaille antérieure au milieu du XIIIe siècle, la date de 1254 indiquant le moment de son réemploi. *Lieu de conserv.:* Perdu.

— *Champ ép. Descript.:* Pourvu d'un encadrement mouluré. Sans doute incomplet à droite ; le début du texte pouvait prendre place dans le caisson supérieur. *État de conserv. du champ épigr.:* Deuxième ligne totalement surcreusée.

Style écr.: Sans doute capitales carrées. On notera que les lettres sont alignées verticalement, à gauche. Points dont au moins est un lancéolé (l. 2, cf. l. 5).

Éd.: *CIL*, XIII, 534 ; *CAG, Gers*, p. 219 ; *ILA, Lactorates*, 28, manuscrits.

---	---
LRO'CI'LEPID[. .]	L(uci) Ro'ci' Lepid[i f(ilio)]
[. . . . .]	[primario Rei]
PVB·SVAEVIRO[. . . .]	Pub(licae) suae uiro [ob ho]-
4 NOREM·AMPLI[. . . . .]	4 norem ampli[ssimo]-
RVM·MERITOR[. . . . . .]	rum meritor[um eius]
FI[---]	FI[---]
---	---

A ... fils de Lucius Rocius Lepidus, homme de premier plan dans sa cité, en hommage à ses très vastes mérites, ...

Remarques : La compréhension de ce texte, sans doute honorifique, n'est pas aisée, car d'une part nous ne savons pas s'il était limité au champ épigraphique ou s'il débutait à l'emplacement occupé par la suite par le texte médiéval ; d'autre part, nous pouvons nous demander s'il était complet ou non à droite.

Les deux leçons du manuscrit zurichois concordent pour indiquer la leçon ROCI, à la première ligne conservée : il s'agirait donc d'un génitif, alors que la suite du texte indique un datif (*viro*). A moins de penser à une erreur du lapicide, peu acceptable dans le cas d'un monument de ce type, il nous faut supposer que les trois noms indiqués appartiennent à une filiation et que les noms du personnage honoré étaient indiqués à la partie supérieure du support.

Par ailleurs, les deux dessins du manuscrit nous donnent une approche différente de la partie droite du champ épigraphique : celui de la p. 83, plus soigné, laisse entendre qu'au moins les troisième et cinquième lignes conservées auraient été complètes, alors qu'à la première il n'aurait manqué qu'une lettre ; toutefois il ne permet pas de "caser" le cœur du superlatif des lignes 4/5 ; en revanche, le dessin de la page 69, moins élaboré, mais sans doute plus près d'un premier jet, indique un espace vide à la fin de ces lignes, espace plus important à hauteur des deux dernières lignes conservées. C'est donc sur ce deuxième dessin que nous pensons devoir nous appuyer pour notre restitution qui propose un nombre identique de lettres, 15, pour les lignes 3 à 5, alors que les lignes 1 et 2, l'une sûrement, l'autre possiblement rédigées en lettres plus hautes, en auraient compté 11.

La première ligne conservée semble bien indiquer les *tria nomina* du père du personnage honoré : le gentilice qui apparaît ici semble inconnu dans le reste des Trois Gaules, alors qu'il est un peu mieux attesté en Italie, en Narbonnaise et en Hispanie parfois sous la forme *Rogius* (voir Solin Salomies, *Repertorium*, p. 157) ; quant au surnom, lui aussi rare en Aquitaine méridionale, il est passablement distingué (Kajanto, *Cognomina*, p. 283).

Les formules utilisées pour qualifier le personnage sont tout à fait sans autre exemple en Aquitaine et même en Gaule, même si nous préférons *primarius* à *principalis* (plutôt tardif, notamment en Afrique, selon Cl. Lepelley, *Les cités de l'Afrique romaine au Bas-Empire*, t. I, Paris, 1979, p. 201-205 ; alors que le premier qualificatif est attesté en Italie dès la fin de la République et sous le Haut-Empire, cf. *Thesaurus Linguae Latinae*, X,2, VIII, col. 1237). Si donc il ne s'agit pas d'une erreur de localisation commise par l'auteur anonyme du *Codex Lactoras*, nous nous trouverions en présence d'un hommage particulièrement solennel rendu selon une formulation exceptionnelle à un personnage lui aussi exceptionnel, peut-être "immigré" à Lectoure et ayant occupé une place en vue parmi les notables locaux, faisant partie des décurions qui comptaient au sein de l'*ordo*.

La mention de *vicani*, retenue avec prudence par Hirschfeld, sur la foi de l'un des deux dessins du manuscrit de Zurich, à l'avant-dernière ligne, nous paraît plus qu'hypothétique et nous préférons nous en tenir à la sobriété du second de ces dessins.

A DN MCC LXIIII
XII KLS NOCEB
OB RS QVI DR
CAVSE DCS

L ROC LEPID

PVB·SVAE VIRO
NOREMAMPLI
RVM·MERITOR·
FI

f. Kalend
v. infra p. 83.

Codex Lactoras, p. 69

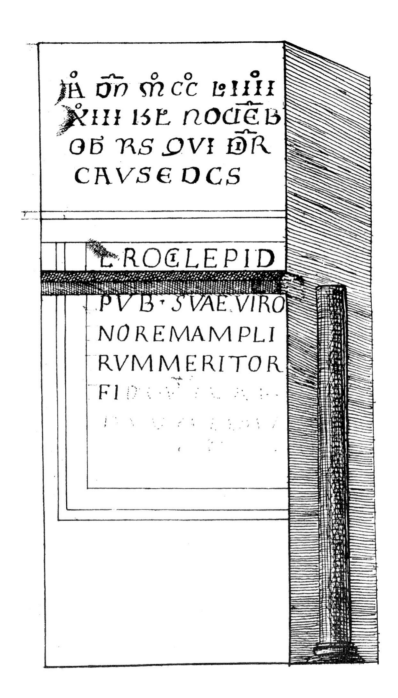

Codex Lactoras, p. 83

29 (16/1/17/29). Lactora (Lectoure). **Épitaphe d'un affranchi-procurateur impérial.**

Support: Autel. *Matériau:* Marbre (*caract.:* marbre de Saint-Béat). *État du monument: CIL* indique "cippus" ; *CAG, Gers* évoque un cippe, improprement. Cassé en trois morceaux à peu près jointifs : les moulures droite et gauche encadrant le champ épigraphique sont incomplètes, une fracture transversale affecte les faces latérales. Par ailleurs, dans le cadre d'un remploi, la corniche a été abattue sur tous les côtés et la base a été retaillée en façade. A la partie supérieure, rouleaux et *fastigia* ont été détruits. Restauration moderne de la partie inférieure gauche du champ épigraphique. *Ornement(s):* Corniche, moulure. *Décor :* Corniche et base moulurées sur les quatre côtés du monument. A la partie supérieure, restes de deux rouleaux avec lien central et peut-être de *fastigia* ; *foculus* en creux (diamètre : 13 cm). Sur le flanc droit, est figuré un vase à libations (hauteur : 28 cm) présentant une anse puissante à poucier et en forme de S, une embouchure trilobée à la perspective un peu faussée, un col élancé au profil renforcé par un double trait gravé, une panse presque sphérique maladroitement godronnée, un pied circulaire un peu étroit. La face opposée a accueilli une patère (hauteur : 28 cm ; diamètre : 15 cm) à bouton central dont le manche, orienté vers le bas et pourvu d'une nervure centrale, se termine par un dispositif tripartite plein de préciosité qui évoque la forme d'une tête de bélier. Les faces latérales de la base portent un cadre mouluré allongé (7,5 x 30,5 max. à droite ; 8 x 30 max. à gauche), et on peut supposer qu'il en était de même pour la face principale, selon un schéma caractéristique de l'atelier de Saint-Béat.

— *Lieu de déc.:* Lectoure. *Cond. déc.:* En 1872, dans un mur. *Lieu de conserv.:* Lectoure. *Inst. de conserv.:* Musée de Lectoure. *N° inv.:* 23. *H. supp.:* 86. *Autres mesures ou remarques:* Couronnement : 5,5 max./36/28 ; corniche : 6 (hauteur) ; fût : 50/36,5/27,7 ; base : 21/46/33 max.

— *Champ ép. Descript.:* Pourvu d'un encadrement mouluré, il donne l'impression d'avoir été regravé, dans la mesure où l'on croit observer des restes de lettres notamment à gauche des lignes 1 et 3. *Dimensions:* 36,8/23,2. *H. marge sup.:* 1,8. *H. marge inf.:* 1,3. *État de conserv. du champ épigr.:* Affecté par les cassures du monument (lignes 3 à 6).

Datation du texte : Après 138 ; jusqu'à la fin de la dynastie antonine. *Justif. dat.:* Dénomination du personnage et mention de plusieurs Augustes. *Écriture:* Capitale carrée. *Style écr.:* Lettres irrégulières tendant à s'affranchir des lignes de guidage (mais à la troisième ligne on a cherché peut-être à figurer un I long) qui sont tantôt très larges (D, M, O, V), tantôt exiguës (l. 2 : S écrasés et anguleux) ; les biseaux sont parfois exagérément ouverts, aux lignes 3 et 4 en particulier ; certains traits ont été repris (arrondi du D, ligne 1) ; les traits horizontaux (E, L) ont tendance à onduler. La mise en page est particulièrement malhabile (en dehors de la mise en valeur de la formule initiale) : la troisième ligne est mal centrée, tout comme la sixième ; il semble que le A final, ligne 4, au module amoindri et coincé contre la mouluration, ait été ajouté après coup ; un vide injustifié occupe le centre des lignes 5 et 7 notamment. Faut-il voir dans ces défauts un effet de la réutilisation d'un champ regravé, ce que confirmeraient des traits pouvant correspondre à des restes de lettres (fin de la ligne 2 et début de la ligne 3)? On ne peut que souligner la discordance entre ce travail médiocre et, d'une part la qualité de la décoration du support, d'autre part le rang du défunt. La ponctuation est lancéolée (à l'exception du gros point central de la ligne 5, qui ne semble pas avoir été creusé).

Éd. : CIL, XIII, 528 ; *CAG, Gers*, p. 157 ; *ILA, Lactorates*, 29, photos du support.

H. min. l. : 3,1. *H. max. l. :* 5,3. *Ligne 1 :* 5,3. *Ligne 2 :* 3,5. *Ligne 3 :* 3,7. *Ligne 4 :* 3,8. *Ligne 5 :* 3,5. *Ligne 6 :* 3,4. *Ligne 7 :* 3,3. *Interlignes 1/2 :* 1,7. *Interlignes 2/3 :* 1,8. *Interlignes 3/5 :* 1,7. *Interlignes 5/6 :* 1. *Interlignes 6/7 :* 0,9.

	D·M		D(is) M(anibus)
	T·AELI·LEO		T(iti) Aeli Leo-
	NIS		nis
4	PROCVRA	4	procura-
	TO·RIS		toris
	[. .]GVS		[Au]gus-
	[.]O *uac.* RVM		[t]o *uac.* rum.

Apparat crit. : L. 4 : A restitué (*CIL, CAG, Gers*).

Aux Dieux Mânes de Titus Aelius Leo, procurateur des (ou de plusieurs) Augustes.

Remarques: Il ne fait aucun doute que le personnage tient son nom et son prénom de l'empereur Antonin le Pieux : il porte un surnom attesté exceptionnellement en Aquitaine méridionale dans le deuxième quart du Ier siècle, à Guétary (un affranchi homonyme est attesté à Rome : *CIL*, VI, 10821). On rappellera aussi la présence d'une *Aelia Nice* à Lectoure, qui aurait pu être liée à *Leo* par une relation de dépendance ou de descendance (*ILA, Lactorates, 8*) ; on notera également l'existence d'un *Aelius Panc[arpus]* à Preignan (Gers, 25 km au sud de Lectoure), *CIL*, XIII, 11027a, qui pourrait lui aussi avoir eu quelque relation avec la famille impériale. Il reste que la fonction exercée par le personnage indique des liens avec plusieurs empereurs : les Augustes en question sont-ils des souverains successifs ou s'agit-il, par exemple d'un couple impérial ou encore de deux co-empereurs? Sans entrer dans le détail d'une discussion qui n'a peut-être pas encore connu son terme, nous nous rallierons à la position de P.R.C. Weaver (*Familia Caesaris. A social study of the Emperor's freedmen and slaves*, Cambridge, 1972, p. 58-72) et nous nous écarterons, par exemple de celles d'Hirschfeld (deux empereurs conjoints qui n'avaient pas forcément procédé à l'affranchissement ; on penserait donc à Marc-Aurèle et L. Verus : *Die kaiserlischen Verwaltungsbeamten bis auf Diocletian*, 2ᵉ éd., Berlin, 1905, p. 458, cf. *CIL*, p. 65) ou d'H. Chantraine (deux empereurs successifs, dans ce cas Antonin et Marc-Aurèle : *Freigelassene und Sklaven im Dienst der römischen Kaiser*, Wiesbaden, 1967, p. 216-224 et 250-263). Nous croyons plutôt qu'il s'agit d'un affranchi d'un empereur et d'une impératrice, qui seraient alors Antonin et Faustine l'Aînée : l'affranchissement serait donc intervenu entre 138 – date de l'avènement d'Antonin – et l'été 141 – dernière date admissible de la mort et de la divinisation de son épouse. Cette conclusion peut être invoquée en faveur de l'attribution à cette dernière du monument *ILA, Lactorates*, 26, hypothèse que nous n'avons cependant pas retenue.

Par ailleurs, comme nous l'avons proposé p. 51-53, ce procurateur a vraisemblablement été chargé de gérer un domaine, ou des domaines impériaux, situés dans la région de Lectoure, mais que nous ne localisons pas à Garbeau, commune de Marsolan, malgré la découverte à cet endroit de l'hommage à Faustine (*ILA, Lactorates*, 26), puisque, à notre avis, la pierre a été transportée de Lectoure au Moyen Age (*supra*, p. 66 et 183). Ces biens constituaient probablement le district lectourois dont *Minicius Italus* avait eu la responsabilité au moment de leur entrée dans le patrimoine impérial, en même temps qu'il exerçait la procuratèle financière de Lyonnaise et d'Aquitaine, à la fin du premier siècle de notre ère.

30 (16/1/17/30). LACTORA (LECTOURE). **Épitaphe de Luminatius Gregorius au nom d'un collège.**

Support: Autel. *Matériau:* Marbre (*caract.:* marbre de Saint-Béat). *État du monument:* Vraisemblablement un autel, car l'épaisseur, supérieure à 23 cm, conviendrait (cippe, indiquent improprement Espérandieu et *CIL*). La pierre a été réutilisée dès le Moyen Age, puisqu'un Christ bénissant, datable de la fin du XIᵉ siècle ou du début du XIIᵉ, a été sculpté sur la face postérieure. Depuis 1777, date de sa découverte par l'abbé de Tursan, le monument a été retaillé et a perdu une grande partie de sa base qui portait le nom collectif des auteurs de l'épitaphe ; cette dernière ligne est attestée par le dessin 24 du manuscrit de Bordeaux et par celui de l'ouvrage de Chaudruc de Crazannes (*Taurobole*, pl. III, n° 18) qui reproduit une illustration du manuscrit de l'abbé de Tursan, malheureusement perdue. La partie supérieure, endommagée au moment de la découverte, a été elle aussi retaillée depuis le XVIIIᵉ siècle.

— *Lieu de déc.:* Lectoure. *Cond. déc.:* Trouvé en 1777 par l'abbé de Tursan dans une des caves du palais épiscopal où il servait de seuil (Chaudruc de Crazannes, *Taurobole*, p. 177). Étant donné qu'un Christ, de style roman précoce, a été sculpté sur la face postérieure de la pierre, celle-ci avait été probablement réemployée dans la première cathédrale de Lectoure, peut-être à son portail ou dans le cloître attenant ; la trouvaille de la pierre est donc antérieure au milieu du XIIe siècle. *Lieu de conserv.:* Lectoure. *Inst. de conserv.:* Musée de Lectoure. *N° inv.:* 25. *Dimensions:* 53 max./42,5/23.

— *Champ ép. Descript.:* Inscrit dans un encadrement mouluré. *Dimensions:* 31/27,5. *H. marge sup.:* 1,1. *H. marge inf.:* 0,2. *État de conserv. du champ épigr.:* Traces de martelage incomplet qui affecte la lecture de certaines lettres ; ce n'est pas vraiment à l'usure liée à une réutilisation comme seuil (signalée par Chaudruc et Camoreyt) que ces accidents doivent être attribués. La disparition de la première lettre des lignes 6 et 7 est postérieure à la photo donnée par Espérandieu (*Lectoure*, p. 70).

Datation du texte : Fin IIe -début IIIe siècle. *Justif. dat.:* Onomastique. *Style écr.:* Lettres capitales carrées, à large emprise (M ; T avec trait horizontal important) ; G avec une barrette souple et rentrante. La mise en page est convenable : la première ligne est centrée ; les lettres initiales des lignes 2 à 6 sont à l'aplomb ; seule la dernière ligne conservée est décalée vers la gauche. La densité du texte, le fait que les premières lettres aient été implantées un peu trop à droite et que l'on ait utilisé des lettres de hauteur à peu près voisine ont contraint, malgré l'utilisation de petites lettres, à "mordre", en haut et à gauche, sur la zone biseautée précédant la mouluration et à renoncer à toute ponctuation.

Éd.: CIL, XIII, 531 ; *CAG, Gers*, p. 219 ; *ILA, Lactorates*, 30, photo du support, dessin.

H. min. l.: 2,4. *H. max. l.:* 3,9. *Ligne 1 :* 3. *Lignes 2/4 :* 3,9. *Lignes 5/6 :* 3,7. *Ligne 7 :* 2,4. *Interlignes 1/2 :* 1,1. *Interlignes 2/4 :* 1,3. *Interlignes 4/6 :* 1,2. *Interlignes 6/7 :* 1,1.

D M	D(is) M(anibus)
LVMINA	Lumina-
TIOGRE'GO'	tio Gre'go'-
4 RIOMORTE	4 rio morte
CITARAPTO	cita rapto
TVMVLVM	ṭumulum
FECERE	ḟecere
8 SODALES	8 sodales.

Dessin
Chaudruc de Crazannes,
Taurobole, pl. III, 18.

Aux dieux Mânes, à Gregorius, surnommé Luminatius (ou *à Luminatius, surnommé Gregorius), emporté brusquement par la mort, ses compagnons (de collège, de travail) ont élevé ce tombeau.*

Remarques : La dénomination du personnage présente une ambiguïté. La qualité de la mise en page et de la gravure, ainsi que la correction de la coupure des mots semblent interdire de penser, à propos des deux premières lignes, à une confusion et de rétablir *L(ucius) Minatius*, le lapicide ayant commencé à développer l'abréviation du prénom. Mais l'on peut hésiter à faire de *Luminatius* un nom ou un *signum* (Solin-Salomies, *Repertorium*, p. 107 et 354, en font tantôt un gentilice, tantôt un surnom). Étant donné la rareté des occurrences, c'est vers la seconde solution que nous pencherons, ce qui s'accorde assez bien avec la chronologie du développement de ce type d'élément nominal et de l'emploi du surnom, parfois utilisé aussi comme *signum*, il est vrai (dans ce sens, Solin, Analecta Epigraphica, *Arctos*, 18, 1984, p. 134, n. 40, qui pense à une acclamation γρηγόρευ). *Gregorius*, est vraiment répandu à partir du IIIe siècle, mais on n'en connaît aucun exemple en Aquitaine méridionale (sur la chronologie, voir Solin, *Griechische Personennamen*, p. 764-766). La mention du type de mort, la désignation emphatique de la tombe correspondent à des réminiscences poétiques qui renforcent notre opinion que l'échantillon de société lactorate qu'il nous est possible de connaître était d'un niveau de culture plutôt élevé. La dernière ligne, qui était gravée sur la base et qui a disparu, doit assurément être retenue, puisque le dessin du manuscrit de Lectoure la portait (d'après Espérandieu, *Lectoure*, p. 71) et que le manuscrit de Bordeaux et Chaudruc de Crazannes l'indiquent : à propos de ces *sodales* nous pouvons penser plutôt qu'à un collège de *tenui*, à une association religieuse et (ou) professionnelle, regroupant des individus disposant de moyens financiers apparemment importants.

31 (16/1/17/31). LACTORA (LECTOURE). **Épitaphe de Claudius Philetus.**

Support : Bloc. *Matériau :* Calcaire (*caract. :* calcaire dur, local). *État du monument :* Bloc ou plaque (l'appellation cippe, utilisée par Espérandieu et *CIL* n'est pas justifiée). Cassé à l'angle supérieur gauche et à toute la partie inférieure.

— *Lieu de déc. :* Lectoure. *Cond. déc. :* Le 25/1/1901. "A la base de l'ancien rempart de Lectoure, du côté du midi, entre la rue des Carmes et la rue des Vieilles-écoles", selon Camoreyt. *Lieu de conserv. :* Lectoure. *Inst. de conserv. :* Musée de Lectoure. *N° inv. :* 34. *Dimensions :* 54 max./55 max./27,5.

— *Champ ép. Descript. :* Imparfaitement lissé. *Dimensions :* 54/55. *H. marge sup. :* 18. *H. marge inf. :* 5. *État de conserv. du champ épigr. :* Médiocre ; la surface est détériorée, notamment à hauteur de la première ligne.

Datation du texte : Deuxième moitié du Ier siècle-début du IIe. *Justif. dat.* : Écriture et absence d'invocation aux Mânes. *Style écr.* : Lettres capitales carrées marquant une certaine tendance à l'actuaire (A, avec deuxième trait oblique plus long ; B et P avec panse supérieure à peine marquée) et allongées (les traits horizontaux des L et T sont très courts, les O sont très ovales) sans que l'on puisse mettre en cause le manque de place. On note la forme anguleuse des C, notamment à la l. 2, dont la partie inférieure touche nettement la lettre suivante. C'est sans doute la dureté du matériau qui a déterminé une certaine raideur dans le dessin des caractères (même si la panse du D de la première ligne est souple.

La mise en page ne manque pas d'habileté, même si la première ligne paraît décalée vers la gauche. Enfin on relèvera l'utilisation de lettres plus hautes, tantôt à des fins d'accentuation (l. 1 et 2), tantôt dans un but purement décoratif (lettres initiales des l. 3 et 4). *Apices* sur les deux O finaux.

Éd. : *CIL*, XIII, 11030 ; *CAG, Gers*, p. 519 ; *ILA, Lactorates*, 31, photo du support.

H. min. l. : 5,5. *H. max. l.* : 7. *Ligne 1* : 7. *Ligne 2* : 6,5. *Ligne 3* : 6. *Ligne 4* : 5,5. *Interlignes 3/4* : 1,5.

	CLAVDIO		Claudio
	CATVLLI		Catulli
	LIB		lib(erto)
4	PHILETO	4	Phileto.

A Claudius Philetus, affranchi de Catullus.

Remarques: L'absence de prénom ne nous semble pas constituer un argument décisif pour abaisser la date de ce monument : le fait que le patron de l'ancien esclave soit mentionné par son surnom pourrait indiquer que la prénom ne constituait pas dans ce cas un élément décisif de la nomenclature ; par ailleurs s'il s'agissait de *Tib. Claudii*, le rappel d'un prénom si connu ne s'imposait peut-être pas. Nous ne rejetons d'ailleurs pas a priori la conjecture d'Y. Burnand ("Le gentilice Claudius en Narbonnaise", *Claude de Lyon Empereur romain*, Paris, 1998, p. 120-121) qui met en relation ce témoignage, qu'il date par ailleurs du IIe siècle, avec une famille de notables – celle du patron du personnage – ayant reçu la citoyenneté romaine de Claude. Ce texte nous fait connaître non seulement un élément supplémentaire concernant la présence de l'esclavage dans la société locale, mais aussi le fait qu'à une simple épitaphe rédigée sur un matériau peu onéreux et sans doute gravée à l'initiative du défunt lui-même correspondait une certaine autonomie de ce dernier, au moins en matière de sépulture. Une fois encore un surnom grec est attesté, rare en Aquitaine, alors que le surnom du patron peut être considéré soit comme ayant une consonance parfaitement latine – diminutif de *Cato* – (cf. Kajanto, *Cognomina*, p. 128 et 250), soit, plus vraisemblablement, comme ayant une résonnance celtique (surnom formé sur *Catus*, cf. Evans, *Personal Names*, p. 171-175 ; Mócsy, *Nomenclator*, p. 71-72) ; le mode d'indication du patron nous porterait par ailleurs à retenir plutôt cette seconde solution. Notons qu'un souci excessif de correction a poussé à une double accentutaion I/O, à la première ligne.

32 (16/1/17/32). LACTORA (LECTOURE). **Épitaphe de Donnia Italia.**

Support : Autel. *Matériau :* Marbre (*caract. :* marbre de Saint-Béat). *État du monument :* Autel ("cippe", à tort, dans *CAG, Gers*). Une importante fracture partage le support en deux parties superposées et affecte les quatre faces. Corniche arasée à l'arrière et écornée aux angles antérieurs ; base incomplète aux angles et sur le côté gauche. *Ornement(s) :* Corniche, moulure, rosette. *Décor :* Corniche et base moulurées sur trois côtés, tandis qu'à l'arrière, la transition entre la base et le fût, lissé, s'opère sous la forme d'un pan coupé. Couronnement présentant deux bandeaux pourvus d'un cordon médian (cf. *ILA, Lactorates*, 10) et décorés en façade par une rosette à pétales rondes en forme de perles (cf. *ILA, Lactorates*,10). Reste de *fastigium* et de *focus* (diamètre : 11 cm) largement martelés. Sur le flanc droit, restes d'un vase à libations totalement arasé (hauteur : 17 cm). Sur le flanc gauche, patère en relief, sans queue, à bouton central (diamètre : 19,5) rappelant celle de *ILA, Lactorates*, 10. Les parentés avec ce dernier autel montrent qu'il y a eu utilisation du même type de support dans le domaine religieux comme dans le domaine funéraire.

— *Lieu de déc. :* Lectoure. *Cond. déc. :* Inconnues ; mais avant la fin du XVIe siècle, puisque Sanloutius vit le monument dans la nouvelle halle, où il avait été encastré en 1591 comme la plupart des autels tauroboliques. Il se pourrait donc qu'il ait été découvert avec ceux-ci lors des travaux de réfection du chœur de la cathédrale, vers 1540. *Lieu de conserv. :* Lectoure. *Inst. de conserv. :* Musée de Lectoure. *N° inv. :* 22. *H. supp. :* 76. *Autres mesures ou remarques :* Couronnement : 14,5/35/31 ; corniche : 6/41/ 35 max ; fût : 30,7 max./35/31,5 ; base : 23/41,7/38.

— *Champ ép. Descript.* : Non mouluré, confondu avec la face principale du fût. Mais la première ligne du texte est inscrite sur le bandeau d'attique, et la dernière sur la base. *Dimensions* : 30,7 max./35. *H. marge sup.* : 1. *H. marge inf.* : 3,5. *État de conserv. du champ épigr.* : La fracture qui affecte tout le monument a détruit partiellement ou totalement les lettres à la hauteur des lignes 6 et 7.

Datation du texte : Deuxième moitié du IIe siècle (troisième quart?). *Justif. dat.* : Formulaire (superlatif) ; typologie du support (similitude avec *ILA, Lactorates*, 10). *Écriture* : Capitale carrée. *Style écr.* : Lettres profondément gravées dont les pieds sont marqués : F avec barre inférieure décalée vers le haut ; Q et R avec queue et dernier trait souples ; O ovales et penchant légèrement vers la gauche (cf. *ILA, Lactorates*,10). La mise en page est convenable même s'il reste un vide à la fin de l'avant dernière ligne (alors qu'on a utilisé un petit I, inutile, au début de cette même ligne ; autre petit I, justifié, l. 9). Les deux dernières lignes plongent vers la droite. Les points, triangulaires lancéolés, séparent presque tous les mots, ce qui convient à la structure hachée du texte (notamment dans les lignes 2-4), mais sont parfois mal placés (ligne 5 et 9, au milieu d'un nom). L'utilisation de lettres plus hautes, à la première ligne, et la présence des deux rosettes assez imposantes ont certainement conduit à resserrer les lettres composant la formule initiale, à ne pas les répartir de manière plus lâche ou à ne pas les séparer par des points.

Éd. : *CIL*, XIII, 530 ; *CAG, Gers*, p. 219, et pl. VIII, p. 220 ; *ILA, Lactorates*, 32, photos du support.

Comm. : Fr. CUMONT, "Non fui, fui, non sum", *Musée Belge*, 32, 1928, p. 73-85, avec bibliographie antérieure.

H. min. l. : 2,5. *H. max. l.* : 5,3. *Ligne 1* : 5,3. *Ligne 2* : 3,6. *Ligne 3* : 3,8. *Ligne 4* : 3,7. *Ligne 5* : 3,6. *Ligne 7* : 3,5. *Ligne 8* : 2,9. *Ligne 9* : 3,5. *Interlignes 2/3* : 0,7. *Interlignes 3/4* : 1. *Interlignes 4/5* : 0,8. *Interlignes 5/6* : 1. *Interlignes 7/8* : 0,6.

	DIM	D(iis) I(nferis) M(anibus)
	NON·FVI·FVI·ME	non fui fui me-
	MINI·NON·SVM	mini non sum
4	NON·CVRODO	non curo Do-
	N̠·NIAITALIA·AN	n̠nia Italia an-
	NORVM̠·XX·HIC	n̠orum̠ XX hic
	QVI·ESC̠OS̠M̠[. .]	quiesc̠o S̠m̠[in]-
8	TIVS·ETDONNIA	t(h)ius et Donnia
	CAL·LISTE·L·PIISSIMAE	Calliste l(ibertae) piissimae.

Apparat crit. : Ponctuation incomplète, l. 5 et 7.

Aux Dieux Mânes Infernaux. Je n'ai pas existé ; j'ai existé, je m'en souviens. Je n'existe plus ; je n'en ai cure (ou, plutôt, je n'ai plus de souci). Moi, Donnia Italia, âgée de vingt années, je repose ici. Smint(h)ius (?) et Donnia Calliste à leur affranchie très respectueuse.

Remarques : Ce texte émane d'un milieu de condition ou d'origine serviles qui a sans doute une origine non locale. Le surnom de l'affranchie, exceptionnel, a en effet toutes les chances d'avoir une connotation ethnique (dans ce sens, Wierschowski, *Mobilität*, p. 117, 124, 215, 294, 315, 326) moins liée peut-être à l'origine même de cette personne qu'à celle de sa patronne. Le gentilice *Donnius, a*, à consonnance celtique (Whatmough, *Dialects*, p. 9, 78, 82-85 ; Evans, *Personal Names*, p. 195 ; cf. *CIL*, XIII, 5, surnom) est en effet surtout connu en Italie du Nord (et en Narbonnaise ; Mócsy, *Nomenclator*, p. 106). On notera que contrairement à une idée reçue, la patronne, qui porte un surnom grec (inconnu ailleurs en Aquitaine méridionale), a donné un nom latin (c'est un nom majoritairement porté par des esclaves ou affranchis (Kajanto, *Cognomina*, p. 180 ; Solin, *Stadtrömische Sklavennamen*, I, p. 31 : surnom utilisé surtout d'Auguste au milieu du IIe siècle) à son esclave qui a été affranchie, pour des raisons d'affection, avant d'avoir atteint l'âge de 30 ans. Par ailleurs, il y a des chances pour que le personnage masculin, porteur d'un nom unique et dont la filiation n'est pas indiquée (ce qui aurait été certainement le cas s'il avait été un pérégrin), soit l'esclave ou l'affranchi de Calliste et c'est par affirmation excessive des effets d'une union sans doute illégitime que la dernière ligne du texte laisse croire qu'il est lui aussi le patron de Calliste. La restitution proposée par *CIL*, C M[VNA]/TIVS ne nous semble pas acceptable : en effet, elle implique de rétablir trois lettres in fine, ce qui semble excessif ; par ailleurs, avant le M, on note la trace d'un arrondi qui pourrait correpondre à un O ou plutôt à un S ; c'est pourquoi, à titre de pure hypothèse, nous avons proposé de comprendre [S]M[IN]/TIVS, nom exceptionnel, mais qui se retrouverait dans celui du prêtre de Cybèle ayant officié en 176, sans que nous puissions assurer qu'il s'agisse du même personnage, même si, au-delà de l'homonymie, la mention par le seul surnom et l'ambiance non locale de l'onomastique et de l'épitaphe versifiée, ainsi que la datation des documents ne s'y opposent pas ; cette solution impliquerait la restitution de seulement deux lettres en fin de ligne, lettres gravées à mi-corps, comme l'ont été, nous l'avons dit, deux I aux lignes 8 et 9.

La nature même du texte correspond assez bien à cette origine "étrangère" des auteurs de l'épitaphe. Tout d'abord, l'invocation initiale (on pourrait aussi bien développer *inferis* qu'*infernis*, cf. par exemple *AE*, 1973, 326, Apt) qui est, à notre connaissance, inconnue en Aquitaine méridionale. Surtout, la formule versifiée des lignes 2 à 5 (trochée septenaire incorrect) qui apparaît pour l'unique fois en Aquitaine (mais qui ne manque pas de parallèles notamment en Italie ; voir notamment *CIL*, V, 1813 et 2893, où le formulaire est indiqué uniquement par l'initiale des mots, ce qui laisse entendre qu'il était largement connu et ouvre peut-être une piste quant à l'origine de nos individus, par exemple) traduit un certaine prétention culturelle et comporte une certaine contradiction, apparemment assumée, entre l'idée épicurienne que la mort est la fin de toute vie, signifie le néant (idée que Marc-Aurèle lui-même accepte et qui correspond encore à l'ancienne religiosité définie par H.-I. Marrou) et l'invocation des puissances de l'au-delà, entre la non-existence passée et à venir et le souvenir de l'existence terrestre qui est revendiqué par la morte (mais on peut lire, au deuxième degré, l'allusion de la part des patrons, auteurs de l'épitaphe, au souvenir des bons traitements prodigués à leur chère affranchie, qui était peut-être chérie à l'égal d'une fille).

33 (16/1/17/33). LACTORA (LECTOURE). **Épitaphe de Marcus Turranius Quintillianus.**

Support: Autel. *Matériau:* Marbre. *État du monument:* Le texte est gravé à la base d'un couronnement d'autel (qui constitue sans doute le seul exemple de couronnement indépendant, avec peut-être *ILA, Lactorates*, 16) avec bandeaux et *fastigium,* qui a été réalisé postérieurement à la gravure de ce document et qui a entraîné le sciage de sa partie supérieure et de sa partie gauche et la retaille de sa partie droite (et peut-être de la base du champ), ainsi que la destruction d'une mouluration qui séparait la première ligne de la deuxième. Destruction plus récente de l'angle inférieur droit. *Décor* : Mouluration disparue.

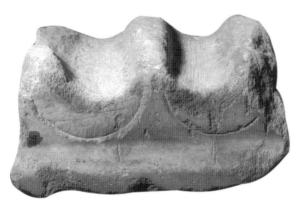

— *Lieu de déc.:* Lectoure. *Cond. déc.:* Dans le voisinage de la cathédrale. *Lieu de conserv.:* Lectoure. *Inst. de conserv.:* Musée de Lectoure. *N° inv.:* 26. *Dimensions:* 41,5 max./25,5 max./ 18,5 max.

— *Champ ép. Descript.:* Poli. *Dimensions:* 41,5 max./25,5 max. *H. marge sup.:* 10. *H. marge inf.:* 1. *État de conserv. du champ épigr.:* Bon, malgré des coups qui affectent notamment la troisième ligne et une certain effacement des lettres.

Datation du texte : Première moitié ou milieu du IIe siècle. *Justif. dat.:* La formule initiale, l'indication de l'âge et le type d'écriture y invitent. Par ailleurs la réutilisation, sans doute à des fins religieuses et dès l'Antiquité, exclut sans doute de trop avancer dans ce siècle. *Style écr.:* Lettres capitales carées, régulières, aux empattements marqués. Le Q (dont la queue rejoint presque le N de la ligne suivante, les R (surtout le second de la deuxième ligne, dont la panse n'est pas fermée) marquent une certaine souplesse ; les L et T présentent un trait horizontal court, alors que les N ont une large emprise. On notera la dissymétrie des numéraux penchant vers la droite (l. 5). La ponctuation se présente sous la forme de points lancéolés assez imposants.

Éd.: CIL, XIII, 539 ; *CAG, Gers*, p. 219 ; *ILA, Lactorates*, 33, photos du support.

H. min. l. : 4,3. H. max. l. : 5. Lignes 2/3 : 5. Ligne 4 : 4,6. Ligne 5 : 4,5. Interlignes 2/3 : 1. Interlignes 3/4 : 0,8. Interlignes 4/5 : 1,1. Interlignes 5/6 : 1,2.

```
        [ . ]Ṃ
        M·TVRAN[ . . ]
        QVINTI[ . ]
   4    IANI·D·F
        [ . ]N·XXALB[ . ]
        ṆIANVṢ[ . . . ]
        [---]
```

```
        [D(is)] Ṃ(anibus)
        M(arci) Turan[ni]
        Quinti[l]-
   4    iani d(e)f(uncti)
        ['a]ṇ'(norum) XX Alb[i]-
        ṇianuṣ [pat(er)? lib(ertus)? fec(it)?]
        [---]
```

Aux dieux Mânes de Marcus Turranius Quintilianus, mort à l'âge de 20 ans, Albinianus (son père? son affranchi? a fait faire ce monument).

Remarques : La restitution proposée comporte quelques incertitudes : à la fin de la deuxième ligne, il pouvait y avoir une ligature NI ; à la fin de la dernière ligne conservée pouvait prendre place une abréviation correspondant à un terme de parenté ou à une formule dédicatoire ; mais en raison du manque de place, il est très possible qu'une telle formule ait figuré sur une ligne non conservée.

Le défunt porte un gentilice qui n'est attesté nulle part ailleurs en Aquitaine méridionale (nous écartons la possibilité qu'il s'agisse d'un nom formé sur un radical gaulois comme le voudrait Gorrochategui, *Estudio*, p. 284, n° 369) ; son surnom, lui aussi indiqué pour l'unique fois dans cette même zone, dérive d'un gentilice, est massivement masculin et apparaît presque exclusivement parmi des ingénus, parfois huppés (Kajanto, *Cognomina*, p. 153 et 174). Ceci ne nous conduit pas pour autant à penser que les deux dernières lettres (même si la restitution que nous retenons à la suite d'Espérandieu et *CIL* n'est pas connue ailleurs en Aquitaine méridionale) de la quatrième ligne pourraient correspondre à une filiation mal située, hors de la nomenclature même de ce personnage sans doute ingénu. En effet, l'abréviation *df* (= *defunctus, a*) est fréquente, par exemple à Bordeaux (*CIL*, XIII, 633, 821, 835, 839, 842 etc.). Le surnom de l'auteur de l'épitaphe est très rare (Mócsy, *Nomenclator*, p. 11 ; Kajanto, *Cognomina*, p.227) et dérive d'*Albinus* très fréquent dans les zones celtisées (Mócsy, *op. cit.*, p. 11) et en Aquitaine (peut-être aussi sous la forme *Alpinus*).

34 (16/1/17/34). LACTORA (LECTOURE). **Épitaphe de Tuccius Quartus (ou de Tuccus fils de Quartus).**

Support: Autel. *Matériau:* Marbre (*caract.:* marbre de Saint-Béat). *État du monument:* Autel (c'est sans doute par erreur qu'Allmer, Espérandieu, *CIL* et *CAG, Gers,* parlent d'un "cippe"). Retaillé à droite ; le couronnement et, plus particulièrement, la corniche qui devait surmontait le champ, ont été retouchés. Seul le flanc gauche, lisse, a été épargné ainsi que, peut-être, la partie inférieure qui aurait pu être prise dans un socle indépendant.

— *Lieu de déc.:* Lectoure. *Cond. déc.:* Vers 1877. "A Charrolle, près de Lectoure" (selon J.-F. Bladé, *Épigraphie antique de la Gascogne,* Bordeaux, 1885, p. 122, n° 134) ; "à Lectoure... à 300 mètres environ des murs de la ville, du côté du midi, où il servait de seuil à la porte d'une maison des jardins" (Espérandieu, *Lectoure,* p. 85). *Lieu de conserv.:* Lectoure. *Inst. de conserv.:* Musée de Lectoure. *N° inv.:* 27. *Dimensions:* 27 max./20 max./20.

— *Champ ép. Dimensions:* 22 max./18,5 max. *H. marge sup.:* 3. *H. marge inf.:* 3. *État de conserv. du champ épigr.:* Endommagé, notamment au centre des trois dernières lignes ; on ignore sa position par rapport au seuil pour lequel il a été réutilisé (vers le haut?, ce qui justifierait l'effacement des lettres). On peut supposer que l'invocation aux dieux Mânes figurait sur la face principale du couronnement (cf. *ILA, Lactorates,* 33).

Datation du texte : 101/200. *Justif. dat.:* Paléographie (et éventuelle mention des dieux Mânes). *Style écr.:* Lettres capitales carrées, à l'emprise assez large (C, Q ; panse de R ; trait horizontal des T).

Éd.: *CIL,* XIII, 538 ; *CAG, Gers,* p. 219 ; *ILA, Lactorates,* 34, photo du support.

H. min. l.: 2. *H. max. l.:* 3,8. *Ligne 1:* 3,8. *Ligne 2:* 2,7. *Lignes 3/4 :* 2. *Interlignes 1/2 :* 1,8. *Interlignes 2/3 :* 1,7. *Interlignes 3/4 :* 1,5.

[. .]	[D(is) M(anibus)]
TVCC[.]	Tucc[i]
QVART[.]	Quart[i]
4 [.]ẸSTẠMEN[. .]	4 [t]ẹstạmen[to]
[.]ONIIVSSI[.]	[p]oni iụssi[t]

Aux dieux Mânes de Tuccius Quartus (ou de Tuccus fils de Quartus). Il a fait poser (cette épitaphe) par testament.

Remarques: La relative modestie du support et la sécheresse du formulaire, qui ne laisse pas de place au nom de l'exécuteur testamentaire, contrastent avec l'utilisation d'un matériau plutôt noble et la mention du testament d'un personnage qu'en l'absence d'une filiation nous ne pouvons avec certitude classer parmi les ingénus. Il porte un nom assez fréquent dans une ambiance celtique en tant que surnom (sous la forme *Tuccus, Tucco* ; Whatmough, *Dialects,* p. 156, 237), mais dans lequel nous préférons voir un gentilice assez peu attesté, il est vrai (Mócsy, *Nomenclator,* p. 295 ; Whatmough, *Dialects,* p. 83, 244). Nous écartons la possibilité que l'on ait indiqué le seul surnom du défunt suivi de celui de son père au génitif, ce qui ne paraîtrait guère en accord avec la mention explicite de la disposition testamentaire.

35 (16/1/17/35). LACTORA (LECTOURE). **Épitaphe de [- - -]ulla.**

Support: Plaque ou peut-être bloc. *Matériau:* Calcaire (*caract.:* calcaire local). *État du monument:* Incomplet au moins à gauche, sinon en haut, sans doute complet à droite et en bas.

— *Lieu de déc.:* Lectoure. *Cond. déc.:* "Dans les jardins de la sous-préfecture (ancien évêché), tout près du mur romain dont nous avons plusieurs fois parlé, et tout près de l'endroit où ont été trouvées en divers temps toutes les inscriptions antiques de Lectoure" (Camoreyt). En 1891, encastré dans un mur (Espérandieu, *Lectoure,* p. 87). Figurant dans l'Inventaire de Larrieu-Duler, sous le n° 28, il se trouvait encore en 1970 dans l'ancienne salle du Musée de Lectoure (photo M. Larrieu-Duler) et a disparu peu après, peut-être lors de l'aménagement du nouveau musée. *Dimensions:* 30 max./44 max./?

— *Champ ép. Descript.:* Affecté de nombreux coups. *État de conserv. du champ épigr.:* Incomplet.

Datation du texte: Premier siècle? *Justif. dat.:* Absence de mention des dieux Mânes (si le texte est complet en haut). *Écriture:* Capitale carrée. *Style écr.:* Lettres régulières, mais que l'usure du monument ne permet pas d'apprécier ; points triangulaires.

Éd.: CAMOREYT, *Objets,* II, p. 440-441 ; *CIL,* XIII, 537 ; LARRIEU, *Inventaire,* fig. 39 ; *CAG, Gers,* p. 218 ; *ILA, Lactorates,* 35, photo du support.

H. min. l.: 5. *H. max. l.:* 6,2. *Ligne 1:* 6,2. *Ligne 2:* 6. *Ligne 3:* 5. *Ligne 4:* 5,4.

[. . .]VLLAE·F̣[---]	[Cat]ullae F̣[---]
[--- . .]CAMVLI·FIL	[---us] Camuli fil(ius)
[.]VRAVIṬ·ET	[c]ụraụiṭ et
4 ḤER 4	ḥer(es).

A Catulla (ou Tertulla), F... us, fils de Camulus (ou : *à Catulla, ou Tertulla, sa fille, Untel, fils de Camulus), s'est chargé, ainsi que l'héritier (ou les héritiers) (d'édifier ce monument).*

Remarques : La reconstitution du texte est conjecturale. Une première hypothèse suppose que le nom de l'auteur de l'épitaphe commencerait à la fin de la première ligne ; la lecture *Fa[.]* retenue à la fin de la première ligne par Camoreyt et *CIL* irait tout à fait dans ce sens. Une seconde, tenant compte de ce que la lecture (d'après la photographie) d'un A n'est pas assurée et impliquant l'existence d'une lacune importante à gauche du texte conservé, conduirait à restituer *fi[l](iae)]* et à supposer que l'auteur de l'épitaphe portait un surnom très court. Le surnom de la défunte est connu à Lectoure où un *Tertullus (ILA, Lactorates,* 45) et un *Catullus (ILA, Lactorates,* 31) sont attestés. Le deuxième surnom conservé a une consonance celtique marquée (Evans, *Personal names,* p. 160-161 ; seuls exemples proches, à Bordeaux : *CIL,* XIII, 679-680), sans que nous puissions encore une fois trancher sur le point de savoir si ces pérégrins sont venus de fraîche date à Lectoure ou si leur installation est plus ancienne (et s'ils avaient conservé une onomastique résolument "exotique").

36 (16/1/17/36). LACTORA (LECTOURE). **Fragment d'épitaphe.**

Support : Plaque. *Matériau :* Calcaire (*caract. :* calcaire local selon Camoreyt, ce dont pourrait faire douter la mouluration). *État du monument :* Réduit à l'angle supérieur gauche. *Ornement(s) :* Moulure.

— *Lieu de déc. :* Lectoure. *Cond. déc. :* En 1881. Provient du "faubourg de Lectoure, rue du Campardiné, dans une grange aux murs de laquelle il était encastré" (Camoreyt, *Carnets*) ; cette localisation nous semble exclure qu'il faille rapprocher ce fragment du monument précédent *ILA, Lactorates,* 35 comme le proposait Camoreyt. "Cassé en diagonale à 25 cm à droite et 25 cm en bas de l'angle supérieur gauche" (Camoreyt, *Carnets*). *Lieu de conserv. :* Perdu.

— *Champ ép. État de conserv. du champ épigr. :* Incomplet.

Datation du texte : Ier siècle ? *Justif. dat. :* Absence de mention des dieux Mânes. *Écriture :* Capitale carrée.

Éd. : CAMOREYT, *Objets,* II, p. 440-441 ; *CIL,* XIII, 537 ; LARRIEU, *Inventaire,* fig. 39 ; *CAG, Gers,* p. 218 ; *ILA, Lactorates,* 36, dessin.

H. l. : 6.

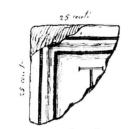

T[---]

Fragment d'autel ou de cippe en pierre encastré dans la muraille d'une grange rue du Lombardine à Lectoure. Découvert en 1881 par Mr. Verdun Architecte.

37 (16/1/17/37). LACTORA (LECTOURE). **Fragment d'épitaphe.**

Support: Plaque. *Matériau:* Marbre (*caract.:* marbre de Saint-Béat (selon Camoreyt)). *État du monument:* Fragment central.

— *Lieu de déc.:* Lectoure. *Cond. déc.:* Trouvé dans la ville basse, à Pradoulin, "loin des fouilles" remployé dans une maison moderne. *Lieu de conserv.:* Lectoure. *Inst. de conserv.:* Musée de Lectoure. *N° inv.:* sans. *Dimensions:* 11,5 max./17 max./3,7.

— *Champ ép. Dimensions:* 11,5/17. *H. marge inf.:* 2. *État de conserv. du champ épigr.:* Bon.

Datation du texte : 201/300. *Justif. dat.:* Écriture. *Écriture:* Capitale carrée. *Style écr.:* Lettres capitales carrées profondément gravées, aux empattement nettement marqués. Points de séparation lancéolés (le second inscrit entre les deux traits horizontaux de F). I long (l. 1).

Éd.: CAMOREYT, *Objets*, II, p. 439-440, 279, dessin; *CIL*, XIII, 540a; *CAG, Gers*, p. 219; *ILA, Lactorates*, 37, photo du support.

H. l.: 5,5. *H. moy. interl.:* 4.

| --- | --- |
| [---]ỊNI·F·[---] | [---]ini f(ili) [---] |
| [---]+++[---] | [---]+++[---] |

Apparat crit. : L.1 : ENI (Camoreyt) ; L.2 : IA•I (ID.).

Remarques: Le type de filiation indiqué, par le surnom du père, laisse entendre que l'on pourrait avoir affaire à un milieu de pérégrins.

38 (16/1/17/38). Lactora (Lectoure). **Fragment d'épitaphe.**

Support: Plaque. *Matériau:* Marbre (*caract.:* marbre de Saint-Béat, selon Camoreyt). *État du monument:* Petit fragment correspondant à la partie inférieure de la plaque. *Décor:* Restes du départ d'une mouluration ayant encadré le champ épigraphique.

— *Lieu de déc.:* Lectoure. *Cond. déc.:* Provient de la fouille de La Joga, ce qui fait planer un sérieux doute sur l'appartenance de ce fragment et du précédent (*ILA, Lactorates*, 37) à une même épitaphe, malgré la similitude du matériau et l'épaisseur identique. En 1891, lors de fouilles, dans un secteur d'habitat ; aussi ce morceau de plaque était-il vraisemblablement en remploi dans une maison du Bas-Empire. *Lieu de conserv.:* Lectoure. *Inst. de conserv.:* Musée de Lectoure. *N° inv.:* sans. *Dimensions:* 7,5 max./12 max./3,7.

— *Champ ép. Dimensions:* 7,5/12. *H. marge inf.:* 2. *État de conserv. du champ épigr.:* Bon.

Datation du texte : 101/200. *Justif. dat.:* Écriture. *Écriture:* Capitale carrée. *Style écr.:* Lettres capitales carrées profondément gravées, aux empattement nettement marqués.

Éd.: Camoreyt, *Objets*, II, p. 439-440, 279, dessin ; *CIL*, XIII, 540b ; *CAG, Gers*, p. 219 ; *ILA, Lactorates*, 38, photo du support.

H. l.: 5.

[---]RE[---]

Remarques: Il n'est pas exclu que, comme le suggérait Camoreyt, il faille retrouver la mention d'un ou plusieurs héritiers à la dernière ligne et lire *[he]re[s]* ou *[he]re[des]*.

INSTRUMENTUM INSCRIPTUM

39 (16/1/17/39). LACTORA (LECTOURE). **Sceau de T(itus) I(ulius) Va(...) ou d'Avit(us).**

Support : Sceau de potier. *Matériau :* Bronze. *État du monument :* Complet : plaque rectangulaire, fixée sur un anneau.

— *Lieu de déc. :* Lectoure. *Cond. déc. :* Probablement Pradoulin, mais sans une totale certitude. Probablement lors de la fouille de La Joga, effectuée par Camoreyt à la fin du XIXᵉ siècle. *Lieu de conserv. :* Lectoure. *Inst. de conserv. :* Musée archéologique. *Autres mesures ou remarques :* Anneau : diam. : 2,5 ; ép. : 0,5 ; plaque : 3 / 1,6 / 0,4.

— *Champ ép. Descript. :* Inscription sur la face supérieure de la plaque. *État de conserv. du champ épigr. :* Complet.

Justif. dat. : On ne sait si le sceau a été trouvé dans les niveaux du Bas-Empire de la fouille de La Joga, ou dans les strates d'une *domus* du Haut-Empire. *Écriture :* Capitales. *Style écr. :* Lettres gravées profondément en creux. Lettres régulières.

Éd. : CAMOREYT, *Objets*, II, p. 194, 215 ; *ILA, Lactorates*, 39, photo et dessin du support.

H. l. : 1.

TIVA

T(itus) I(ulius) Va(---)

Remarques : Une certaine incertitude résulte des lettres qui composent l'inscription, car elles ne permettent pas de savoir si le mot doit se lire de droite à gauche ou de gauche à droite : généralement l'inscription d'un sceau est rétrograde, mais il existe aussi quelques estampilles rétrogrades pour lesquelles l'inscription sur le sceau-matrice ne l'était évidemment pas. Dans la première éventualité, de très loin la plus vraisemblable, la marque imprimée dans le vase était TIVA et elle pouvait désigner le potier *T(itus) I(ulius) Va(...)*. Dans la seconde, il s'agirait du potier *Avit(us)*, portant un nom bien attesté dans l'onomastique des zones celtisées. Ce sceau ayant, sans doute, été trouvé par Camoreyt dans ses fouilles de La Joga à Pradoulin, ce *T(itus) I(ulius) Va(...)* était assez vraisemblablement un potier de *Lactora*. Plusieurs officines ont d'ailleurs été fouillées à Pradoulin par M. Larrieu (*Inventaire*, p. 123 et 126-127, et M. Labrousse, "Informations archéologiques", *Gallia*, 32-2, 1974, p. 479). Signalons toutefois que l'on n'a jamais observé de vase estampillé dans la production lectouroise connue à ce jour.

40 (16/1/17/40). LACTORA (LECTOURE). **Marque du potier Saius.**

Support: Jatte. *Matériau:* Céramique (*caract.:* céramique à couverte orangée à l'extérieur). *État du monument:* Jatte à marli et déversoir d'après la description précise de Camoreyt. Vase entier.

— *Lieu de déc.:* Lectoure. *Cond. déc.:* Probablement Pradoulin, lors de la fouille de La Joga, effectuée par E. Camoreyt à la fin du XIXe siècle. *Lieu de conserv.:* Perdu. *H. supp.:* 28.

— *Champ ép. Descript.:* Sur la face supérieure du marli. *État de conserv. du champ épigr.:* Complet.

Datation du texte: 301/400. *Justif. dat.:* Chronologie de la vaisselle à couverte orangée. *Écriture:* Capitales. *Style écr.:* Graffite gravé à la pointe, avant cuisson. Lettres régulières. Ligature V et F.

Éd.: CAMOREYT, *Objets*, I, p. 13, 16; *ILA, Lactorates*, 40.

H. min. l.: 0,8. *H. max. l.:* 1,1.

SAI'VF'   Sai'u(s) f'(ecit).

Remarques: Un véritable quartier de potiers existait dans la ville basse de Lectoure au IVe siècle: plusieurs officines ont été fouillées par M. Larrieu (*Inventaire*, p.123 et 126-127; M. Labrousse, "Informations archéologiques", *Gallia*, 32-2, 1974, p. 479). Ces ateliers produisaient une céramique à pâte "jaunâtre ou rouge avec couverte jaune orangé ou rouge" comme la décrit Camoreyt, *Objets*, I, p. XIII. *Saius* pourrait être un de ces potiers du IVe siècle. Toutefois, nous l'avons dit, aucune marque n'a, jusqu'à présent, été signalée sur la céramique des ateliers lectourois. D'autre part, la même vaisselle ayant été produite en de multiples endroits, à Auch et Éauze notamment, il n'est pas certain que *Saius* soit un Lectourois. Quant à son nom, exceptionnel en Aquitaine méridionale, il est considéré comme celtique par Holder (*Sprachschatz*, II, col. 1296-1297) et apparaît sous la forme d'un gentilice à Bordeaux (*CIL*, XIII, 831). Indiquons aussi qu'il pourrait avoir une connotation ethnique en rapport avec la cité des *Saii* (Sées).

41-1 (16/1/17/41). Lactora (Lectoure). **Bol de [F]ideli[s]?**

Support: Bol. *Matériau:* Céramique sigillée. *État du monument:* Fragment ; la description de Camoreyt permet d'identifier un frament de petit bol de forme Ritt. 8.

— *Lieu de déc.:* Lectoure. *Cond. déc.:* Sans doute lors de la fouille de La Joga, effectuée par Camoreyt à la fin du XIXe siècle. *Lieu de conserv.:* Perdu. *Autres mesures ou remarques:* Diam. bord : 5.

— *Champ ép. Descript.:* Sur la face externe de la paroi, horizontalement. *État de conserv. du champ épigr.:* Incomplet à gauche et à droite.

Datation du texte : 31/60. *Justif. dat.:* Chronologie du vase. *Écriture:* Capitales. *Style écr.:* Graffite gravé à la pointe, après cuisson. Lettres assez irrégulières ; ligature du E et du L.

Éd.: Camoreyt, *Objets*, I, p. 510, 164 ; *ILA, Lactorates*, 41-1.

H. l.: 0,9.

[.]ID·ELI[.]   [F]ideli[s]

Remarques: Ce surnom évoquant une vertu morale, attribué généralement à des individus de condition libre (Kajanto, *Cognomina*, p. 254), est porté ici par un pérégrin qui vivait à Lectoure vers le milieu du Ier siècle ap. J.-C.

41-2 (16/1/17/42). Lactora (Lectoure). **Bol de [Iu]llin[us]?**

Support: Bol. *Matériau:* Céramique sigillée. *État du monument:* Fragment ; la description de Camoreyt permet d'identifier un frament de bol décoré, probablement de forme Drag. 37.

— *Lieu de déc.:* Lectoure. *Cond. déc.:* Probablement lors de la fouille de La Joga, effectuée par Camoreyt à la fin du XIXe siècle. *Lieu de conserv.:* Perdu.

— *Champ ép. Descript.:* Sur la partie lisse entre le bas du décor et le pied. *État de conserv. du champ épigr.:* Incomplet à gauche et à droite.

Datation du texte : 61/150. *Justif. dat. :* Chronologie du vase. *Écriture :* Capitales. *Style écr. :* Graffite gravé à la pointe, après cuisson. Lettres assez irrégulières ; L à traverse oblique séparée de la haste.

Éd. : CAMOREYT, *Objets,* II, p. 432, 270 ; *ILA, Lactorates,* 41-2.

H. l. : 1,3.

[. .]LLIN[. .]   [Iu]llin[us]

Apparat crit. : [Iu]llin[us, a] ou *[Iu]llin[i, ae].*

Remarques : Si notre développement est correct, le personnage porte un surnom dérivé de *Iullus,* connu à Lectoure (*ILA, Lactorates,* 13), mais d'autres possibilités existent, ainsi par exemple, *[Tertu]llin[us, i..]* (cf. *Tertull[us], ILA, Lactorates,* 43).

41-3 (16/1/17/43). LACTORA (LECTOURE). **Coupelle de Mag(...).**

Support : Coupelle à fond plat. *Matériau :* Céramique sigillée. *État du monument :* Fragment de fond et de paroi de coupelle apode de forme Drag. 4-22.

— *Lieu de déc. :* Lectoure. *Cond. déc. :* Probablement lors de la fouille de La Joga, effectuée par Camoreyt à la fin du XIXᵉ siècle. *Lieu de conserv. :* Lectoure. *Inst. de conserv. :* Musée archéologique. *Autres mesures ou remarques :* Diam. pied : 11.

— *Champ ép. Descript. :* Sur la face externe du fond, près de la moulure servant de pied. *État de conserv. du champ épigr. :* Incomplet à gauche.

Datation du texte : 41/80. *Justif. dat. :* Chronologie du vase. *Écriture :* Capitales. *Style écr. :* Graffite gravé à la pointe, après cuisson. Lettres régulières.

Éd. : CAMOREYT, *Objets,* I, p. 508, 156 ; *ILA, Lactorates,* 41-3, dessin.

H. min. l. : 0,7. *H. max. l. :* 1.

 $\wedge$ A G MAG Mag(---)

Remarques : Mag est l'abréviation possible de plusieurs surnoms à consonance celtique (cf. Mócsy, *Nomenclator*, p. 173-174) ; mais on ne peut tout à fait exclure le début d'un surnom latin tels *Magnus, Magnio*. Ce personnage vivait à Lectoure sous Claude, Néron ou Vespasien.

41-4 (16/1/17/44). LACTORA (LECTOURE). **Coupe de Pia.**

Support : Coupe. *Matériau :* Céramique sigillée. *État du monument :* Fragment de fond et de pied de coupe, probablement de forme Drag. 18.

— *Lieu de déc. :* Lectoure. *Cond. déc. :* Probablement lors de la fouille de La Joga, effectuée par Camoreyt à la fin du XIXe siècle. *Lieu de conserv. :* Lectoure. *Inst. de conserv. :* Musée archéologique. *Autres mesures ou remarques :* Diam. pied : 9.

— *Champ ép. Descript. :* Sur la face externe du fond, près du départ de la paroi. *État de conserv. du champ épigr. :* Complet.

Datation du texte : 41/100. *Justif. dat. :* Chronologie du vase. *Écriture :* Capitales. *Style écr. :* Graffite gravé à la pointe, après cuisson. Lettres formées seulement de traits verticaux ou obliques. A sans trait intermédiaire.

Éd. : CAMOREYT, *Objets*, II, p. 431, 268 ; *ILA, Lactorates*, 41-4, dessin.

H. min. l. : 0,7. *H. max. l. :* 1.

 $\wedge$ / $\wedge$ | PIA Pia

Apparat crit. : Pia ou *Pia(e)*.

Remarques: *Pia*, surnom évoquant la vertu morale célébrée surtout sur les épitaphes, n'était pas fréquemment usité et plutôt parmi les personnes de condition libre (Kajanto, *Cognomina*, p. 251 ; Solin, Salomies, *Repertorium*, p. 379). Ici, il est porté par une femme qui vivait pendant la seconde moitié du Ier siècle ap. J.-C.

41-5 (16/1/17/45). Lactora (Lectoure). **Coupe de Ru(fus?).**

Support: Coupe. *Matériau:* Céramique sigillée. *État du monument:* Fragment de fond de coupe avec estampille du potier *Surdinus* de Montans.

— *Lieu de déc.:* Lectoure. *Cond. déc.:* Probablement lors de la fouille de La Joga, effectuée par Camoreyt à la fin du XIXe siècle. *Lieu de conserv.:* Lectoure. *Inst. de conserv.:* Musée archéologique. *Autres mesures ou remarques:* Diam. fond : 7,5.

— *Champ ép. Descript.:* Sur la face externe du fond. *État de conserv. du champ épigr.:* Peut-être complet.

Datation du texte: 21/100. *Justif. dat.:* Période d'activité du potier *Surdinus*. *Écriture:* Capitales. *Style écr.:* Graffite gravé à la pointe, après cuisson. Lettres régulières.

Éd.: Camoreyt, *Objets*, I, p. 426, 120 ; *ILA, Lactorates*, 41-5, dessin.

H. min. l.: 1. *H. max. l.:* 1,8.

RV   Ru(fus)

Apparat crit. : Ru(fus) ou *Ru(fi).*

Remarques: Le graffite paraissant complet, il pourrait correspondre à l'abréviation de *Rufus*.

41-6 (16/1/17/46). LACTORA (LECTOURE). **Coupe de Sote[ric(h)us?].**

Support: Coupe. *Matériau:* Céramique sigillée. *État du monument:* Coupe à décor de feuilles d'eau. Fragment ; la description de Camoreyt permet d'identifier un bord de coupe évasée de forme Drag. 36.

— *Lieu de déc.:* Lectoure. *Cond. déc.:* Probablement lors de la fouille de La Joga, effectuée par Camoreyt à la fin du XIXe siècle. *Lieu de conserv.:* Perdu.

— *Champ ép. Descript.:* Sur la face inférieure du marli, parallélement au bord. *État de conserv. du champ épigr.:* Incomplet à droite.

Datation du texte : 61/140. *Justif. dat.:* Chronologie du vase. *Écriture:* Capitales. *Style écr.:* Graffite gravé à la pointe, après cuisson. Lettres irrégulières. O nettement plus petit.

Éd.: CAMOREYT, *Objets*, II, p. 431, 267 ; *ILA, Lactorates*, 41-6.

H. min. l.: 0,8. *H. max. l.:* 1.

SOTE[. . . . .]   Sote[ric(h)us]

Apparat crit. : Sote[ric(h)us] ou Sote[ric(h)i].

Remarques: Ce *cognomen* grec porté par un esclave ou un affranchi, sans que ce dernier soit forcément d'origine grecque. Ce *Soter* ou *Soterichus* (ou peut-être cette *Soteris*, cf. Solin, *Griechischen Personennamen*, p. 417), vivait sous les Flaviens ou sous les premiers Antonins.

41-7 (16/1/17/47). LACTORA (LECTOURE). **Coupelle de Taurinus.**

Support: Coupelle à fond plat. *Matériau:* Céramique sigillée. *État du monument:* Fragment ; la description de Camoreyt permet d'identifier un fond de coupelle apode de forme Drag. 4-22.

— *Lieu de déc.:* Lectoure. *Cond. déc.:* Probablement lors de la fouille de La Joga, effectuée par Camoreyt à la fin du XIXe siècle. *Lieu de conserv.:* Perdu. *Autres mesures ou remarques:* Diam. fond : 5,5.

— *Champ ép. Descript.*: Sur la face externe du fond, horizontalement. *État de conserv. du champ épigr.*: Complet.

Datation du texte: 41/80. *Justif. dat.*: Chronologie du vase. *Écriture*: Capitales. *Style écr.*: Graffite gravé à la pointe, après cuisson. Lettres en écriture cursive.

Éd.: CAMOREYT, *Objets*, II, p. 511, 167-1; *ILA, Lactorates*, 41-7.

H. l.: 1,1.

                    TAVRINI   Taurini.

Remarques: Ce surnom très fréquent en Gascogne (voir ici *ILA, Lactorates*, 10) et sur le piémont pyrénéen (Gorrochategui, *Estudio*, p. 278, n° 354), mais aussi partout en Gaule, est porté dans notre cas par un pérégrin qui vivait à Lectoure sous Claude, Néron ou Vespasien.

41-8 (16/1/17/48). LACTORA (LECTOURE). **Autre coupelle de Taurinus.**

Support: Coupelle à fond plat. *Matériau*: Céramique sigillée. *État du monument*: Fragment ; la description de Camoreyt permet d'identifier un fond de coupelle apode de forme Drag. 4-22.

— *Lieu de déc.*: Lectoure. *Cond. déc.*: Probablement lors de la fouille de La Joga, effectuée par Camoreyt à la fin du XIXe siècle. *Lieu de conserv.*: Perdu.

— *Champ ép. Descript.*: Sur la face externe du fond, en arc de cercle. *État de conserv. du champ épigr.*: Complet.

Datation du texte: 41/80. *Justif. dat.*: Chronologie du vase. *Écriture*: Capitales. *Style écr.*: Graffite gravé à la pointe, après cuisson. Lettres en écriture cursive.

Éd.: CAMOREYT, *Objets*, I, p. 511, 167-2; *ILA, Lactorates*, 41-8.

H. l.: 1,5.

TAVRIN   Taurin(us)

Apparat crit. : Taurin(us) ou *Taurin(i).*

Remarques : Vraisemblablement le même *Taurinus* que celui du vase précédent (*ILA, Lactorates*, 41-7).

41-9 (16/1/17/49). LACTORA (LECTOURE). **Bol de Venusta.**

Support : Bol. *Matériau :* Céramique sigillée. *État du monument :* Fragment de petit bol de forme Drag. 46, reconstituable.

— *Lieu de déc. :* Lectoure. *Cond. déc. :* Pobablement lors de la fouille de La Joga, effectuée par Camoreyt à la fin du XIXᵉ siècle. *Lieu de conserv. :* Lectoure. *Inst. de conserv. :* Musée archéologique. *Autres mesures ou remarques :* Diam. bord : 8,5 ; diam. pied : 4 ; hauteur : 4.

— *Champ ép. Descript. :* Sur la face externe de la paroi, à mi-hauteur. *État de conserv. du champ épigr. :* Complet.

Datation du texte : 91/150. *Justif. dat. :* Chronologie du vase. *Écriture :* Capitales. *Style écr. :* Graffite gravé à la pointe, après cuisson. Lettres assez irrégulières. II pour le E. A avec barre verticale.

Éd. : CAMOREYT, *Objets*, I, p. 509, 160 ; *ILA, Lactorates*, 41-9, dessin.

H. min. l. : 0,8. *H. max. l. :* 1,4.

VENVSTA   Venusta.

Remarques : Venusta, surnom évoquant la grâce féminine, était assez usité et plutôt parmi les personnes de condition libre (Kajanto, *Cognomina*, p. 283 ; Solin et Salomies, *Repertorium*, p. 419). Il est porté ici par une femme qui vivait pendant la première moitié du IIᵉ siècle ap. J.-C.

INSCRIPTIONS DU TERRITOIRE DE LA CITÉ

42 (16/1/17/50). LACTORA (LECTOURE). **Fragment d'épitaphe.**

Support: Plaque?

— *Lieu de déc.:* Avensac. *Cond. déc.:* Vers 1857, au lieu-dit Gleyzia, en même temps que quatre statues et que des fragments architectoniques. *Lieu de conserv.:* Perdu.

Éd.: CAG, Gers, p. 242; *ILA, Lactorates*, 42.

DM	D(is) M(anibus)
---	---

Aux Dieux Mânes ...

Remarques: Fragment d'épitaphe, vraisemblablement de plaque, qui était encastrée dans le mausolée de cette *villa* d'Avensac, tombeau monumental qui a également livré plusieurs statues dont un *togatus* (à comparer avec les trouvailles de Frans, *infra, ILA, Lactorates*, 47-50).

43 (16/1/17/51). LACTORA (LECTOURE). **Épitaphe de Proxsuma.**

Support: Plaque. *Matériau:* Marbre. *État du monument:* Incomplet, sans doute à droite et en bas ; réduit à deux fragments jointifs dont un seul subsiste.

— *Lieu de déc.:* Lectoure. *Cond. déc.:* En 1888 et 1891, au lieu-dit Poune, à 1,5 km au nord-est de Castéra-Lectourois, sur le site d'une nécropole à inhumation d'époque gallo-romaine (Petit, *Milieu rural*, Catalogue, n° 72). *Lieu de conserv.:* Auch. *Inst. de conserv.:* Musée. *Dimensions:* 8 max./11,5 max./4.

Datation du texte: 101/200. *Justif. dat.:* Invocation aux Mânes et formulaire funéraire. *Style écr.:* Lettres capitales carrées, très régulières, aux empattements bien marqués et présentant des biseaux assurés. Ponctuation sous forme de points triangulaires lancéolés.

Éd.: CIL, XIII, 532; Ch. DESPAUX, "Le trésor romain de Castéra-Lectourois", *BSAG*, 16, 1915, p. 289; *CAG, Gers*, p. 195; *ILA, Lactorates*, 43, photo du support.

H. min. l.: 3. *H. max. l.:* 3,5. *Ligne 1:* 3,5. *Ligne 2:* 3. *Interlignes 1/2 :* 1,4.

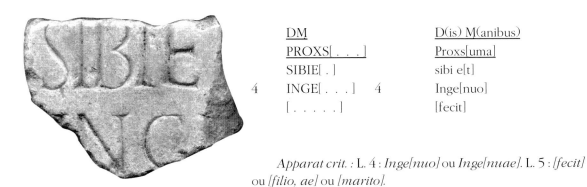

DM   D(is) M(anibus)
PROXS[. . .]   Proxs[uma]
SIBIE[.]   sibi e[t]
4   INGE[. . .]   4   Inge[nuo]
[. . . . .]   [fecit]

Apparat crit. : L. 4 : *Inge[nuo]* ou *Inge[nuae]*. L. 5 : *[fecit]* ou *[filio, ae]* ou *[marito]*.

Aux Dieux Mânes, Proxsuma (a fait faire ce monument) pour elle-même et pour Ingenuus, a.

Remarques : En l'absence de toute précision, nous préférons supposer que l'auteur de l'épitaphe (vraisemblablement gravée sur une plaque de mausolée) était une femme, ce qui permet de mieux équilibrer le texte des lignes 2 et 3. Pour la même raison on pourrait préférer rétablir un surnom masculin à la ligne 4. Les deux personnages portent des noms uniques à consonance latine, mais qui sont connus dans des milieux pérégrins en Aquitaine méridionale (*CIL*, XIII, 441, Auch). On relèvera la dittographie archaïsante XS pour X.

44 (16/1/17/52). LACTORA (LECTOURE). **Épitaphe d'Ulpia Secundilla.**

Support : Autel (et non cippe comme indiqué par *CIL* et *CAG, Gers*). *Matériau :* Calcaire (*caract. :* calcaire local). *État du monument :* Bon état ; nombreux trous naturels antérieurs à la gravure, notamment sur la face principale. Traces de travail à la gradine sur les quatre faces. Les arêtes verticales ne sont pas tout à fait rectilignes ni la mouluration inférieure parfaitement horizontale. *Ornement(s) :* Base, corniche, moulure. *Décor :* Base et corniche moulurées sur les quatre côtés du monument. A la partie supérieure, deux rouleaux torsadés, avec profil enroulé sur la face principale, reliés à deux vagues semi-circulaires (face principale et face postérieure) évoquant des *fastigia* ; au centre, éminence torsadée en forme de pomme de pin, dont le seul parallèle en Aquitaine méridionale se retrouve sur un autel funéraire de Tarbes, datable du même horizon chronologique (*CIL*, XIII, 395, fin IIe-IIIe siècle) et taillé lui-aussi dans un matériau local, une lumachelle (Braemer, *Le marbre*, p. 99-100, 209, 222 ; voir aussi *CIL*, XIII, 11001).

— *Lieu de déc.:* Castet-Arrouy. *Cond. déc.:* En 1912 au plus tard, dans une nécropole à inhumation, au lieu-dit Corné (Miradoux, par erreur selon *CIL*). *Lieu de conserv.:* Lectoure. *Inst. de conserv.:* Musée de Lectoure. *N° inv.:* 33. *H. supp.:* 142. *Autres mesures ou remarques:* Couronnement : 24 ;/41,5 / 39. Corniche : 12 ; 42 ; 41. Fût : 85,5/ 31,3. Base : 21 / 44 / 40.

— *Champ ép. Descript.:* Surface marquée par des irrégularités de la pierre et un grand trou qui a conduit à répartir le texte de part et d'autre de celui-ci (ligne finale). *Dimensions :* 85,5/ 31,3. *H. marge sup.:* 2,7. *H. marge inf.:* 38,5. *État de conserv. du champ épigr.:* Bon.

Datation du texte : Fin deuxième-troisième siècle. *Justif. dat.:* Type de monument et formulaire. *Style écr.:* Lettres capitales carrées ; gravure profonde mais irrégulière en raison de l'irrégularité même du matériau utilisé. Les traits horizontaux sont souvent arrondis ; A sans barre horizontale (l. 10) ; la panse des D est plutôt anguleuse ; les E présentent des trait horizontaux inégaux. La ponctuation consiste en *hederae* grossières. En raison de la densité du texte et de l'étroitesse relative du champ, on a recouru à de nombreuses coupures de mots qui s'avèrent convenables. Le texte, à peu près aligné à gauche, occupe la moitié supérieure du champ.

Éd.: CIL, XIII, 11030a ; *CAG, Gers*, p. 248-249 ; *ILA, Lactorates*, 44, photos du support.

H. min. l.: 2,2. *H. max. l.:* 4,7. *Ligne 1:* 4,7. *Ligne 2:* 2,7. *Ligne 3:* 2,4. *Lignes 4/7:* 3. *Ligne 8:* 2,8. *Ligne 9:* 3. *Ligne 10:* 3,3. *Ligne 11:* 3,2. *Interlignes 1/2:* 2,1. *Interlignes 2/3:* 1,4. *Interlignes 3/4:* 2. *Interlignes 4/5:* 1,8. *Interlignes 5/6:* 1,1. *Interlignes 6/7:* 1,5. *Interlignes 7/8:* 1,1. *Interlignes 8/9:* 1,2. *Interlignes 9/10:* 1,2. *Interlignes 10/11:* 1,1.

DꙮM
ETMEMORIE
VLPIESECVN
4 DILLESAR
MESTELA
NEPOTILLA
FILꙮEIVS

8   FACIENDVM
       CVRAVITET
       SVBASCIADE
       DICAV *uac.* IT

       D(is) M(anibus)
       et memori(a)e
       Vlpi(a)e Secun-
4   dill(a)e Sar-
       mestel<i>a
       Nepotilla
       fil(ia) eius
8   faciendum
       curauit et
       sub ascia de-
       dicau *uac.* it.

Apparat crit. : L. 4 SARMESIBIA (*CIL*).

Aux dieux Mânes et à la mémoire d'Ulpia Secundilla, Sarmestelia Nepotilla, sa fille, a fait faire (ce monument) et l'a dédié sous l'ascia.

Remarques : Ce monument, exceptionnel en Aquitaine méridionale par son décor, l'est aussi à d'autres titres. Tout d'abord la formule initiale, avec la référence à la *memoria*, si elle est fréquente à Bordeaux ou à Périgueux, est pratiquement inusitée au sud de la Garonne (sauf à Auch, *CIL*, XIII, 442 ; cf. à Saint-Girons, *CIL*, XIII, 11001) où, par ailleurs, la consécration sous l'*ascia* n'apparaît pas. Faut-il voir là l'influence des villes précitées ou ne faut-il pas, de préférence, penser à des liaisons lyonnaises dont nous avons cru relever d'autres indices, dans la deuxième moitié du IIe siècle. L'onomastique des deux femmes, et plus particulièrement celle de la fille, qui porte un gentilice sans autre exemple et qui a des chances de ne pas avoir une origine (au moins paternelle) locale, mérite l'attention. Les deux *cognomina* concernent des individus bien nés : c'est le cas de *Nepotilla*, peu répandu (aucun autre exemple en Aquitaine) et vraiment aristocratique (Kajanto, *Cognomina*, p. 305), mais aussi de *Secundilla* (Kajanto, *op. cit.*, p. 292) réservé massivement à des ingénues et tout aussi rare dans notre région. Il est donc tentant de voir dans ces deux femmes de haut rang, des membres d'une riche famille installée sur un domaine. Le caractère particulier de ce texte ressort, enfin, du caractère systématique avec lequel on recourt à trois reprises à la monophtongaison *ae/e* : faut-il y voir un écho d'une pratique localement déjà attestée ou bien s'agit-il d'une mode importée (cf. *ILA, Lactorates*, 46)?

45 (16/1/17/53). Lactora (Lectoure). **Épitaphe de Tertullus, fils de Mansuetus, ou de Tertullius Mansuetus.**

Support : Autel (cippe, selon Allmer, Espérandieu, *CIL*, à tort). *Matériau :* Marbre. *État du monument :* Autel aux quatre faces lissées. Partie droite, corniche et partie gauche inférieure de la face inscrite détruites. Partie inférieure sciée. Couronnement repiqué. *Décor :* Corniche au-dessus du fût, en surplomb sur trois côtés. Vase à libations, à embouchure trilobée, sur le flanc gauche (environ 40 cm de hauteur) ; patère avec manche orienté vers le haut, sur le flanc droit (31 cm de hauteur ; le cercle lui-même : 19 cm de diamètre).

— *Lieu de déc. :* Mas d'Auvignon. *Cond. déc. :* Dans l'ancienne église. *Lieu de conserv. :* Lectoure. *Inst. de conserv. :* Musée de Lectoure. *N° inv. :* 24. *Dimensions :* 58 max./46 max./40 max.

— *Champ ép. Descript. :* Pourvu d'un encadrement mouluré. *Dimensions :* 42 max./25 max. *H. marge sup. :* 3. *État de conserv. du champ épigr. :* Incomplet à droite, en bas et à gauche. Traversé à gauche, et de haut en bas, par une mince fêlure.

Datation du texte : 101/200. *Justif. dat. :* Écriture ; formule initiale. *Style écr. :* Lettres capitales carrées, aux biseaux profonds et aux empattements très marqués, très larges (sauf à la ligne 3 où en raison du manque de place, elles sont plus allongées) : panse du D outrepassant le demi-cercle ; trait supérieur du T presque démesuré. Traces de peinture. Les trois premières lignes semblent correctement cadrées, au moins à gauche ; à la dernière ligne conservée, la lettre centrale est à l'aplomb du point de la première ligne, mais sans doute pour combler un certain vide à droite, on a recouru à un point final nettement décalé par rapport au L. Par ailleurs, la formule initiale est mise en valeur grâce à des caractères de plus grande taille.
Points triangulaires presque lancéolés.

Éd. : *CIL*, XIII, 536 ; *CAG, Gers,* p. 230 ; *ILA, Lactorates,* 45, photos du support.

H. min. l. : 5. *H. max. l. :* 6,8. *H. moy. interl. :* 4,3. *Ligne 1 :* 6,8. *Lignes 2/4 :* 5.

	D·M	D(is) M(anibus)
	TERTVL̩[.]	Tertul̩[li]
	M̩ANSVET[.]	M̩ansuet[i]
4	F̩IL·	4 fil(ii)
	---	---

Apparat crit. : L. 2 : *Tertul[li]* ou *Tertul[lo]*. L. 4 *fil(ii)* ou *fil(io)*.

Aux dieux Mânes de (ou à) Tertullus, fils de Mansuetus. Ou : *Aux dieux Mânes de Tertullus, Mansuetus son fils.*

Remarques : Pour des raisons de place à droite du champ, nous écartons la possibilité que le personnage défunt soit une femme (ce qui impliquerait de restituer 3 lettres à la ligne 2). Par ailleurs, en raison du lieu de découverte, qui pourrait avoir correspondu à un établissement rural proche, et de la qualité du support, nous pouvons nous étonner que la nomenclature du défunt soit indiquée d'une manière simplifiée (Mócsy, *Nomenclator*, p. 285 ; Solin, Salomies, *Repertorium*, p. 184) ; mais si l'autel avait été placé dans une nécropole privée, il n'était peut-être pas nécessaire d'indiquer le gentilice, celui des propriétaires (qui pouvait par ailleurs être indiqué avec la mention de l'auteur de l'hommage). Les deux surnoms, peu fréquents en Aquitaine méridionale (Mócsy, *op. cit.*, p.285 et 177 ; voir cependant ici 35 ; *CIL*, XIII, 444 et 448 à Auch, personnages liés à l'importante famille des *Afranii*), sont massivement portés par des individus de naissance libre (Kajanto, *Cognomina*, respectivement p. 292-293 et 263 – "moral qualities" –), ce qui s'acorde bien au contexte monumental. On ne peut totalement exclure, même si cela nous semble peu probable, que le premier nom ait correspondu à un gentilice (*Tertullius* ; cf. Solin, Salomies, *Repertorium*, p. 184) et que le mort, *Tertullius Mansuetus*, aurait été ainsi indiqué par ses *duo nomina*.

46 (16/1/17/54). LACTORA (LECTOURE). **Épitaphe de Quintus Reginius Silvinus et de son épouse.**

Support : Autel. *Matériau :* Marbre? *État du monument :* D'après le dessin, il aurait pu être scié (?) en deux ensembles jointifs, en dessous de la dernière ligne du texte. *Décor :* *Focus* circulaire à la partie supérieure? Patère sans queue sur le flanc gauche ; vase à libations avec anse arrondie et bec élancé sur le flanc droit.

— *Lieu de déc. :* Lectoure. *Cond. déc. :* "A Castel-Pigon, à une demie-lieue de Laictoure" (Venuti) ; "à une lieue de Lectoure" (Chaudruc de Crazannes, *Taurobole*, p. 175). Ce lieu-dit existe toujours et se trouve à 6,5 km à l'est de Lectoure. L'autel doit provenir de la nécropole de quelque établissement antique voisin de Castel-Pigon, d'une des nombreuses *villae* de la fertile vallée de l'Auroué, comme celles de Corné, d'Embordes ou de Lussy (Petit, *Milieu rural, Catalogue*, n° 118, 119 et 261), et aura été transportée à Castel-Pigon au XVII siècle ou au XVIII siècle. Connu dès le deuxième quart du XVIII siècle (Venuti). *Lieu de conserv. :* Perdu.

Datation du texte : Au plus tôt IIe siècle. *Justif. dat. :* Mention des Mânes ; superlatif. *Style écr. :* Capitales carrées. Petit O, l. 5. Ponctuation utilisant notamment une *hedera* l. 1 (sans queue selon Venuti, avec une queue selon *CIL*), dont on peut se demander si elle était réellement encadrée par deux points. La formule initiale était mise en valeur grâce à des lettres plus grandes.

Éd. : CIL, XIII, 533 ; *ILA, Lactorates*, 46, dessin.

D·♡·M
Q·REGINIO
SILVINORL
4   ETIVLIAE·CO
MENVAEVXOR
PIENTISSIME
H·M·H·N·S

D(is) M(anibus)
Q(uinto) Reginio
Siluino RL
4   et Iuliae Co-
menuae uxor(i)
pientissim(a)e
h(oc) m(onumentum) h(eredem) n(on) s(equetur).

    Aux dieux Mânes, à Quintus Reginius Silvinus et à Iulia Comenua, son épouse très chère. Ce monument ne passera pas pas à l'héritier (ou aux héritiers).

    Remarques : Si l'on en croit le dessin de Venuti, nous aurions là un bel exemple de détournement à des fins funéraires d'un support votif, exemple qui n'est pas isolé dans le *corpus* lectourois. Deux difficultés de lecture se rencontrent : tout d'abord, à la fin de la troisième ligne, après le surnom, sont indiquées deux lettres dont on ne sait si elles étaient les premières d'une indication d'une *origo*, ou de celle d'un métier ou encore de celle d'une tribu, ou enfin de celle, mal située, d'une filiation ; d'autre part, le surnom de l'épouse, un *hapax* absolu, est peut-être mal lu, même si *Comena* est au moins une fois attesté en Hispanie celtique (*Hispania Antiqua Epigraphica*, 919. Voir aussi une dédicace aux *Comedovis Augustis, CIL*, XII, 2445). On pourrait être en présence d'un nom dérivé du gaulois

Com(m)ios/Com(m)ius (cf. Whatmough, *Dialects*, p. 83, 204, 244 ; Evans, *Personal Names*, p. 366). Le défunt porte un gentilice gaulois qui pourrait en faire un individu originaire de la Lyonnaise (à Lyon, nombreux exemples de ce gentilice) ou de la Belgique, à en croire Wierschowski (*Mobilität*, p. 294, 322). Faudrait-il, dans cette hypothèse, accorder aux trois lettres finales de la troisième ligne la valeur d'une abréviation d'une *origo*? nous n'irons pas jusque là. Mais l'on ne doit peut-être pas prendre en compte les seules rares mentions de ce nom et il faut aussi penser que le surnom *Reginus/Regenos*, sur lequel il est formé, est plutôt fréquent en Aquitaine celtique (Evans, *op. cit.*, p. 373 ; Mócsy, *Nomenclator*, p. 241).

On peut se demander par ailleurs si la forme donnée du qualificatif correspond à une erreur de copie ou reproduit une monophtongaison semi-grecque (à moins que le texte original ait comporté une ligature MA?).

47 (16/1/17/55). LACTORA (LECTOURE). **Épitaphe dédiée par ...ius Secundus.**

Support : Plaque. *Matériau :* Marbre. *État du monument :* Angle supérieur gauche d'une plaque de marbre non moulurée. Fragment.

— *Lieu de déc. :* Saint-Clar. *Cond. déc. :* En 1838, lors des premières fouilles effectuées sur le site de la *villa*. A Saint-Clar, à proximité immédiate du château de Frans, sur le site d'une *villa*, avec d'autres vestiges provenant de celle-ci : colonnes, mosaïques, buste, objets en bronze, monnaies, céramiques (Allmer, *Revue épigraphique du Midi de la France*, I, p. 402, n° 444, d'après Camoreyt). En 1964, Y. Le Moal a réalisé de nouvelles fouilles sur la partie thermale de cette *villa* (*CAG, Gers*, p. 298-299). Mais c'est depuis la découverte et la fouille du mausolée d'Empourruches (Le Moal, *Empourruche*, p. 537-549), situé à 400 m à l'est de Frans, que l'on comprend mieux la présence de ces fragments d'épitaphes sur le site de la *villa* : très probablement, les morceaux de plaques proviennent soit du mausolée lui-même, soit de la nécropole à laquelle appartenait ce monument funéraire et qui était la nécropole de la *villa* ; elles en ont été retirées pour servir de revêtement dans les thermes, lors de quelque réfection effectuée au Bas-Empire.

Lieu de conserv. : Longtemps conservé par les anciens propriétaires du château de Frans (Allmer) ; aujourd'hui perdu. *Autres mesures ou remarques :* 23 max / 29-30 max? (d'après le dessin au 1/5e de Camoreyt, Carnets, et Allmer).

— *Champ ép. Descript. :* Poli. Dimensions : confondu avec le monument. *H. marge sup. :* 1,5. *État de conserv. du champ épigr. :* Incomplet.

Datation du texte : Deuxième moitié du Ier siècle-début du IIe? *Justif. dat. :* Écriture ; absence d'invocation aux Mânes. *Écriture :* Capitales. *Style écr. :* Lettres capitales carrées, aux empattements nets. T marquant une certaine référence à l'actuaire ou à la capitale peinte, sans doute dans un but ornemental ; E présentant un trait intermédiaire légèrement plus court ; S avec boucle inférieure plus ample. Ponctuation sous forme d'*hederae* en forme de cœur et à queue orientée vers le haut, et de points triangulaires à pointe tournée vers le bas. La mise en page semble soignée puisque l'on a cherché à réaliser un certain alignement en fin de ligne. A la première ligne, la densité du texte a conduit à recourir à au moins deux petites lettres, dont une a été élégamment incluse.

Éd. : CIL, XIII, 535 ; *CAG, Gers*, p. 219, avec bibliographie postérieure à *CIL* ; *ILA, Lactorates*, 47, dessin.

H. l. : 6. Interlignes 1/2 : 2,5. Interlignes 2/3 : 1,5.

[---]SƆSECVʹNDVS
[---]Q·PATRI·ETƆ
[--- .]ẸḌAT[---]

[---]s Seʹcuʹndus
[---]ọ patri et
[---S]ẹdat[us?]

Apparat crit. : L. 1 la présentation de *CIL* ne convient pas ; l.3 FRAT[RI] (tous) ; les *hederae* ne sont pas signalées par *CIL*.

...ius Secundus à .....us, son père et à... Sedatus? ....

Remarques : La lecture de la troisième ligne conservée dépend des dessins de Delpech-Cantaloup, qui est perdu, et de celui de Camoreyt : si celui-ci est fidèle, on ne peut lire un R à la 3e ligne : la panse en serait démesurée, alors que les lettres de cette ligne ne semblent pas plus hautes que celles des lignes antérieures ; il faut donc lire un D, ce qui pourrait conduire à restituer un surnom du type *Sedatus*, mais on ne s'expliquerait pas pourquoi, alors qu'il y avait tant de place à combler en fin de ligne, on aurait recouru à une abréviation ; on peut penser aussi à une formule du type *dat,* à connotation plutôt religieuse, et dans ce cas c'est la fin d'un surnom (court si le texte était centré) qui aurait été conservée ; quant au vide final, il aurait pu être partiellement occupé par une *hedera*. Mais l'on ne peut exclure absolument que le dessin soit partiellement infidèle, que la partie inférieure droite du fragment ait été plus mutilée qu'il n'y paraît et qu'il faille restituer des lettres supplémentaires. L'auteur de l'épitaphe, porteur d'un gentilice presque exclusivement réservé à des individus de naissance libre (Kajanto, *Cognomina*, p. 262), a indiqué les seuls surnoms des défunts qui portaient implicitement le même *nomen* que lui. La qualité du travail de gravure convient sans doute à une famille d'importants propriétaires possesseurs d'un mausolée richement décoré.

48 (16/1/17/56). LACTORA (LECTOURE). **Fragment d'épitaphe.**

Support: Plaque. *Matériau:* Marbre. *État du monument:* Fragment de plaque, lissé à l'arrière. Fragment de la partie supérieure. *Ornement(s):* Moulure.

— *Lieu de déc.:* Saint-Clar. *Cond. déc.:* Recueilli sur le site de la même *villa* romaine que le fragment précédent (*ILA, Lactorates*, 47), établissement voisin du château de Frans (Saint-Clar), comme les fragments suivants (*ILA, Lactorates*, 49, 50), et également dans le secteur de la partie thermale de l'édifice antique. Mais il provient très vraisemblablement de la nécropole d'Empourruche située à quelque 400 m de la villa. En 1990, en prospection après labours, par Mlle Henry. *Lieu de conserv.:* Chez M. Henry, au château de Frans. *Dimensions:* 10,5 max./7,5 max./2,5.

— *Champ ép. Descript.:* Poli. *Dimensions:* 5,5 max./6,5 max. *État de conserv. du champ épigr.:* Bon.

Style écr.: Lettres capitales carrées, aux biseaux réguliers et aux empattements marqués.

Éd.: ILA, *Lactorates*, 48, photo du support.

H. l.: 4.

            [---]ILL[---]
            ---

49 (16/1/17/57). LACTORA (LECTOURE). **Fragment d'épitaphe.**

Support: Plaque. *Matériau:* Marbre. *État du monument:* Fragment d'une plaque, lissés à l'arrière ; fragment de la partie centrale.

— *Lieu de déc.:* Saint-Clar. *Cond. déc.:* Recueilli sur le site de la même *villa* romaine que les fragments précédents (*ILA, Lactorates*, 47, 48), établissement voisin du château de Frans (Saint-Clar), comme les fragments suivants (*ILA, Lactorates*, 49, 50), et également dans le secteur de la partie thermale de l'édifice antique. Mais il provient très vraisemblablement de la nécropole d'Empourruche située à quelque 400 m de la *villa*. En 1990, en prospection après labours, par Mlle Henry. *Lieu de conserv.:* Chez M. Henry, au château de Frans. *Dimensions:* 4,9 max./2,8 max./2,5.

— *Champ ép. Descript.:* Poli. *Dimensions:* Confondu avec le fragment. *État de conserv. du champ épigr.:* Bon.

Style écr.: Lettres capitales carrées, aux biseaux réguliers et aux empattements marqués.

Éd.: *ILA, Lactorates*, 49, photo du support.

H. moy. interl.: 1,2.

```
        ---
[---]V[---]
[---]P[---]
        ---
```

50 (16/1/17/58). LACTORA (LECTOURE). **Fragment d'épitaphe.**

Support: Plaque. *Matériau:* Marbre. *État du monument:* Fragment central d'une plaque qui n'appartient sans doute pas au même support que les fragments précédents (*ILA, Lactorates*, 48, 49), car l'épaisseur est légèrement plus importante et la gravure des lettres semble différente.

— *Lieu de déc.:* Saint-Clar. *Cond. déc.:* Recueilli sur le site de la même *villa* romaine que les trois fragments précédents, établissement voisin du château de Frans (Saint-Clar), et également dans le secteur de la partie thermale de l'édifice antique. Mais il provient très vraisemblablement de la nécropole d'Empourruche située à quelque 400 m de la *villa*. En 1990, en prospection après labours, par Mlle Henry. *Lieu de conserv.:* chez M. Henry, au château de Frans. *Dimensions:* 9 max./6 max./2,8.

— *Champ ép. Descript.:* Fragmentaire. *Dimensions:* 9 max./6 max.

Style écr.: Capitale carrée ; empattements bien marqués, sillons profonds, avec quelque excès ; le P penche vers la droite, le premier trait du V est courbé vers le bas.

Éd.: *ILA, Lactorates*, 50, photo du support.

H. min. l.: 3,5. *H. max. l.:* 3,6. *H. moy. interl.:* 0,9.

```
        ---
     [---]+SE+[---]
     [---]PV+[---]
        ---
```

51 (16/1/17/59). LACTORA (LECTOURE). **Fragment d'épitaphe.**

Support: Plaque. *Matériau:* Marbre blanc. *État du monument:* Fragment (partie inférieure).

— *Lieu de déc.:* Pareillac. *Cond. déc.:* Pareillac, commune de Sempesserre (*CAG, Gers*, p. 250-251). A la fin du XIXᵉ siècle, sur le site d'une *villa* gallo-romaine, reconnue récemment en prospection aérienne (Petit, *Milieu rural, Catalogue*, n° 356 et fig. 61), et d'une nécropole antique et médiévale, immédiatement à l'ouest de la ferme de Pareillac.

Lieu de conservation : Chez Mr. Labadie, propriétaire de Pareillac, à Encons, Sempesserre. *Dimensions:* 14,5 max./19,5 max./5.

— *Champ ép. Descript.:* Surface polie. *Dimensions:* 14,5 max./19,5 max. *H. marge inf.:* 3,5. *État de conserv. du champ épigr.:* Incomplet.

Datation du texte: 1/100. *Justif. dat.:* Écriture. *Style écr.:* Lettres capitales carrées, très régulières, aux empattements bien marqués et présentant des biseaux assurés. Ponctuation sous forme de point triangulaire lancéolé.

Éd.: LAPART, *Auch et Éauze*, p. 148 et 375 (photo); R. LÉQUEMENT, "Informations archéologiques", *Gallia*, 44, 1, 1986, p. 326, fig. 21; *CAG, Gers*, p. 250; *ILA, Lactorates*, 51, photo du support.

H. min. l.: 4,5. *H. max. l.:* 4,7. *H. moy. interl.:* 1.

```
      ---                    ---
 [--- . ]S·FILE[ . . ]    [---u]s fil(io) e[t]
 [--- . . ]FILIAE·F       [---ae] filiae f(ecit)
```

Apparat crit. : Dernière lettre, l. 1, et première lettre (l. 2) conservées non données (Lequément).

A [..., ..]us, pour son fils, et pour [....]a, sa fille, a fait (ce monument).

Remarques : On notera le I long (ligne 2 : 2ᵉ I), qui traduit aussi le soin apporté à la réalisation de cette épitaphe : la recherche visuelle et la bonne maîtrise de la langue par l'atelier comme par le commanditaire, un riche propriétaire, sont à relever. La découverte, sur ce même site d'une tête d'enfant (fig. 7-1, p. 47) en marbre blanc (que J. Lapart date du IIᵉ siècle ou du IIIᵉ) pourrait confirmer que le premier mort pourrait être un petit garçon ; mais la plus grande prudence s'impose évidemment dans ce domaine.

52 (16/1/17/60). Lactora (Lectoure). **Fragment d'épitaphe.**

Support : Plaque. *Matériau :* Marbre. *État du monument :* Fragment de plaque (dont nous n'excluons pas a priori qu'il ait pu appartenir au même monument que le fragment précédent *ILA, Lactorates,* 51). Réduit à la parie supérieure gauche (la position de la première lettre conservée laisse supposer qu'elle appartient à la première ligne du texte. *Ornement(s) :* Moulure.

— *Lieu de déc. :* Pareillac. *Cond. déc. :* Pareillac (commune de Sempesserre), voir *ILA, Lactorates,* 51. A l'occasion de travaux agricoles sur le site de la villa de Pareillac. *Lieu de conserv. :* Perdu.

Éd. : M. Larrieu, *La cité des Lactorates. Inventaire archéologique,* 1970, p. 374, photo du support ; *ILA, Lactorates,* 52, photo du support.

D[.]   D(is) [M(anibus)]
SII[---]   Sii[---]
---   ---

53 (16/1/17/61). Lactora (Lectoure). **Milliaire?**

Matériau : Pierre blanche. *État du monument :* Sur une pierre blanche éclatée.

— *Lieu de déc. :* Lectoure. *Cond. déc. :* Lectoure "sur la gauche de la première porte de Saint-Gervais ... en sortant de la ville" (*Codex Lactoras,* p. 71). *Lieu de conserv. :* Perdu.

Éd. : CIL, XIII, 539a ; *CAG, Gers,* p. 219 ; *ILA, Lactorates,* 53.

[---]ATI[---]
PACIFI[---]
OM[---]

Remarques : Si ce texte n'est pas postérieur à l'Antiquité, il pourrait porter une titulature impériale du type de celles que l'on rencontre aux IIIᵉ (à partir des Sévères) et IVᵉ siècles, notamment sur des milliaires, ce que l'indication concernant le support ne contredit pas. On pourrait penser à des formules comme *orbis terrarum propagator* ou *propagator imperii* ou *propagator orbis sui* (qui pourrait correspondre à la ligne 1 ou à la ligne 2) / *defensor pacis* (ligne 2) / *Romani nominis conditor* (ligne 3).

INDEX GENERAL

VERBA PROPRIA

INDEX ONOMASTIQUE

- Noms de personnes -

PRÉNOMS

Gaius : **17** l. 2 G(aius)
Lucius : **10** l. 9 L(ucio) ; **28** l. 1 L(uci)
Marcus : **2** l. 2 M(arci) ; **2** l. 3 [M(arci)] ; **2** l. 4 [M(arcus)] ; **16** l. 2 M(arci) ; **16** l. 15 M(arco) ; **16** l. 15 M(arco) ; **25** l. 5 M(arco) ; **33** l. 2 M(arci)
Quintus : **46** l. 2 Q(uinto)
Titus : **29** l. 2 T(iti) ; **39** l. 1 T(itus)

GENTILICES

[---]s : **47** l. 1 [---]s Se'cu'ndus
[...]+ia : **2** l. 5 [...]+ia Monita
Accius : **10** l. 9 L(ucio) Accio Rem(o)
Aelia : **8** l. 3 Ael(ia) Nice
Aelius : **29** l. 2 T(iti) Aeli Leo|nis
Antonia : **4** l. 3 Ant(onia) Prima
Antonius : **16** l. 3 I'mp''(eratoris) M(arci) |3 A'nt'o'ni' Gordia'ni' |4 Pii Fel(icis) Aug(usti)
Aurelia : **5** l. 2 Aurelia Oppidana
Carinius : **16** l. 16 M(arco) | Carinio Caro

Claudius : **31** l. 1 Claudio | Catulli | lib(erto) | Phileto
Donnia : **32** l. 4 Do|ṇnia Italia ; **32** l. 8 Donnia | Calliste
Erotius : **16** l. 15 M(arco) Erotio Festo
F[---] : **35** l. 1 F[---] | |---us] Camuli fil(ius)
Iulia : **6** l. 2 Iul(ia) Valentina ; **18** l. 2 Iul(ia) Cleme'nt'<i>a|na ; **19** l. 2 Iul(ia) Nice ; **46** l. 4 Iuliae Co|menuae
Iulius : **2** l. 2 M(arci) Iul(ii) | [M(arci) f(ilii)?] Flori ; **2** l. 4 [M(arcus) Iul(ius) Sa]ṭurnius ; **17** l. 2

G(aius) Iul(ius) Secun|dus; **39** l.1 T(itus) I(ulius) Va(---)

Iunia: **20** l.2 Iunia Domi|tia

Pompeia: **3** l.2 Pomp(eia) Philumene; **21** l.2 Pomp(eia) Flora

Reginius: **46** l.2 Q(uinto) Reginio | Siluino

Rocius: **28** l.1 L(uci) Roʻciʾ Lepid[i]

Sarmestelia: **44** l.4 Sarmestel<i>a | Nepotilla

Seruilia: **22** l.2 Seruilia Mo|desta

Traianius: **15** l.7 Traia|nio Nundi|nio; **16** l.17 Traiʻaniʾo Nunʻdiʾʾniʾo; **17** l.6 Tra|ianio Nun|dinio; **18** l.6 Traia|nio Nundini|o; **19** l.6

Traianio | Nuʻndʾinio; **20** l.7 ʻTrʾaianio Nuʻndʾiʻniʾo; **21** l.6 ʻTrʾaʻliaʾniʻo Nunʻdʾliʻniʾo; **22** l.7 Traiaʻniʾo Nuʻndʾ|inio; **23** l.6 Tra|ianio Nuʻndʾ<in>|io; **24** l.7 Traiaʻniʾo N|undiʻniʾo

Tuccius: **34** l.2 Tucc[i] | Quart[i]

Turannius: **33** l.2 M(arci) Turan[ni] | Quinti[l]|liani

Valeria: **15** l.2 Val(eria) Gemina; **23** l.2 Val(eria) Gemin|a

Verinia: **24** l.2 Verin(ia) Seʻueʾ|ra

Vlpia: **44** l.3 Vlpi(a)e Secun|dill(a)e

SURNOMS, NOMS UNIQUES, SUPER NOMINA

[---]inus: **37** l.1 [---]ini

[---]us: **35** l.2 F [---] | [---us] Camuli fil(ius); **47** l.2 [---]o; **51** l.1 [---u]s

Agrippa: **4** l.9 Agrippae; **5** l.6 Agrippae

Albinianus: **33** l.5 Alb[i]|nianus

Antoninus: **25** l.2 Diui Antoʻniʾʾniʾ; **25** l.5 Imp(eratori) Caes(ari) |2 Diui Antoʻniʾʾniʾ |3 f(ilio) Diui Veri Part(hici) |4 Maximi fratri |5 M(arco) Aurel(io) Anto|6nino Aug(usto) Ger|7manic(o) Sarʻmaʾʾtiʾc(o)

Aper: **4** l.10 [Apr]o; **5** l.7 Apro; **6** l.6 Apro

Aprilis: **10** l.3 Aprilis Repenti|ni fil(ius)

Auiola: **15** l.10 Auiola

Calliste: **32** l.9 Donnia | Calliste

Camulus: **35** l.2 Camuli

Carus: **16** l.16 M(arco) | Carinio Caro

Catulla: **35** l.1 [Cat]ullae

Catullus: **31** l.2 Catulli

Clementiana: **18** l.2 Iul(ia) Clemeʻntʾ<i>a|na

Comenua: **46** l.4 Iuliae Co|menuae

Domitia: **20** l.2 Iunia Domi|tia

Eutyches: **15** l.4 Eutyche|tis

Faustina: **26** l.2 Diuae | Fausti|nae

Festus: **16** l.15 M(arco) Erotio Festo

Fidelis: **41-1** l.1 [F]ideli[s]

Flora: **21** l.2 Pomp(eia) Flora

Florus: **2** l.3 M(arci) Iul(ii) | [M(arci) f(ilii)?] Flori

Gemina: **15** l.2 Val(eria) Gemina; **23** l.2 Val(eria) Gemin|a

Gordianus: **15** l.9 D(omino) n(ostro) Gʻorʾʾdiʾ|10ano; **16** l.3 Iʻmpʾ(eratoris) M(arci) |3 Aʻntoʾniʾ Gordiaʻniʾ |4 Pii Fel(icis)

Aug(usti); **16** l.12 D(omino) n(ostro) Gordiano | Aug(usto); **17** l.9 D(omino) n(ostro) | Gordiano; **18** l.8 D(omino) n(ostro) Gordi|ano; **19** l.8 D(omino) n(ostro) | Gʻorʾdiano; **20** l.8 D(omino) n(ostro) Gʻorʾ|diano; **21** l.8 D(omino) n(ostro) Gor|diano; **22** l.8 D(omino) n(ostro) Gorʻdiʾ|ano; **23** l.8 D(omino) n(ostro) Gord|iano; **24** l.9 D(omino) n(ostro) | Gʻorʾdiano

Gregorius: **30** l.3 Lumina|tio Greʻgoʾ|rio

Hygia: **6** l.3 Hygia Sil<a>nae (serua)

Ingenuus: **43** l.4 Inge|nuo]

Italia: **32** l.5 Do|nnia Italia

Iullinus: **41-2** l.1 [Iu|llin[us]

Iullus: **13** l.2 Iulli

Leo: **29** l.2 T(iti) Aeli Leo|nis

Lepidus: **28** l.1 L(uci) Roʻciʾ Lepid[i]

Luminatius: **30** l.2 Lumina|tio Greʻgoʾ|rio

Mag(---): **41-3** l.1 Mag(---)

Mansuetus: **45** l.3 Mansuet[i]

Marciana: **9** l.2 Marciana | Marciani f(ilia)

Marcianus: **9** l.3 Marciani

Martialis: **27** l.1 [Mar]tialis

Modesta: **22** l.2 Seruilia Mo|desta

Monita: **2** l.5 [...]+ia Monita

Nepotilla: **44** l.5 Sarmestel<i>a | Nepotilla

Nice: **8** l.3 Ael(ia) Nice; **19** l.2 Iul(ia) Nice

Nundinius: **15** l.8 Traia|nio Nundi|nio; **16** l.17 Traiʻaniʾo Nunʻdiʾʾniʾo; **17** l.7 Tra|ianio Nun|dinio; **18** l.7 Traia|nio Nundini|o; **19** l.7 Traianio | Nuʻndʾinio; **20** l.7 ʻTrʾaianio

Nuǀ‘nd’i‘ni’o; **21** l.7 ‘Tr’aǀia‘ni’o Nu‘nd’ǀi‘ni’o; **22** l.7 Traia‘ni’o Nu‘nd’ǀinio; **23** l.7 Traǀianio Nu‘nd’‹in›ǀio; **24** l.7 Traia‘ni’o Nǀundi‘ni’o

Oppidana: **5** l.2 Aurelia Oppidana

Pacius: **4** l.9 Pacio Agrippae (liberto); **5** l.6 Pacio Agrippae (liberto)

Philetus: **31** l.4 Claudio ǀ Catulli ǀ lib(erto) ǀ Phileto

Philumene: **3** l.2 Pomp(eia) Philumene

Pia: **41-4** l.1 Pia

Pollio: **4** l.10 [Pollione]; **5** l.7 Pollione; **6** l.6 Poll(ione)

Pompeianus: **16** l.13 Pompeiano; **17** l.10 Pom‹pe›iano; **18** l.9 Pom-peiano; **19** l.9 Pompeiano; **20** l.9 Po-mpeiano; **21** l.9 Po-mpeiano; **22** l.9 Pompe-iano; **23** l.9 Po-[m]peiano; **24** l.10 Pompeiano

Prima: **4** l.3 Ant(onia) Prima

Proculianus: **4** l.8 Proc(u)liani; **5** l.5 Proculiani; **6** l.8 Proculiani; **8** l.8 Proc(u)‘li’a‘ni’; **9** l.7 Proǀculiani

Proxsuma: **43** l.2 Proxs[uma]

Quartus: **11** l.3 Q‘uar’ǀ‘ti’; **34** l.3 Tuccǀi] ǀ Quartǀi]

Quintilianus: **33** l.3 M(arci) Turan[ni] ǀ Quintiǀl]ǀiani

Remus: **10** l.9 L(ucio) Accio Rem(o)

Repentinus: **10** l.3 Repentiǀni

Rufus: **41-5** l.1 Ru(fus)

Sabinus: **14** l.2 Sabini

Saius: **40** l.1 Sai‘u(s)

Saturnina: **10** l.4 Sat‘ur’ǀnina Taurini ǀ fil(ia)

Saturnius: **2** l.4 ǀM(arcus) Iul(ius) Saǀṭurnius

Secundilla: **44** l.3 Vlpi(a)e Secunǀdill(a)e

Secundus: **17** l.2 G(aius) Iul(ius) Secunǀdus; **47** l.1 [---]s Se‘cu’ndus

sedatus: **55** l.3 [sǀẹḍat[us?]

Seuera: **11** l.3 Seuera Q‘uar’ǀ‘ti’ f(ilia); **24** l.2 Verin(ia) Se‘ue’ǀra

Seuerus: **13** l.1 Seuerus ǀ Iulli fil(ius)

Silana: **6** l.3 Sil‹a›nae

Siluinus: **46** l.3 Q(uinto) Reginio ǀ Siluino

Sminthius: **32** l.7 Ṣṃ[in]ǀt(h)ius

Soterichus: **41-6** l.1 Sote[ric(h)us]

Taurinus: **41-7** l.1 Taurini; **41-8** l.1 Taurin(us); **10** l.5 Taurini

Tertullus: **45** l.2 Tertulǀli] ǀ Ṃansuet[i] ǀ fịl(ii)

Titulla: **1** l.2 Titulla

Tranquillina: **16** l.5 Saǀbi‘ni’ae Tranqu‘il’ǀlinae Aug(ustae)

Va(---): **39** l.1 T(itus) I(ulius) Va(---)

Valens: **12** l.3 ‘Va’lentis

Valentina: **6** l.2 Iul(ia) Valentina; **12** l.2 Valentina ǀ ‘Va’lentis f(ilia)

Valeria: **12** l.6 ‘Vạ’leria

Venusta: **41-9** l.1 Venusta

Verus: **25** l.3 Diui Veri Part(hici) ǀ Maximi

Viator: **14** l.1 Viator ǀ Sabini fil(ius)

Zminthius: **4** l.7 Zmǀinthio Proc(u)liani (liberto); **5** l.5 Zminthio Proculiani (liberto); **6** l.7 Z‘mu’nǀthio Proculiani (liberto); **8** l.8 Zmin‘t(h)i’o Proc(u)‘li’a‘ni’; **9** l.7 Zmint(h)io Proǀculiani lib(erto)

ONOMASTICA INCERTA

[---]a: **47** l.3 [---a]ẹ; **51** l.2 [---ae]

Sii[---]: **52** l.2 Sii[---]

- Mots particuliers -

NOMS IMPÉRIAUX ET ÉPITHÈTES IMPÉRIALES

Augusta: **16** l.6 Saǀbi‘ni’ae Tranqu‘il’ǀlinae Aug(ustae)

Augustus: **16** l.4 Pii Fel(icis) Aug(usti); **16** l.13 Gordiano ǀ Aug(usto); **25** l.6 Imp(eratori) Caes(ari) ǀ2 Diui Anto‘ni’‘ni’ ǀ3 f(ilio) Diui Veri Part(hici) ǀ4 Maximi fratri ǀ5 M(arco)

Aurel(io) Anto|6nino Aug(usto) Gerǀ7manic(o) Sar‘ma’‘ti’c(o); **29** l.6 procuraǀtoṛis ǀ [Au]gusǀ[t]orum

Caesar: **25** l.1 Imp(eratori) Caes(ari) ǀ2 Diui Anto‘ni’‘ni’ ǀ3 f(ilio) Diui Veri Part(hici) ǀ4 Maximi fratri ǀ5 M(arco) Aurel(io)

Anto|6nino   Aug(usto)   Ger|7manic(o)
Sar‘ma”ti’c(o)

Diua : **26** l. 1 Diuae | Fausti|nae

Diuina : **7** l.4 Domus | Diuinae ; **16** l.7 Domus
Diui|nae

Diuus : **25** l.2 Diui Anto‘ni”ni’ ; **25** l.3 Diui Veri
Part(hici) | Maximi

Dominus : **15** l.9 D(omino) n(ostro) ; **16** l.12
D(omino)   n(ostro) ; **17**   l.8 D(omino)
n(ostro) ; **18** l.8 D(omino) n(ostro) ; **19** l.7
D(omino)   n(ostro) ; **20**   l.8 D(omino)
n(ostro) ; **21** l.8 D(omino) n(ostro) ; **22** l.8
D(omino)   n(ostro) ; **23**   l.8 D(omino)
n(ostro) ; **24** l.8 D(omino) n(ostro)

Domus : **7** l.3 Domus | Diuinae ; **16** l.7 Domus
Diui|nae

Felix : **16** l.4 Pii Fel(icis) Aug(usti)

Germanicus : **25** l.6 Imp(eratori) Caes(ari) |2 Diui
Anto‘ni”ni’ |3 f(ilio) Diui Veri Part(hici) |4

Maximi   fratri |5   M(arco)   Aurel(io)
Anto|6nino   Aug(usto)   Ger|7manic(o)
Sar‘ma”ti’c(o)

Imperator : **16** l.2 I‘mp’(eratoris) M(arci) | A‘nt’o‘ni’
Gordia‘ni’ | Pii Fel(icis) Aug(usti) ; **25** l.1
Imp(eratori) Caes(ari) | Diui Anto‘ni”ni’ |
f(ilio) Diui Veri Part(hici) | Maximi fratri |
M(arco)   Aurel(io)   Anto|nino   Aug(usto)
Ger|manic(o)   Sar‘ma”ti’c(o) ; **25**   l.8
imp(eratori)

Maximus : **25** l.4 Part(hici) | Maximi

Parthicus : **25** l.3 Diui Veri Part(hici) | Maximi

Pius : **16** l.4 Pii Fel(icis) Aug(usti)

Sarmaticus : **25** l.7 Imp(eratori) Caes(ari) |2 Diui
Anto‘ni”ni’ |3 f(ilio) Diui Veri Part(hici) |4
Maximi   fratri |5   M(arco)   Aurel(io)
Anto|6nino   Aug(usto)   Ger|7manic(o)
Sar‘ma”ti’c(o)

- Noms de lieux -

NOMS ETHNIQUES, *ORIGO*

Lactorates : **7** l.5 r(es)p(ublica) | Lactorat(ium) ; **16**
l.9 ciuitat(is) Lactor(atium) ; **16** l.11 ordo

Lact(oratium) ; **25** l.9 Lactorat(es)

NOMS DE VILLES

Lactora : **3** l.3 L<a>ctor<a>e

VIE SACRÉE ET RELIGIEUSE

DIEUX ET HÉROS

Deus : **32** l.1 D(iis) I(nferis) M(anibus)

Iuppiter : **1** l.1 Ioui ; **2** l.1 [I(oui)] O(ptimo)
M(aximo)

Manes : **29** l.1 D(is) M(anibus) ; **30** l.1 D(is)
M(anibus) ; **32** l.1 D(iis) I(nferis) M(anibus) ;
33 l.1 [D(is)] M̦(anibus) ; **34** l.1 [D(is)
M(anibus)] ; **42** l.1 D(is) M(anibus) ; **43** l.1
D(is) M̦(anibus) ; **44** l.1 D(is) M(anibus) | et
memori(a)e ; **45** l.1 D(is) M(anibus) ; **46** l.1
D(is) M(anibus) ; **52** l.1 D(is) [M(anibus)]

Mater : **3** l.1 Matri Deum ; **4** l.2 M(atri) M(agnae) ;

5 l.1 M(atri) D(eum) ; **6** l.1 M(atri) Deum ; **8**
l.2 M(atri) M(agnae) ; **9** l.1 M(agnae) M(atri) ;
10 l.2 M(agnae) M(atri) ; **11** l.2 M(agnae)
M(atri) ; **12** l.1 M(agnae) M(atri) ; **15** l.1
M(atri) D(eum) ; **16** l.1 [M(atri) D(eum)] ; **17**
l.1 M(atri) Deum ; **18** l.1 M(atri) D(eum) ; **19**
l.1 M(atri) D(eum) ; **20** l.1 M(atri) D(eum) ;
21 l.1 M(atri) D(eum) ; **22** l.1 M(atri)
D(eum) ; **23** l.1 [M(atri) D(eum)] ; **24** l.1
M(atri) D̦(eum)

ÉPICLÈSES DIVINES

Magna : **4** l. 2 M(atri) M(agnae) ; **8** l. 2 M(atri)   **12** l. 1 M(agnae) M(atri)
    M(agnae) ; **9** l. 1 M(agnae) M(atri) ; **10** l. 2   Maximus : **2** l. 1 [I(oui)] O(ptimo) M(aximo)
    M(agnae) M(atri) ; **11** l. 2 M(agnae) M(atri) ;   Optimus : **2** l. 1 [I(oui)] O(ptimo) M(aximo)

NOMS DE MOIS

CALENDRIER ROMAIN

Dec(embres) ; **22** l. 10 Dec(embres) ; **23** l. 11
    Dec(embres) ; **24** l. 11 Dec(embres)
Aprilis : **15** l. 6 April(es)
December : **16** l. 14 Dec(embres) ; **17** l. 11   Nouember : **4** l. 10 Nouemb(res) ; **5** l. 8
    Dec(embres) ; **18** l. 11 Dec(embres) ; **19** l. 10   Nou(embres) ; **6** l. 5 Nou(embres)
    Dec(embres) ; **20** l. 10 de(cembres) ; **21** l. 11

SUPPLÉMENT HISTORIQUE

PRÊTRES ET CHOSES RELIGIEUSES

SACERDOCES

sacerdos : **4** l.7 sacerdotib(us) Zm|inthio Proc(u)liani (liberto) et | Pacio Agrippae (liberto); **5** l.4 sacerd(otibus) | Zminthio Proculiani (liberto) | et Pacio Agrippae (liberto); **6** l.7 sacerdote Zʾmuʾn|thio Proculiani (liberto); **8** l.8 sacerdot(e) Zminʿt(h)iʾo Proc(u)ʾliʾaʾniʾ; **9** l.6 sacerdo|te Zmint(h)io Pro|culiani lib(erto); **10** l.8 sacerdote | L(ucio) Accio Rem(o); **15** l.6 sacer|dote Traia|nio Nundi|nio; **16** l.16 sacerd(ote) | Traiʿaniʾo Nunʿdiʾʾniʾo; **17** l.6 sacerd(ote) Tra|ianio Nun|dinio; **18** l.6 sacerd(ote) Traia|nio Nundini|o; **19** l.5 sacerd(ote) | Traianio | Nuʿndʾinio; **20** l.6 sacerʿdoʾteʾ | ʿTrʾaianio Nulʿndiʾniʾo; **21** l.5 salʿceʾrdoʾte ʿTrʾaliaʾniʾo Nundʾliʾniʾo; **22** l.6 sacerʿdoʾteʾ | Traiaʿniʾo Nuʾndʾlinio; **23** l.5 salcʿerʾʾdoʾte Tralianio Nuʾndʾ<in>lio; **24** l.6 sacerdot|e Traiaʿniʾo N|undiʾniʾo

PARTICULARITÉS RELIGIEUSES

ascia : **44** l.9 sub ascia de|10dicauit
donum : **27** l.3 donum | d(e) [s(uo) d(edit)]
hostia : **4** l.6 host(iis); **5** l.4 hosti(i)s; **8** l.6 hos|ti(i)s; **9** l.5 hosti(i)s; **10** l.10 hostiis; **11** l.5 ho<s>t<i(i)>s; **12** l.5 hosti(i)s; **17** l.5 hosti(i)s; **18** l.5 hosti(i)s; **19** l.4 hosti(i)s; **20** l.5 hosti(i)s; **21** l.4 h|os'ti'(i)s; **22** l.5 hosti(i)s; **23** l.5 hosti(i)s; **24** l.5 hosti(i)s

salus : **2** l.2 [pro sal]ute; **7** l.1 pro salute | et incolumi|tate; **16** l.2 pro salute
taurobolium : **3** l.4 taurobolium; **4** l.4 tauropo|lium; **5** l.3 tauropolʾiuʾm; **6** l.4 [t]auropolium; **7** l.5 tau|ropol(ium); **8** l.4 tauropo|lium; **9** l.4 tauropoliʾumʾ; **10** l.6 tauropoli|um; **11** l.4 tʿauʾripʾol(ium); **12** l.4 tʿauʾropol(ium); **13** l.5 tauropo|lium; **14** l.5 tauropo|lium ; **16** l.10 tauropoliʿumʾ; **17** l.3

tauropo|lium ; **18** l.3 tauropoli|um ; **19** l.2 tau|ropolium ; **20** l.3 tauro|polium ; **21** l.3 tauropoliu|m ; **22** l.3 taur|opolium ; **23** l.3 tauropoli‘um’ ; **24** l.3 tauropo|lium

uis : **13** l.3 uires t’au’ri ; **14** l.3 uires tauri ; **15** l.3 uires esce|pit Eutyche|tis

uotum : **1** l.3 u(otum) s(oluit) l(ibens) m(erito)

EMPEREURS ET LEUR FAMILLE

EMPEREURS

Antoninus Pius
25 l.2 Diui Anto‘ni’‘ni’

Marcus Aurelius
25 l.5 M(arco) Aurel(io) Anto|6nino Aug(usto) Ger|7manic(o) Sar‘ma’‘ti’c(o) |8 p(ontifici) m(aximo) t(ribunicia) p(otestate) XXX imp(eratori) VIII |9 co(n)s(uli) III p(atri) p(atriae)

Lucius Verus
25 l.3 Diui Veri Part(hici) |4 Maximi

Gordianus III
15 l.9 D(omino) n̄(ostro) G‘or’‘di’|10ano
16 l.2 I‘mp’(eratoris) M(arci) |3 A‘nt’o‘ni’ Gordia‘ni’ |4 Pii Fel(icis) Aug(usti)
16 l.12 D(omino) n(ostro) Gordiano |13 Aug(usto)
17 l.8 D(omino) n̄(ostro) |9 Gordiano
18 l.8 D(omino) n̄(ostro) Gordi|9ano
19 l.7 D(omino) n̄(ostro) |8 G‘or’diano
20 l.8 D(omino) n̄(ostro) G‘or’|9diano
21 l.8 D̄(omino) n̄(ostro) Gor|9diano
22 l.8 D̄(omino) n̄(ostro) Gor‘di’|9ano
23 l.8 D(omino) n̄(ostro) Gord|9iano
24 l.8 D(omino) n̄(ostro) |9 G‘or’diano

FAMILLE IMPÉRIALE

Marcus Aurelius
Faustina II
26 l.1 Diuae |2 Fausti|3nae

Gordianus III
Furia Sabinia Tranquillina
16 l.4 Sa|5bi‘ni’ae Tranqu‘il’|6linae Aug(ustae)

PARTICULARITÉS

Augusta : **16** l.6 Sa|bi‘ni’ae Tranqu‘il’|linae Aug(ustae)

Augustus : **16** l.4 Pii Fel(icis) Aug(usti)

Diua : **26** l.1 Diuae | Fausti|nae

Diuus : **25** l.2 Diui Anto‘ni’‘ni’ ; **25** l.3 Diui Veri Part(hici) | Maximi

Dominus : **15** l.9 D(omino) n(ostro) ; **16** l.12 D(omino) n(ostro) ; **17** l.8 D(omino) n(ostro) ; **18** l.8 D(omino) n(ostro) ; **19** l.7 D(omino) n(ostro) ; **20** l.8 D(omino) n(ostro) ; **21** l.8 D(omino) n(ostro) ; **22** l.8 D(omino) n(ostro) ; **23** l.8 D(omino) n(ostro) ; **24** l.8 D(omino) n(ostro)

Domus : **7** l.3 Domus | Diuinae ; **16** l.7 Domus Diui|nae

imperator : **25** l.8 imp(eratori)

pater : **25** l.9 p(ater) p(atriae)

pontifex : **25** l.8 p(ontifici) m(aximo)

potestas : **25** l.8 t(ribunicia) p(otestate)

POUVOIRS PUBLICS

DATES CONSULAIRES

consul : **4** l. 10 [Pollione II et Apr]o II co(n)s(ulibus); **5** l. 8 Pollione II et Apro II | co(n)s(ulibus); **6** l. 6 Poll(ione) et Apro 'co'(n)s(ulibus); **15** l. 10 D(omino) n(ostro) G'or'di'|10ano 'et' 'Aui'ola co(n)s(ulibus); **16** l. 13 D(omino) n(ostro) Gordiano | Aug(usto) II et Po'mp'ei'ano' 'co'(n)s(ulibus); **17** l. 11 D(omino) n(ostro) | Gordiano II |10 et Pom<pe>iano | co(n)s(ulibus); **18** l. 10 D(omino) n(ostro) Gordi|ano II et Pom|10peiano co(n)s(ulibus); **19** l. 10 D(omino) n(ostro) | G'or'diano II et | Pompeiano |10 co(n)s(ulibus); **20** l. 10 D(omino) n(ostro) G'or'|diano II 'et' Po|10'mp'eiano co(n)s(ulibus); **21** l. 10 D(omino) n(ostro) Gor|diano II 'et' Po|10'mp'eian'o c'o(n)s(ulibus); **22** l. 10 D(omino) n(ostro) Gor'di'|ano II et Po'mp'e|10iano co(n)s(ulibus); **23** l. 10 D(omino) n(ostro) Gord|iano II et Po|10[m]peiano co(n)s(ulibus); **24** l. 11 D(omino) n(ostro) | G'or'diano II |10 et Po'mp'eia'no' | co(n)s(ulibus)

ADMINISTRATION PROVINCIALE ET MUNICIPALE

procurator : **29** l. 4 procura|to̧ris | [Au]gus|[t]orum
ciuitas : **16** l. 9 ciuitat(is) Lactor(atium)
ordo : **16** l. 11 ordo Lact(oratium)
primarius : **28** l. 2 [primario rei]|pub(licae)

respublica : **7** l. 4 r(es)p(ublica) | Lactorat(ium); **28** l. 2 [primario rei]|pub(licae)
status : **16** l. 8 statu | ciuitat(is) Lactor(atium)

MÉTIERS, COLLÈGES

nummularius : **27** l. 2 nummularius

sodalis : **30** l. 8 sodales

TABLES DE CONCORDANCE

PÉRIODIQUES

OUVRAGES

Mulieres (W. Spickermann)

p. 158	21
p. 158	22
p. 158	20
p. 158	18
p. 158	15
p. 158	9
p. 158	8
3, p. 158-159	4
4, p. 158 et 160	5
5, p. 158 et 160	6
10, p. 158	19
15, p. 158	24
p. 159	11
18, p. 159	12

Musée Belge, 32, 1928 (Fr. Cumont)

p. 73-85	32

Recueil général des bas-reliefs, statues et bustes de la Gaule romaine, 2, 1908 (É. Espérandieu)

1058	4
1058	8

1060	19

Taurobolium (R. Duthoy)

11, p. 46	18
48, p. 118	7
103, p. 44	3
104, p. 44	4
105, p. 44-45	5
106, p. 45	6
107, p. 45	8
108, p. 45	9
109, p. 45-46	16
110, p. 46	17
112, p. 46-47	19
113, p. 47	20
114, p. 47	21
115, p. 47	22
116, p. 47-48	23
117, p. 48	24
119, p. 48	10
120, p. 48	13
121, p. 49	11
122, p. 49	12
123, p. 49	14

CORPUS ET RECUEILS ÉPIGRAPHIQUES

CCCA, 5

222, p. 84-85	3
223, p. 85	4
224, p. 85	5
225, p. 85-86	6
226, p. 86	8
227, p. 86-87	9
228, p. 87	15
229, p. 87-88	16
230, p. 88	17
231, p. 89	18
232, p. 89	19
233, p. 90	20
234, p. 90	21
235, p. 91	22
236, p. 91	23
237, p. 91-92	24
238, p. 92	7
239, p. 92-93	10

240, p. 93	13
241, p. 93	11
242, p. 93-94	12
243, p. 94	14

CIL, XIII

502	1
503	2
504	3
505	4
506	5
507	6
508	8
509	9
510	15
511	16
512	17
513	18
514	19

515	20	537	36
516	21	537	35
517	22	538	34
518	23	539	33
519	24	539a	53
520	7	540a	37
521	10	540b	38
522	13	11030	31
523	11	11030a	44
524	12		
525	14	*ILS*	
526	25	4121	3
527	26	4122	6
528	29	4123	4
529	27	4124	9
530	32	4125	7
531	30	4126	16
532	43	4127	15
533	46	4128	23
534	28	4129	14
535	47		
536	45		

CONCORDANCE PETRAE

Dans ce volume, les numéros d'édition sont identiques aux numéros PETRAE.

TABLE DES MATIÈRES

Achevé d'imprimer en septembre 2000
sur les presses
de Gráficas Calima, S. A.
Avda. Candina s/n
E - 39011 Santander – Cantabria